Michael Jäckel
Zeitzeichen. Einblicke in den Rhythmus der Gesellschaft

Edition Soziologie

Michael Jäckel

Zeitzeichen. Einblicke in den Rhythmus der Gesellschaft

2., vollständig überarbeitete und erweiterte Auflage

Der Autor

Michael Jäckel, Jg. 1959, Dr. phil., ist Professor für Soziologie an der Universität Trier. Seine Arbeitsschwerpunkte sind die Konsumsoziologie, die Mediensoziologie und die Soziologie der Zeit. Von 2011 bis 2023 war er Präsident der Universität Trier.

Dieses Buch ist erhältlich als:
ISBN 978-3-7799-8305-7 Print
ISBN 978-3-7799-8306-4 E-Book (PDF)
ISBN 978-3-7799-8307-1 E-Book (ePub)

2. Auflage 2024

in der Verlagsgruppe Beltz · Weinheim Basel
Werderstraße 10, 69469 Weinheim

Herstellung: Hanna Sachs
Satz: Helmut Rohde, Euskirchen
Druck und Bindung: Beltz Grafische Betriebe, Bad Langensalza
Beltz Grafische Betriebe ist ein Unternehmen mit finanziellem Klimabeitrag
(ID 15985-2104-100)
Printed in Germany

Weitere Informationen zu unseren Autor:innen und Titeln finden Sie unter:
www.beltz.de

„Die Zeit entsteht mit der Unlust."
Novalis

„Hol mich aus dieser schnellen Zeit,
nimm mir ein bisschen Geschwindigkeit."
Silbermond

„Stecker raus, keine Daten,
die Welt da draußen, die muss warten."
Max Raabe

Inhalt

Vorbemerkung

Zeitzeichen begleiten uns unentwegt: das Glockengeläut, die Turmuhr, das Pfeifen eines Wasserkochers, ein Linienbus, der immer zur selben Zeit vorbeifährt, das Signal des fahrenden Bäckers, der Gong im Theater, das Fünf-Minuten-Ei, ein Arzttermin. Häufig signalisieren sie einen festen Rhythmus. Aber sie weisen auch auf Außergewöhnliches hin. Unsere Aufmerksamkeit wird verlangt.

Nach zwölf Jahren darf erwartet werden, dass zu den Zeichen der Zeit, die in der ersten Auflage dieses Buchs analysiert wurden, weitere hinzugekommen sind. Nehmen wir z. B. die Diskussion über eine Staugebühr, die vor vielen Jahren bereits ein Vorbild in der Londoner City fand: Kann eine „Congestion Charge" den Zeitverlust mindern oder wirkt eine „daily fee for driving" wie ein weiteres Statussymbol? „Slow Looking" soll für eine Steigerung von Achtsamkeit stehen, Zeitsperren stehen für Zugangsbarrieren zu Angeboten, sei es aus Gründen der Knappheit oder um Suchtphänomenen vorzubeugen. Nicht alles ist neu, aber Zeit bindet und ruft immer wieder nach Optimierungsstrategien im Alltag.

Die nunmehr überarbeitete und erweiterte Auflage behält die Kapitelstruktur weitgehend bei, baut aber den Inhalt an vielen Stellen anders oder mit neuen Beispielen und Befunden auf. Für die historischen Passagen gilt dies natürlich weniger. Ich danke meiner studentischen Mitarbeiterin Hannah Weis für ihre Mitwirkung.

Auf Unterüberschriften wurde erneut verzichtet, untergliedert wird durch arabische Ziffern (1., 2. etc.). Hervorhebungen werden sowohl im Text als auch in den Zitaten – auch wenn das Original es vorsah – nicht übernommen. Die Kapitel 1 bis 9 werden in der Regel mit einem Leitgedanken eines Autors eingeleitet und auch mit einem Gedanken dieses Autors abgeschlossen. Ergänzende Textbeispiele dienen der Veranschaulichung einzelner Zeitzeichen, die mit dem Symbol einer Sanduhr gekennzeichnet sind [⌛]. Leseempfehlungen folgen jeweils am Ende der Ausführungen.

Danken möchte ich schließlich erneut dem Verlagsleiter von Beltz Juventa, Frank Engelhardt, für das Interesse an einer zweiten Auflage.

Trier, im Februar 2024
Michael Jäckel

Zeitzeichen. Eine Einführung

1.

Am Anfang soll eine Hypothese stehen: »Wenn Menschen beim Telefonieren beobachtet werden, dann fassen sie sich kurz.« Es war im Jahr 1959, als eine Postfiliale in Deutschland mit der Einführung gläserner Telefonzellen die Sprechzeit an einem öffentlichen Fernsprecher reduzieren wollte. Die Warteschlange vor dem damals knappen Gut gab Anlass dazu. Ferngespräche waren teuer und wurden in der Regel in den nummerierten Telefonkabinen auf drei Minuten begrenzt. Ortsgespräche hingegen waren in den wenigen öffentlichen Telefonzellen günstig und zeitlich zunächst nicht limitiert. Für 20 Pfennig konnte lange gesprochen werden. Heute ist das Telefon zu einer Erweiterung unseres Körpers geworden. Die Gesprächsdauer ist individualisiert. Hinweise auf ein Störempfinden sorgen nun eher für zahlreiche Aufforderungen, Rücksicht zu nehmen. Man denke an den Ruhebereich in Fernzügen.

Beim Reisen wird nämlich nicht nur auf die Ankunft am Zielbahnhof gewartet. Zum Ausruhen gehört das Nichtstun, die Entspannung, das Lesen oder Hören. Viele Medien gewährleisten den Zugang zu Informationen. Das Zeitungsrascheln oder Umblättern von Buchseiten vermischt sich mit vielen akustischen Signalen, die die IT-Welt bereithält. Wer aus dem Fenster schaut, genießt die vorbeiziehende Landschaft. So kann trotz eines schnellen Transports vieles gesehen werden. Das langsame und das schnelle Sehen wechseln sich ab. In der Forschung stehen beide Begriffe mittlerweile für ein „Wahrnehmungsdispositiv“, das mal Konzentration, mal Langeweile repräsentieren kann.

Auch beim Lesen wird unsere Geduld auf die Probe gestellt. Das Lesen auf Bildschirmen erfolgt bekanntermaßen schneller. Hinzu kommt ein Nachlassen der kognitiven Geduld. Der Konsonantenstau[1] „tl, dr“ steht in der „Kurznachrichten-Sprachwelt“ für „too long, didn't read.“ Langsames Lesen kann aber grundsätzlich auch der Komplexität eines Textes und/oder der Freude am Schreibstil und Inhalt geschuldet sein.

Die Beispiele stehen exemplarisch für die Zielsetzung dieses Buchs. Zeit hat keine unmittelbar erkennbare Materialität. Die Uhr tickt, Schnelligkeit umschreiben wir mit Zisch-Lauten und wenn wir mit verbundenen Augen an die Zukunft denken sollen, scheinen wir mehr nach vorne zu schwanken (vgl. Weiler 2013, S. 64). Es gibt somit eine Vielzahl von Versuchen, die Zeit über mehr oder weniger verlässliche Indikatoren als „Wirkstoff“ kenntlich zu machen.

Mitten in der Corona-Pandemie erschien eine neue Monografie, die sich den Regeln des Wartens widmete. Price nannte sein Buch „Sociology of Waiting“. Auch wenn in dieser Abhandlung vorwiegend Beobachtungen aus den Vereinigten Staaten präsentiert werden („How Americans wait“), zeigen die Beispiele eine große Nähe zu den Erfahrungen an anderen Orten dieser Welt: Ein Spiel wird unterbrochen, weil die Entscheidung des Schiedsrichters infrage gestellt wird. So wird Geduld Teil des Sportevents. In einem Verkehrsstau tauchen Blumenhändler auf. Warteschlangen vor öffentlichen Gebäuden laden zu Geschäftsmodellen ein. Wo noch kein Bedürfnis ist, kann der Bedarf noch geweckt werden. Das „waiting game“ (Price 2021, S. 7) ist ein Beispiel für Aktivität in Passivität.

Von dem Kirchenlehrer Augustinus wurde das Warten als „die Gegenwart des Zukünftigen“ (Augustinus 2004, S. 565) beschrieben. Die Erwartung von etwas, das irgendwann kommen wird, bestimmt die Wahrnehmung des Augenblicks. Manche warten auf bestimmte Dinge vergebens, so dass ihnen die Zukunft dieser späteren Gegenwart immer ferner erscheint. Wer den Satz also umkehrt, nähert sich einer hoffnungslosen Situation. Die Ausnahmesituation der

---

1 Don DeLillo verwendet den Begriff in seinem Roman Null K (2016, S. 21).

Corona-Pandemie endete für sehr viele Menschen dramatisch, für weitere viele in einer anhaltenden Sorge um ihre Existenz. Dieses Zeiterleben ist ein harter Prüfstein.

Die Journalistin Friederike Gräff eröffnet ihr Buch „Warten. Erkundungen eines ungeliebten Zustands" (2014) mit einem Zitat von Leo Tolstoi: „Alles nimmt ein gutes Ende für den, der warten kann." In der Tat wird dem Phänomen seine Schwere genommen, wenn diese Zeit in Geduld ertragen werden kann. Bestimmte Berufszweige müssen sich im Warten üben, sie agieren als Stellvertreter im Dienste der Öffentlichkeit. Fotografen und Journalisten gehören hierzu. Eine angekündigte Pressekonferenz verschiebt sich, Druckhäuser warten auf den finalen Bericht und die passende Illustration. Ebenso wartet z.B. eine politische Öffentlichkeit auf wichtige Entscheidungen, sieht Probleme, z.B. die Bewältigung des Klimawandels, in den Hintergrund treten. Wer über das Warten nachdenkt, sieht darin an vielen Stellen einen sehr präsenten Begleiter unseres Lebens. Der Zeit selbst wird in Krisensituationen mehr Aufmerksamkeit geschenkt, dadurch scheint sie langsamer zu vergehen. Zugleich ist die Informationsdichte so hoch, dass z.B. die Pandemie während ihres Bestehens einer Ewigkeit gleichkam. Viele waren überrascht, wie schnell dann die öffentliche Wahrnehmung auf andere Ereignisse gelenkt wurde.

Die literarische Revue des Phänomens zeigt, dass in der Fähigkeit zu warten etwas Heldenhaftes angelegt ist. In unserem Alltag treten die Helden der Geduld eher in den Hintergrund, die Wahrnehmung selbst ist von Eile getrieben. Wer erfährt, dass die Wartezeit auf eine Organspende 20 Jahre beträgt, registriert in seinem sozialen Umfeld große Anteilnahme, auf der Makroebene aber dominiert eher systemische Kritik im Sinne von: „Warum ist das so?" Beispiele dieser Art stehen für eine langwährende und dann erfüllte Hoffnung. Sie sind in mentaler Hinsicht wiederum völlig anders zu bewerten als Situationen, in denen die eigentliche Gratifikation im Warten selbst liegt. Die Vorfreude auf Ereignisse, die man in besonderer Weise wertschätzt, sei hier erwähnt.

Die Welt des Wartens ist also eine sehr vielfältige. Eine Welt, in der alles sofort zur Verfügung stünde, würde uns im Ergebnis vermutlich noch unzufriedener machen. Dieser wären Koordinations- und Verhandlungskosten, somit auch alles Politische, fremd. Auch Warten als Zeichen des Respekts oder der Verehrung würde fehlen. Die Kehrseite wäre der unentwegte Wartestand, der uns ein Versagen auf allen Bedürfnisfeldern anzeigt. Warten steht gleichsam für das unterschiedliche Erleben einer Differenz, gibt also verschiedenen Situationen eine typische Gestalt. Auch das wird an verschiedenen Stellen dieses Buchs deutlich werden.

2.

„Ja, wenn man ihr aufpaßt, der Zeit …“ – dann kommen erstaunliche Dinge zutage, die das Buch Zeitzeichen analysiert und einordnet: z. B. durststillende Pillen, die Zeit sparen sollen oder At your Service-Agenturen, an die zeitintensive Erledigungen delegiert werden können. Eine Gesellschaft ohne Zeit produziert unentwegt Hinweise auf ihre Existenz: schnelles oder langsames Essen, nach Diktat verreist, ewig jung. Der Satz aus Thomas Manns „Zauberberg“ ist zugleich auch die Überschrift des dritten Kapitels, das für Zeitmessung und Zeitwahrnehmung sensibilisieren soll – auch in methodischer Hinsicht.

Das Buch ist ein Beitrag zur Soziologie der Zeit und illustriert an alltäglichen Phänomenen den Umgang mit einer zumeist als knapp erlebten Ressource. Ob der Wandel von Arbeit und Freizeit, das Tempo des Lebens, veränderte Perspektiven auf Jugend und Alter oder das Erleben von Vergangenheit, Gegenwart und Zukunft: als Leitfaden dient keine in sich abgeschlossene Theorie. Es geht um Zeitsignale, um ein Puzzle von vermeintlich disparaten Dingen, die sich einstellen, weil Kalender geführt werden, Menschen miteinander konkurrieren oder gemeinsam Ziele erreichen wollen. Fallbeispiele und Anekdoten runden die Darstellung ab.

„Es gibt niemanden in meiner Umgebung, mit dem ich darüber reden kann, dass es Zeit eigentlich nicht gibt. [Ich] … frage mich oft, ob nicht alles gleichzeitig passiert und nur durch unsere Art zu leben in ein Nacheinander zerfällt." Diese Zeilen stammen aus Edgar Selges Roman „Hast du uns endlich gefunden" (2021, S. 191). Die ersten Seiten von Marcel Prousts Roman „Auf der Suche nach der verlorenen Zeit" haben den bekannten Charakterdarsteller zu diesen Gedanken inspiriert. Prousts Werk umfasst sieben Bände über eine (verlorene) Kindheit und Jugend. Die Faszination für diesen Roman zeigt, warum etwas Vergängliches, etwas, das sich für spätere Anlässe nicht in Pakete speichern lässt und bei Bedarf zum Abruf bereitsteht, ein Thema von öffentlichem Interesse ist. Auf annähernd 4200 Seiten erstreckt sich diese Suche.

Die Kunst, so hat es Manfred Hennen einmal präzise formuliert, besteht darin, angesichts der Endlichkeit des Lebens sich selbst bei Laune zu halten (vgl. Hennen 1990, S. 271). Wohl auch ein Grund, dass uns die Idee der Zeitdiebe, die Michael Ende in „Momo" entfaltete, so begeistert – wie überhaupt das Unwahrscheinliche ebenso Chance auf große Aufmerksamkeit genießt wie das Reelle. Es gibt, so Robert Musil, Menschen mit einem ausgeprägten Möglichkeitssinn, die nicht nur „Hier ist dies oder das geschehen […]" sagen, sondern auch „Hier könnte, sollte oder müßte geschehen […]" von sich geben (1932 [zuerst 1930], S. 16). Die neuere Religionssoziologie spricht von einer Re-Mystifizierung, von einem Bedürfnis nach Verzauberung, weil uns die Entzauberung der Welt mit ihrer kühlen Rationalität emotional eben auch erkalten lässt.

Am meisten ärgert man sich wohl über das Tempo, das im Zuge einer sich ausdehnenden funktionalen Differenzierung den Einzelnen in den Sog einer arbeitsteiligen Gesellschaft zieht, die manchem nicht einmal mehr die Zeit zu lassen scheint, Erfolge oder Zufriedenheit zu genießen. Jene, die das Glück nicht auf ihrer Seite hatten, sagen wiederum gelegentlich: „Dann fangen wir noch einmal ganz von vorne an." Aber sie wissen dabei auch, dass sie Vergangenes nicht ungeschehen machen können. „Man fängt nicht noch mal von vorn an. Darum geht es. Jeder Schritt, den man tut, ist für immer. Man kann ihn nicht ungeschehen machen. Auch nicht teilweise. […] Dein Leben besteht aus den Tagen, aus denen es besteht. Aus nichts anderem. Du glaubst vielleicht, du könntest weglaufen, deinen Namen ändern und was weiß ich noch alles. Nochmal von vorn anfangen. Und dann wachst du eines Morgens auf und starrst die Decke an, und rate mal, wer da liegt?" (McCarthy 2009, S. 207), lässt Cormac McCarthy den Hobbyjäger Llewellyn Moss in seinem Roman „Kein Land für alte Männer" sagen.

Dass gleich zu Beginn dieses Buches über die Zeit so häufig die Literatur bemüht wird, hat seinen guten Grund. Zeit war, ist und wird Motiv der Schriftsteller bleiben. Sie gibt unserem Alltag eine Struktur und ist deshalb soziale Zeit, obwohl sie selbstverständlich immer individuell erlebt wird. Wenn jemand zu uns sagt: „Und bringen Sie etwas Zeit mit!", dann packen wir zwar nichts ein, aber wir wissen, dass das vor uns liegende nicht auf die Schnelle erledigt werden kann. Wenn wir dagegen ein Fast-Food-Restaurant betreten, gehen wir von kurzen Wartezeiten aus. Warteschlangen in einer solchen Einrichtung sind eigentlich ein Anachronismus. Nur die beständige Hektik des Verkaufspersonals gibt uns die Gewissheit, dass es dieses Mal nicht um „Wait to be seated" geht.

Bereits während der Corona-Pandemie entstand das Bedürfnis, dem Buch aus dem Jahr 2012 neue Beobachtungen hinzuzufügen. Auch die Regulierung unseres Alltags durch eine wachsende Zahl elektronischer Medien, die Zunahme des selbst- und fremderzeugten Kommunikationsaufkommens, die tägliche Wiederkehr eines Rekordwahns, die dem Erleben und Verarbeiten der vielen Eindrücke die Stopp-Funktion zu entziehen scheint, sind ein Grund dafür. Daher auch das Erstaunen über die lange Stilllegung oder Umgestaltung von Institutionen, die dem Alltag wie selbstverständlich eine Ordnung gegeben haben. Was man aus Erzählungen über eine unberechenbare Zukunft kannte und dystopisch nannte, war plötzlich sehr nah. Ein Meister dieses Genre, Don DeLillo, hatte seinen Kurzroman „The Silence" (2020) kurz vor der Pandemie abgeschlossen. Aber die Geschichte über den Totalausfall aller Systeme beschreibt eindrücklich den Bruch, den ein technologisches Koma auslöst. Für den britischen Guardian war es „[a]n apocalyptic novel of our times."

Dies ist also ein Buch über den Rhythmus der Gesellschaft. Die Idee dazu ist bereits vor langer Zeit entstanden. Ich kann heute nicht mehr sagen, wann ich das Buch von Sten Nadolny gelesen habe. Aber die Geschichte des Kapitäns John Franklin, der zu den großen Entdeckern der Vergangenheit gehört (vgl. Saller 2006), hat mein Interesse an diesem Thema geweckt. Es ist ein Plädoyer für den behutsamen Umgang mit sich selbst. Bevor in den folgenden Kapiteln verschiedene Zeitzeichen diskutiert werden, möchte ich auf einige Beispiele aus „Die Entdeckung der Langsamkeit" hinweisen.

Auf seinen Wanderschaften durch London sah John Franklin etwas, das heute als kuriose Meldung in „Breaking News" einen Platz finden könnte: „Am Nachmittag sah er zu, wie drei betrunkene Ruderer mit den Strömungen unter der London Bridge nicht fertig wurden. Das Boot schlug gegen den Pfeiler und zerbrach, alle ertranken. Plötzlich hatten da die Leute Zeit zum Schauen! Die Zeitknappheit war nichts als eine Mode, hier der Beweis." (Nadolny 1987, S. 268) Offenbar kannte bereits das frühe 19. Jahrhundert – und ohne Zweifel noch frühere Jahrhunderte – den Zeitspeicher „Aufmerksamkeit". Die Ökonomie der Aufmerksamkeit ist somit auch ein Mechanismus zur Allokation von Zeitbudgets. An einem Nachmittag unterhielt sich Franklin mit der Witwe eines Predigers, die für eine Zeitung warb, in der die Wahrheit stünde. Sein Fazit aus dem Gespräch lautete: „Die Wahrheit, dachte er. Das war das Entscheidende. Bei einer wahrheitsliebenden Zeitung spielte es keine Rolle, ob der Redakteur etwas langsam war. Verdienen konnte er damit zwar auch nichts … ‚Gut', sagte er." (ebenda, S. 178) Auf der Suche nach Wahrheit ist Langsamkeit heute eine eher seltene Tugend. Nachdem die Menschen erst einmal die Erwartung, dass es ständig neue Nachrichten gibt, internalisiert hatten, konnte eben – oder musste – das Vorläufige auf Dauer den Status einer Nachricht erhalten. Und wenn es nichts zu berichten gibt, dann hat man noch Reste aus der Vergangenheit, die allemal als Lückenfüller dienen können.

Aber in jedem System gibt es schnelle und langsame Elemente. Bevor der US-amerikanische Ingenieur Frederick Winslow Taylor begann, die Menschen bei ihren Aktivitäten zu messen, um sie anschließend optimal steuern zu können, entwickelte die Romanfigur Dr. Orme eine Idee, die so in modernen Berufsklassifikationen nicht – zumindest nicht direkt – vorkommt: „Man lasse die Schnellen schnell, und die Langsamen langsam sein, jeden nach seinem aparten Zeitmaß. Die Schnellen können in Überblicksberufe gebracht werden, die der Beschleunigung des Zeitalters ausgesetzt sind: Sie werden das gut vertragen und als Kutscher oder Parlamentsabgeordnete beste Dienste tun. Langsame Menschen hingegen lasse man Einzelheitsberufe wie Handwerk, Arzt, Gewerbe oder Malerei lernen. Aus dieser Zurückgezogenheit werden sie auch den allmählichen Wandel am besten verfolgen können und die Arbeit der Schnellen und Regierenden vom Ergebnis her sorgsam beurteilen." (ebenda, S. 208) Der moderne Handwerker und auch der moderne Arzt würden sich ohne Zweifel freuen, wenn ihnen diese Zurückgezogenheit und diese Beobachterrolle heute zukommen könnten. In jedem Falle ist dies aber auch ein Beispiel für die Gleichzeitigkeit des Ungleichzeitigen, für Rhythmen, die parallel existieren und laufen, mal kollidieren, mal ergänzend wirken oder eine wichtige Korrekturinstanz darstellen. Das moderne Rechtssystem beispielsweise ist dafür ein informativer Schauplatz, vor allem, wenn es als Schiedsrichter für überschnell gefällte politische Entscheidungen herhalten muss.

Einblicke in die Taktfrequenzen der Gesellschaft sollen die folgenden Ausführungen geben. Beschrieben werden die Eigenheiten der modernen Gesellschaft, Ungleichheiten in Zeitbudgets, der Umgang mit Zeitperspektiven im Lebenslauf, aber auch die Verteilung der Zeit auf unterschiedliche Aktivitäten, sei es das Arbeiten, das Vergnügen, das Entspannen, das Konsumieren, das gesellige Beisammensein oder die Beschäftigung mit sich selbst. Eine Soziologie der Zeit ist daher immer auch eine Soziologie, die Streifzüge durch andere Gebiete unternimmt. Auf diese Zeitreise soll der Leser in den folgenden Kapiteln mitgenommen werden.

⌛ Die Sanduhr weist jeweils auf ergänzende Beispiele oder Erläuterungen hin.

Kapitel 1
„Mathematical time is empty" – Wie äußert sich soziale Zeit?

1.

Nehmen wir an, jemand würde sagen: „Ich lebe im Einklang mit der Natur." Würde der Satz in einem energiepolitischen Symposium fallen, wäre es ein Bekenntnis zu umweltschonendem und natürliche Kreisläufe berücksichtigenden Lebensstil. Man isst also bestimmte Lebensmittel nur dann, wenn deren Jahreszeit auch gekommen ist. Die moderne Konsumgesellschaft missachtet diese Rhythmen, weil sie sich im Zuge einer Industrialisierung der Nahrungsmittelproduktion die ganze Welt zu einem Obst- und Gemüsegarten gemacht hat. Damit setzte sich das moderne Denken signifikant von der antiken Auffassung ab, die Schätze der Natur nur dann in Empfang zu nehmen, wenn sie tatsächlich auch bereitgestellt wurden (vgl. Gottwald 2011, S. 105). Der Satz könnte aber auch aus dem Munde eines Menschen stammen, der seinen Tagesablauf an Signalen orientiert, die nicht von Menschenhand gemacht worden sind. Wenn er fröhlich gestimmt ist, mag er vielleicht das bekannte Sprichwort bemühen: „Mach' es wie die Sonnenuhr, zähl' die schönen Stunden nur." Eine Zwischenform, die dazu noch schön anzusehen ist, stellt wohl die „Blumenuhr" von Carl von Linné dar. Anhand der jeweils geöffneten Blütenkelche soll er die Uhrzeit erstaunlich genau bestimmt haben können (vgl. Thorbecke 2010, S. 4f.). Dabei, so Staas in einem Beitrag über die Entstehung des europäischen Zeitbewusstseins, war es bereits diese Art von

Zeiteinteilung, die den römischen Komödiendichter Plautus zu Klagen veranlasste, weil er der Auffassung war, dass sein Magen in dieser Hinsicht viel genauer und wahrhaftiger sei als der Schatten eines Stabes, der auf ein Zifferblatt fällt (vgl. Staas 2005, S. 80). Die Erkenntnisse der Chronobiologie, die sich mit eben solchen natürlichen, endogenen Rhythmen beschäftigt, scheinen solche Beschwerden zu bestätigen. Sie weisen auf verschiedene Folgen hin, die aus der Nichtbeachtung solcher Taktgeber resultieren können. Zu den inneren Uhren gehören insbesondere die Bedürfnisse nach Schlaf und eben der Nahrungsaufnahme (vgl. hierzu Meier-Koll 1995). Interessanterweise bemühte also auch Plautus zumindest indirekt die Ernährung als einen Taktgeber. Eine Antwort darauf könnte sein, dass das Knappheitsempfinden agrarisch geprägter Gesellschaften viel stärker von der Sorge um das tägliche Brot bestimmt war, während die moderne Gesellschaft Knappheit bei der Entfaltung von Wachstumsbedürfnissen erlebt. Wer wählen will und wählen kann, bringt damit die Bewirtschaftung der Zeit in die Welt.

Nun sind die alten Taktgeber keineswegs aus der Welt. Der Magen knurrt auch heute noch, aber niemand käme auf die Idee, dieses Knurren als verbindlichen Rhythmusgeber für gesellschaftliche Prozesse zu definieren. Das Knurren vermeldet ein persönliches Defizit, das vielleicht auch gewollt ist, weil man sich einer strengen Diät unterzieht. Für eine Soziologie der Zeit aber ist es kein Indiz für Zeitperspektiven und Zeithorizonte, die sich als Ergebnis sozialer Festlegungen beobachten lassen. Je weiter man sich von einer organischen Zeitvorstellung entfernt, je abstrakter also das Zeitempfinden wird, desto bedeutsamer werden Gesetzmäßigkeiten, die Menschen zur Regelung ihres Zusammenlebens geschaffen haben und als Koordinations- und Kooperationsmechanismus einsetzen. Nach Rinderspacher ist die Bewirtschaftung der Zeit ein signifikantes Symptom der modernen Ökonomie, weil sich Begriffe wie Zeitgewinn und Zeitverlust als Ergebnis gelungener oder misslungener Planung interpretieren lassen. Als Kalkulationsgröße manifestiert sie sich in Gewinnen und Verlusten, in Erträgen und Defiziten. Im Stadium der abstrakten Zeit muss man zwar auch weiterhin spontan und flexibel sein, aber es ist nicht jene Spontaneität, die typisch für die organische Zeit ist, in der die Rhythmik der Natur den Menschen einen bestimmten Rhythmus abverlangte. Rinderspacher spricht hier auch von „Nicht-Zeit“ (1985, S. 72). Der nahende Wintereinbruch ist nicht genau kalkulierbar, aber verspätetes Handeln wird unverzüglich bestraft. Die organische Zeit ist insofern nicht frei von Zyklen, aber deren Festlegung liegt in stärkerem Maße außerhalb des Bestimmungsradius der Menschen. Die Sensibilität für diese Abläufe ist durch Veränderungen der zeitlichen Abfolge, also durch Signale aus der Natur selbst, gestiegen. Der Klimawandel steigert das Bewusstsein für das Regelwerk der Umwelt (vgl. Gribetz/Kaye 2023, S. 8 ff.). Die Festlegung von Zeremonien, Feiertagen und anderen besonderen Anlässen ist dagegen charakteristisch für die zyklische Zeit, wenngleich Rinderspacher hier noch nicht die Notwendigkeit einer chronologischen Abfolge sieht. Die Vielzahl der historisch entstandenen Kalenderformen aber dokumentiert das Bedürfnis nach Strukturierung des Alltags eindrucksvoll. Mit der linearen Zeit wird dieses kalkulierbare Element noch mehr in den Vordergrund gerückt und steht zugleich für ein neues Verständnis von Vergangenheit, Gegenwart und Zukunft. Zumindest wird Zukunftsorientierung erst mit dem Beginn der Neuzeit zu einem zentralen Problem, indem nun die Gestaltbarkeit der Zukunft zu einem philosophischen Thema wird und Geschichte zu einem „Variationsmechanismus“ (vgl. hierzu Walz 2004, S. 49 ff., ebenso Tricoire 2023, S. 15 ff., S. 129 ff.). Die Differenzierung hingegen, die Rinderspacher vorgeschlagen hat, ist zwar auch im Sinne einer historischen Abfolge interpretierbar. Viel bedeutsamer aber ist, dass man in Abhängigkeit von dem Ausdifferenzierungsgrad einer Gesellschaft eine Koexistenz verschiedener Zeitstrukturen beobachten kann (vgl. Rinderspacher 1985, S. 70 f.). Produktionsabläufe geben den Takt vor, die Schule organisiert sich über Stundenpläne, das gesellige Beisammensein hingegen wehrt sich gegen ein striktes Zeitmaß ebenso wie andere Subsysteme, zu denen Rinderspacher beispielsweise die Familie zählt: „Die sozialen Beziehungen in der Familie, gleichsam „der Zweck“ der Familie, erfordern für sich kein dem industriellen Arbeitsprozeß entsprechendes Zeitmaß […].“ (1985, S. 71) Diese Zeitmaße sind heute ein zentrales Thema im

Verhältnis von Leben und Arbeiten. Der Fokus liegt nicht mehr nur auf den Erfordernissen der Familie, sondern dehnt sich als allgemeines Balancebedürfnis aus. Es bestimmt die Wahrnehmung der Qualität von Unternehmens- und Organisationskulturen. Dabei handelt es sich um mehr als eine Modeerscheinung. Rekrutierungsprozesse und Bedürfnislagen werden gleichermaßen beeinflusst.[2]

2.

Die Wahrnehmung von Zeit variiert also innerhalb gesellschaftlicher Subsysteme, zugleich ist die funktionale Differenzierung einer Gesellschaft, ihre Heterogenität im Hinblick auf sozialstrukturelle Merkmale wie Beruf und Bildung, ein wichtiger Indikator für die Wahrnehmung von Zeit. Je mehr die Aktivitäten der Menschen miteinander verwoben sind, je mehr also die gegenseitigen Abhängigkeiten ansteigen, desto notwendiger wird die Abstimmung von Zeitplänen. Je differenzierter diese werden, desto mehr nimmt Koordinationszeit zu.

Die gesellschaftliche Konstruktion dieser Zeitpläne manifestiert sich wohl historisch am deutlichsten in der Unterscheidung von Arbeit und Freizeit, die, folgt man den Analysen des britischen Historikers Thompson, vor allem das Resultat eines wachsenden Bedarfs nach Synchronisation von Arbeitsprozessen war. Für ihn war die Zeit vor der Industrialisierung noch durch ein buntes Durcheinander von Tätigkeiten bestimmt. Er sah diese willkürliche Abfolge durchaus noch bei einer Vielzahl moderner selbstständiger Berufe, zum Beispiel bei Künstlern, Schriftstellern, aber auch Studenten, und stellt die berechtigte Frage, ob dies nicht eigentlich der natürliche menschliche Arbeitsrhythmus sei. Im Hinblick auf die Struktur der heutigen Arbeitswelt könnte fast von einer Renaissance dieses Gedankens gesprochen werden.

---

2 Siehe hierzu auch die Ausführungen in Kapitel 2.

Für Thompson hat das industrielle Zeitregime, vor allem die industrielle Revolution, den Menschen die Lebenskunst genommen, Zeit ohne Zwang zu erleben (vgl. Thompson 1973, S. 103). Indem Zeit zur Ware wurde, konfligierten in zunehmendem Maße die Zeitrhythmen verschiedener Sozialsysteme, vor allen Dingen die der Wirtschaft und der Religion. Der Streit um Sonntagsarbeit, die Debatten um Ladenöffnungszeiten, die Festlegung von Kirchenzeiten und Sportzeiten [⌛] – die Liste der Auseinandersetzungen über traditionelle und moderne Zeitkulturen ist lang (vgl. hierzu auch Braun 2010).

Book of Sports[3]

Das „Book of Sports" ist ein frühes Dokument (1617) zum Streit um die religiöse Bedeutung des Sonntags. Max Weber schrieb hierzu:

„Am charakteristischsten kommt dieser Zug wohl in dem Kampf um das »Book of sports«, welches Jacob I. und Karl I. zu dem ausgesprochenen Zweck der Bekämpfung des Puritanismus zum Gesetz erhoben und dessen Verlesung von allen Kanzeln der letztere anbefahl, zum Ausdruck. Wenn die Puritaner die Verfügung des Königs, daß am Sonntag gewisse volkstümliche Vergnügungen außerhalb der Kirchzeit gesetzlich erlaubt sein sollten, wie rasend bekämpften, so war es nicht nur die Störung der Sabbatruhe, sondern die ganze geflissentliche Ablenkung von der geordneten Lebensführung des Heiligen, was sie aufbrachte."

Quelle: Weber 1963 [zuerst 1920], S. 183.

Das moderne Zeitverständnis ist also vor allem ein Ergebnis von ökonomischem und technischem Fortschritt einerseits sowie dadurch ausgelösten sozialen Konflikten andererseits. Die berühmten Kondratieff-Zyklen erklären langfristige ökonomische Entwicklungen unter Rückgriff auf bedeutende Basistechnologien. Dazu zählte Kondratieff auch die Dampfmaschine, die in Verbindung mit einer Umgestaltung der Arbeitsorganisation der industriellen Revolution den eigentlichen Schub verlieh. Lewis

3 Siehe zu dem „Book of Sports" auch die Ausführungen in Kapitel 8.

Mumford sah dagegen vor allem in der Uhr die entscheidende Erfindung des industriellen Zeitalters (vgl. Mumford 1934, S. 330; sowie Rinderspacher 1985, S. 35). Umso erstaunlicher ist, dass jene, die unter diesem neuen Zeitverständnis in besonderer Weise zu leiden hatten, auch jene waren, die in der Uhr ein besonderes Statussymbol sahen. Taschenuhren wurden seit Beginn des 18. Jahrhunderts industriell gefertigt und das Schmuggeln billiger goldener Uhren war ein Markt, der vor allem die ärmeren Schichten bediente. Für die Arbeiter gehörte es zum Ausdruck eines gewissen Lebensstandards, wenn sie sich eine eigene Uhr kaufen konnten (vgl. hierzu Thompson 1973, S. 86 ff.). Auf diese Art und Weise wurde die objektive Zeit eben auch subjektiv erlebt. Aber jeder Blick auf die Uhr war zugleich ein Blick auf eine Konvention. Obwohl ein mechanischer Vorgang, wurde damit immer auch soziale Zeit angezeigt. Dieser Aspekt signalisiert das Verblassen einer aufgabenorientierten Zeitwahrnehmung. Im Folgenden soll dieser Begriff etwas näher betrachtet werden.

3.

In ihrem Beitrag „Social Time: Methodological and Functional Analysis“ stellten die amerikanischen Soziologen Pitirim A. Sorokin und Robert King Merton fest: „Social time is not continuous but is interrupted by critical dates“ (1937, S. 615) Diese „critical dates“ benötigen für ihre Festlegung gleichwohl eine weitere Referenz. Der ebenfalls prominent gewordene Satz „Mathematical time is ‚empty‘. It has no marks, no lacunae, to serve as points of origin or end.“ (ebenda, S. 623) soll offensichtlich verdeutlichen, dass beispielsweise die Festlegung eines Kalenders bereits einer sozialen Tatsache gleichkommt, weil sie in einen endlos scheinenden Prozess eine Ordnung hineinlegt [⌛]. Diese wiederum ist nicht willkürlich, sondern kann in unterschiedlichen Mischverhältnissen das Ergebnis astronomischer, physikalischer und/oder religiös bestimmter Ereignisse sein. Zumindest gilt für die Religion, dass sie in der Vergangenheit ein maßgeblicher Taktgeber war. Heute sind andere soziale Institutionen ebenso in der Lage, eine „Periodizität der Riten" (Durkheim 1981 [zuerst 1912], S. 29) zu gewährleisten. Wenn Durkheim (1858–1917) in seinen religionssoziologischen Arbeiten feststellt: „Ein Kalender drückt den Rhythmus der Kollektivtätigkeit aus und hat zugleich die Funktion, deren Regelmäßigkeit zu sichern." (ebenda, S. 29), so muss für die Gegenwart von einer Parallelität der Rhythmen ausgegangen werden und von einer Vielzahl konfligierender Daten, die wiederum das Ergebnis einer Pluralisierung der Lebensstile sind. Auch hier zeigt sich also, dass Zeitsysteme und Zeitrechnungen Mittel sind, um soziale Aktivitäten einer Gesellschaft zu koordinieren beziehungsweise zu synchronisieren (vgl. als Überblick hierzu Rifkin 1988 [zuerst 1987]).

Der französische Revolutionskalender

„Der nouveau calendrier, der »Revolutionskalender«, tritt am 5. Oktober 1793 in Kraft. Als Beginn des Jahres I wird der 22. September 1792 bestimmt. Ein Datum mit doppelter Symbolik: der 22. September 1792 ist der erste Tag nach Entstehung der Republik. Und an jenem Datum ist die Herbst-Tagundnachtgleiche. Dies wird als astronomisches Symbol für die Gleichheit aller Menschen gesehen.

Ein Jahr hat zwölf Monate, nun aber zu je 30 Tagen – insgesamt also 360 Tage. Um das astronomische Jahr zu komplettieren, werden nach dem letzten Monat fünf zusätzliche Tage eingefügt, die Sansculottides. In Schaltjahren feiert man zudem einen zusätzlichen jour de la Révolution. Die Monate bestehen aus drei Dekaden (Wochen) zu je zehn Tagen mit zehn Stunden à 100 Minuten.

Neue Monatsnamen sollen die jeweilige „Eigenart der Jahreszeit, die Temperatur und den Zustand der Vegetation" versinnbildlichen, so der Dichter Philippe Fabre d'Eglantine, der Erfinder der Namen: Für den Herbst Vendémiaire, Brumaire, Frimaire (Weinlese-, Nebel-, Raureifmonat), der Frühling Germinal, Floréal, Prairial (Keim-, Blüte-, Wiesenmonat), den Sommer Messidor, Thermidor, Fructidor (Ernte-, Hitze-, Fruchtmonat). Der neue Kalender beginnt mit dem 1. Vendémiaire des Jahres I."

Quelle: Unger/Mischer 2006, S. 173

Namenspatrone in dem Positivisten-Kalender von Auguste Comte (Auszüge):

	Monatsname	Wochennamen
Januar	MOSES (erste Theokratie)	Numa, Buddha, Konfuzius, Mohammed
März	ARISTOTELES (antike Philosophie)	Thales, Pythagoras, Sokrates, Platon
Juni	APOSTEL PAULUS (Katholizismus)	St. Augustinus, Hildebrand, St. Bernhard, Bossuet
September	GUTENBERG (moderne Industrie)	Kolumbus, Vaucanson, Watt, Montgolfier
Dezember	FRIEDRICH II. (moderne Politik)	Louis XI, Taciturnus, Richelieu, Cromwell
Finalmonat	BICHAT (moderne Wissenschaft)	Galileo, Newton, Lavoisier, Gall

Quelle: entnommen aus Comte 1849, S. 19.

Reformvorschläge, die die Festlegung des Jahreskalenders betreffen, gab es viele. Das Beispiel des Positivisten-Kalenders steht für einen nicht erfolgreichen Versuch der Reform des Gregorianischen Kalenders. Der Positivismus war mehr als eine Soziallehre. Er schuf seine eigene Ikonographie und setzte auf die Macht der Symbole und Bilder (vgl. hierzu insbesondere Lepenies 2010).

Der Bezug auf astronomische Phänomene (Mondumlauf, Erddrehung usw.) stellt lediglich eine (soziale) Übereinkunft dar und ist keineswegs zwingend oder gar naturgegeben (vgl. Sorokin/Merton 1937, S. 615). Die Verwendung von Metaphern zur Verdeutlichung von Zeitmaßen kann als weiterer Beleg für Referenzsysteme, die Zeit verdeutlichen sollen, dienen. Ethnologische Studien belegen, dass man etwa die Zeit für das Reiskochen oder die „Viehuhr" verwandte, die sich an wiederkehrenden Arbeitsprozessen orientiert (vgl. Thompson 1973, S. 82 f.; Evans-Pritchard 1940, S. 101 ff.).

Neben diesen natürlichen Ankern dienen weitere Fixpunkte dazu, den endlosen Strom der Ereignisse mit Markierungspunkten zu versehen. Dazu gehört beispielsweise die Schulzeit, die Heirat, sogenannte „rites de passage", die markante Punkte im Lebenslauf hervorheben: Familiengründung, Jubiläen usw. Obwohl diese Ordnungssysteme einen objektiven Charakter vermitteln, folgt aus ihrer Existenz weder ein Gleichklang der Zeitorientierungen noch eine Unvergleichbarkeit der subjektiv erlebten Zeitempfindungen [⌛]. So ist das Zeitempfinden in der Stadt anders als auf dem Land, in Zeiten gesellschaftlicher Unruhe sprunghafter als in Zeiten sozialer Stabilität, in Zeiten der Zuversicht an zukünftigen Ereignissen orientiert, in Zeiten der Krise eher dem Vergangenen nachhängend. Zeitangaben in der Musik sind ebenso aufschlussreich: der Minutenwalzer ist nicht innerhalb einer solchen zu spielen, bei gregorianischen Gesängen fehlten die Zeitangaben gar vollständig, Dirigenten beeinflussen das Tempo einer Symphonie (vgl. bspw. Carstens 2005).[4]

Zeitwahrnehmung ist also immer ein wesentlicher Bezugsrahmen von Handlungen, was beispielsweise der in Russland geborene Soziologe Georges Gurvitch betonte. „Explosive time“ steht bei ihm für eine Zeit der Innovationen, „alternating time“ für einen Zustand der Unentschlossenheit, „enduring time“ wiederum für eine Alltagsperspektive, die das andauernde und wiederkehrende, also Zeiten mit langer Dauer, repräsentiert, oder auch die „deceptive time“, die als eine Zeit der Überraschung nach scheinbarer Ruhe interpretiert werden kann (vgl. Gurvitch 1963, S. 13 f.). Handeln, so Luckmann und Schütz, gewinnt aber erst einen Sinn, wenn es für Zwecke der Reflexion aus diesem Erlebnisstrom herausgehoben wird. Dadurch wird die Handlung zu einer Einheit im inneren Zeitbewusstsein. Genau dies versucht auch die empirische Sozialforschung, wenn sie die Befragten auffordert, innezuhalten und sich bestimmter Dinge bewusst zu werden. Dabei zeigt sich beispielsweise, dass es eine enge Verbindung von Raum- und Zeitempfinden gibt. In einem Experiment blickten Versuchsteilnehmer auf einen Bildschirm, der unterschiedlich lange Linien zeigte. Je länger die Linie, desto länger auch die empfundene Zeit, die man auf den Bildschirm schaute (vgl. Weiler 2013, S. 64).

---

4 Carstens, Peter (2005): „Wenn du gut bist, spiel langsamer!“. In: Geo.de [Abrufbar unter: http://www.geo.de].

Über das Zeitempfinden

„In general, a time filled with varied and interesting experiences seems short in passing, but long as we look back. On the other hand, a tract of time empty of experiences seems long in passing, but in retrospect short. A week of travel and sight-seeing may subtend an angle more like three weeks in the memory; and a month of sickness hardly yields more memories than a day. The length in retrospect depends obviously on the multitudinousness of the memories which the time affords. Many objects, events, changes, many subdivisions, immediately widen the view as we look back. Emptiness, monotony, familiarity, make it shrivel up."

Quelle: James 1970 [zuerst 1890], S. 624.

Aber selbst das Heraustreten aus diesem Bewusstseinsstrom ist eine Illusion, weil es kein „überzeitliches ‚Ufer'" (Schütz/Luckmann 1975, S. 67 f.) gibt. Während die Vergangenheit erinnert und systematisiert wird, wird die Zukunft gleichzeitig antizipiert[5]. Eine Unabhängigkeit der Zeitwahrnehmung und Zeitempfindung scheint es also nicht zu geben. Stets greifen wir zur Verdeutlichung auf Kategorien zurück, die vom Einzelnen zwar unterschiedlich erlebt werden, aber stets auch Teil der jeweiligen Biografie sind. So ist es auch nicht erstaunlich, dass das Bedürfnis nach Zeitsouveränität von vielen Menschen geäußert wird und sie im Zuge dessen zunächst einmal davon ausgehen, dass es sich dabei um ein individuelles Verlangen handelt.

4.

Bei näherer Betrachtung ist aber die Artikulation von Zeitsouveränität die Antwort auf eine Welt, die den Einzelnen mehr und mehr verpflichtet (vgl. Nowotny 1989, S. 19 f.). Nowotny zeigt in ihrer Analyse, wie eine zunehmende Präzision der Zeitmessung und eine räumliche Ausdehnung von vereinheitlichten Zeitvorstellungen die Wahrnehmung gegenseitiger Abhängigkeit verstärkt: „Das Drängen

---

5 Siehe hierzu auch die Ausführungen in Kapitel 9.

auf Vereinheitlichen der Zeit im sozialen Zusammenleben äußert sich in der Annäherung an eine weltumfassende Gleichzeitigkeit der Wahrnehmung von Ereignissen und von Prozessen, die zur gleichen Zeit an anderen Orten der Erde stattfinden. Heute verspüren die Menschen abermals einen eigenartigen und bislang unerhörten Wunsch: „Sie wollen mehr Zeit für sich selbst haben." (Nowotny 1989, S. 19) Für Norbert Elias würde darin ein eindrucksvolles Beispiel der Umwandlung von Fremdzwängen in Selbstzwänge zu sehen sein. Seine zeitsoziologischen Arbeiten verdeutlichen in besonderer Weise, wie die Interdependenzen zwischen den Menschen im Zuge der gesellschaftlichen Differenzierung immer stärker und dadurch die Wirkungsketten von Handlungen eben auch immer länger werden. Der Prozess der Zivilisation ist insofern auch ein Prozess der Disziplinierung im Hinblick auf Zeit. In historischer Hinsicht wird quasi die Ordnungsmacht über das Leben anderer partiell entpersonifiziert. Was auf früheren Stufen der Gesellschaftsentwicklung durch Priester oder Könige realisiert wurde, also ein Wissen davon zu vermitteln, was man zu bestimmten Zeiten zu tun hat, wird nun durch das Orientierungsmittel Zeit gewährleistet (vgl. Elias 1984, S. 52, 70). Dass diese Disziplinierung kein selbstverständlicher Vorgang war, zeigen unter anderem die zahlreichen Bemühungen, den Müßiggang der Arbeiter einzugrenzen. Wiederum ist es Thompson, der hierzu zahlreiche Beispiele aufführt, sei es das Blaumachen als Statusprivileg besser bezahlter Handwerker oder die auch in zeitlicher Hinsicht ausschweifenden Feste, die den Puritanismus immer wieder zu mahnenden Aufrufen veranlassten (vgl. Thompson 1973, S. 88 ff.).

Für Michel Foucault ist es der moderne Verwaltungsapparat, der die Disziplinierung der Gesellschaft übernommen hat. In Institutionen wie Schule, Militär, Spital, Gefängnis komme dies in besonderer Weise zum Ausdruck. Indem die Menschen diese Verhaltenserwartungen internalisieren und zugleich Sorge dafür getragen wird, dass im Falle der Nichteinhaltung dieser Regeln Sanktionen greifen, kommt ein anatomisch-chronologisches Verhaltensschema zur Geltung (vgl. Foucault 1976, S. 203 f.), das Berechenbarkeit garantiert. Diese bürokratische Herrschaft ist Teil der

Moderne [⌛] und wird vor allem dann als problematisch empfunden, wenn diese das Bedürfnis des Einzelnen, seine Zeit souverän gestalten zu wollen, massiv begrenzt.

Führt Vorlochen zum Erfolg?

„2. Vorlochen von Schriftstücken

Es sollen alle Schriftstücke vorgelocht werden, bei denen das Vorlochen vorteilhaft ist.

Bei der Abwägung dieser Frage muß einerseits die Arbeitsersparnis des Einzellochens und andererseits berücksichtigt werden, daß ein nicht unerheblicher Teil des Schriftgutes gar nicht abgeheftet wird. Auch muß gesehen werden, daß bei dem abzuheftenden Teil des Schriftgutes das Vorlochen in vielen Fällen wegen der verschiedenartigen Lochsysteme nicht zum Erfolg führt, daß für die nicht vorgelochten Schriftstücke von Privaten ein Locher zur Verfügung gehalten werden muß und daß das Vorlochen mit Kosten verbunden ist. In folgenden beispielhaft angeführten Fällen erscheint das Vorlochen vorteilhaft:

a) Bei Vordrucken für den internen Gebrauch in der Behörde oder für den Verkehr zwischen Behörden,

b) bei Vordrucken, die zum Ausfüllen an Antragsteller versandt werden und die nach Rückgabe in den Akten der Behörde verbleiben,

c) bei Schriftstücken, die wegen ihrer Dicke nicht mit einem normalen Schreibtischlocher gelocht werden können.

Auf allen Vordrucken und Briefblättern sollte eine Lochmarke eingedruckt sein. Mit dieser kleinen Hilfe, die im Gegensatz zum Vorlochen keine Mehrkosten verursacht, wird das Lochen wesentlich erleichtert werden."

Quelle: Amtsblatt des Kultusministeriums von Rheinland-Pfalz, Nr. 5, 1975, S. 103.

Wer aus dieser disziplinierenden Kraft die Schlussfolgerung ableitet, dass die Gesellschaft nunmehr keine Zeit mehr findet, neue Bedürfnisse zu artikulieren, sieht sich hingegen getäuscht[6]. So heißt es auch bei Elias: „Aber der Druck der Zeit in seiner gegenwärtigen Form erzeugt, als Aspekt des Zivilisationskanons, Probleme, die noch einer Lösung harren. Sie werden wahrscheinlich Entwicklungen zur nächst höheren Ebene in die Wege leiten." (Elias 1984, S. 248) Wenn sich also Zeit und Ökonomie in einem weiteren Sinne verbünden, ist der Wunsch nach Beschleunigung des Fortschritts unausweichlich. Der Wandel hat Vorrang vor der Beharrung, die hohe Wertschätzung der Zeit führt zu ihrer Rationalisierung, der sparsame Umgang mit Zeit begründet ein Wirtschaftsethos, das Max Weber in seinen Analysen der Wahlverwandtschaft zwischen Protestantismus und kapitalistischer Entwicklung ausführlich beschrieben hat (siehe unten). Die Internalisierung dieser Herausforderung führt sowohl in diesem Kontext als auch in anderen Handlungsfeldern zu Erwartungskonflikten, die die Zeit an sich überhaupt erst knapp machen. Darauf hat Niklas Luhmann vielfach hingewiesen. Man stelle sich einmal vor, dass unsere Planungen, unsere Vorhaben, unsere Präferenzen das Problem endlicher Ressourcen nicht einkalkulieren müssten. Man könnte die berechtigte Frage anschließen, ob es dann überhaupt Präferenzen gibt, Planung notwendig ist, Vorhaben nicht beliebig aufgeschoben werden können. Wenn unendlich viel Zeit zur Verfügung stünde, dann gäbe es keinen Selektionszwang. Man wüsste zwar immer noch, dass, wenn das eine geschieht, auch etwas anderes vonstattengeht. Man müsste aber nicht die Sorge haben, dass man niemals in den Genuss der anderen Sache kommt. Das ist zwar eine sehr theoretische Überlegung, aber sie macht deutlich, dass uns die gegenteilige Situation zu Prioritätensetzungen zwingt: „Zeit an sich ist nicht knapp. Der Eindruck der Zeitknappheit entsteht erst aus der Überforderung des Erlebens durch Erwartungen." (Luhmann 1971, S. 149) Damit betont Luhmann explizit den Zusammenhang von Komplexität und Selektion, der ohne

---

6 Ein Beispiel für Innovationen in diesem Sektor ist das Creative Bureaucracy Festival. Siehe: https://creativebureaucracy.org/de/.

Zeit gar nicht denkbar wäre (vgl. Luhmann 1984, S. 70). Für diese Erwartungsinflation können in historischer Perspektive mehrere Faktoren verantwortlich gemacht werden: Knappheit und Überfluss stehen in keinem umgekehrt proportionalen Verhältnis. Die Befreiung der Ökonomie von nicht-ökonomischen Schranken hat ohne Zweifel zu einer Steigerung der Warenproduktion beigetragen, die Entfaltung des Warenverkehrs generell gesteigert, zu einer Modernisierung von Verkehrsinfrastrukturen beigetragen, aber zugleich die Interdependenz zwischen verschiedenen Funktionssphären gesteigert (vgl. Rosa 2005, S. 295 ff.). Der Wegfall von Entscheidungsmonopolen (Kirche, König, Staat) und die sukzessive Beseitigung von Privilegien steigerten den Wettbewerb und schufen damit die Voraussetzung für ein innovativeres Umfeld. Prozesse kreativer Zerstörung (vgl. Schumpeter 1950) bestimmen in immer stärkerem Maße die wirtschaftliche und soziale Entwicklung, zugleich nehmen Erfahrungen eines „cultural lag" (Ogburn 1922) zu, weil sich technische und soziale Entwicklungen nicht in einem Gleichklang befinden. Als die Dampfmaschine im 18. Jahrhundert erfunden wurde, mussten die Produktionsabläufe zunächst auch der neuen Technik angepasst werden: Der technischen Innovation folgte eine Neugestaltung der Arbeitsorganisation. Als das Automobil entwickelt wurde, fehlte es an geeigneten Straßen. Auch hier kann der Straßenbau als eine nachholende Entwicklung betrachtet werden. Die Geschichte der Bildung und die von Lehr-Lern-Prozessen zeigt immer wieder diese zeitliche Differenz: Schulen erneuern die Lehrmaterialien, müssen aber noch neue und gute Wege der Vermittlung finden, Prüfungen werden durch elektronische Formate vor eine neue Herausforderung gestellt, künstliche Intelligenz verändert die Vorstellung von Autorenschaft. Allen Prozessen ist gemeinsam, dass sie zu einer Verbesserung oder Produktivitätssteigerung beitragen (sollen) und gleichsam Teil einer Steigerungslogik sind, die immer neue Ausdifferenzierungen hervorbringt und damit Akteure, die sich in solchen Systemen bewegen, mit neuen Anforderungen konfrontiert; obwohl Innovationen auch zu Zeitersparnis führen können,[7] dieser Gewinn aber nicht auf einem Zeitkonto gespeichert werden kann, sondern eher neue Erwartungen weckt. Darauf hat insbesondere Alois Hahn in seinen Überlegungen zu einer Soziologie der Knappheit hingewiesen. Mit dem ökonomischen Wachstum werden auf der Ebene der Akteure auch Wachstumsbedürfnisse erzeugt. Vorstellungen von Knappheit können daher, so Alois Hahn, kein universelles oder gar anthropologisches Phänomen widerspiegeln. Knappheit resultiert eben nicht nur, teilweise sogar keineswegs, aus den jeweils verfügbaren Ressourcen, sondern stellt in erster Linie eine Systemeigenschaft dar: „Die Bedingungen der Produktivitätssteigerungen gehen offenbar Hand in Hand mit sozial erzeugten Erhöhungen von Ansprüchen, so dass die aufklärerische Hoffnung von der Vermehrbarkeit des Glücks durch die Verbesserung der Güterversorgung sich als illusionär erweist." (Hahn 1987, S. 121) Die Vorstellung von dringlichen und nicht-dringlichen Bedürfnissen kann daher nicht ohne Berücksichtigung des vorhandenen Alternativenreichtums interpretiert werden. Im Gegenteil: Knappheit entsteht stets neu und entwickelt sich parallel zu dieser Erfahrung. Damit bleibt Knappheit letztlich also ein Phänomen, das aus Kostenbewusstsein in unterschiedlichen sozialen Kontexten entsteht. Die häufige Betonung der dringlichen Bedürfnisse erklärt sich auch aus der Tatsache, dass trotz der unzweifelhaft bestehenden Korrelation zwischen historisch gegebenen Bedürfnissen und Ansprüchen mit dem Beginn des 20. Jahrhunderts die „Welt der Knappheit" (Nipperdey 1990, S. 171) sich gleichsam nicht von heute auf morgen in eine „Gesellschaft im Überfluss" (Galbraith 1959) verwandelte. Max Weber hatte in seinen Analysen über die Anfänge des Kapitalismus auf die Bedeutung von bestimmten Tugenden hingewiesen, die ökonomischen Entwicklungen zuträglich waren. Seine Studien zur protestantischen Ethik sollten zeigen, dass asketische Grundhaltungen, wie Sparsamkeit und Fleiß, und eine rationale Berufsauffassung, das heißt die religiöse, aber auch außerreligiöse Sittlichkeit, eine Parallele zur methodischen Lebensführung des modernen Kapitalismus darstellten. Webers innerweltliche Askese

7 Siehe hierzu auch die Ausführungen in Kapitel 7.

wird in einer säkularisierten Variante in David Riesmans innengeleitetem Charakter fortgeführt. Er charakterisiert diesen wie folgt: „Der innengeleitete Mensch kommt innerlich und äußerlich nie zur Ruhe. Auf der einen Seite fesselt ihn die Produktion mit ständig neuen Aufgaben, auf der anderen Seite verbringt er sein Leben mit der dauernden inneren Erschaffung und Erarbeitung seines Charakters." (Riesman u. a. 1958, S. 137) Man könnte mit gutem Recht auch die Auffassung vertreten, dass die Phase der Innenlenkung eine Phase der Entbehrungen und des Aufbaus der modernen Welt beschreibt, während der außengeleitete Verhaltenstypus die Früchte erntet und infolge der prosperierenden Massenproduktion sich mehr und mehr dem Verbrauch zuwendet. Diese Außenlenkung bedeutet wiederum: eine hohe Relevanz der Zeitgenossen, der Massenmedien, eine hohe Empfangs- und Folgebereitschaft für die Handlungen und Wünsche anderer, eine Verbrauchsorientierung, die gemeinsam mit der Tendenz, selten lange Gefallen an einem bestimmten Produkt zu finden, auftritt.

Der Spielraum für diese Wechselbereitschaft wird durch die ökonomischen Ressourcen, also die Kaufkraft, bestimmt. Würde sich diese ausschließlich im Sinne einer Artikulation individueller Bedürfnisse auf Märkten zur Geltung bringen, wäre die Dynamik von Innovationszyklen für den einzelnen Konsumenten belanglos. Die empirische Beobachtung zeigt aber, dass in vielen Bereichen das Neue sehr schnell mit der Erwartung, etwas Veraltetes zu sein, konfrontiert wird. Obwohl unter dem Gesichtspunkt der Haltbarkeit viele Produkte heute eine wesentlich längere Lebensdauer haben als früher, werden sie zu einem Teil von Trends und Moden, und damit abhängig von gesellschaftlich erzeugten Vorlieben. Als paradoxer Befund einer so ausgerichteten Wechselwirtschaft steht somit folgender Widerspruch: Je länger die Lebensdauer, desto kürzer die Marktpräsenz. Zeit wird damit im Produktlebenszyklus zu einer besonders kritischen Größe (vgl. hierzu auch Fischer 2001, S. 84). Dieser ambivalente Befund hat seit jeher die Kritik an der Konsumgesellschaft mitbestimmt. Ebenso sind Alternativen zu diesem Kreislaufmodell entwickelt worden, die heute zunehmend selbstverständlich aktiviert werden, wenn es um Produktion und

Konsumtion geht. Nachhaltiger Konsum wird eingefordert, beworben und nunmehr in vielfältiger Weise in den Markt integriert. Das geschieht auf konventionelle Art und Weise, indem beispielsweise Finanzmärkte entsprechende Portfolios aufsetzen oder die Werbung Aspekte von Herkunft, Zusammensetzung und Dauerhaftigkeit in den geeigneten Marketingrahmen setzt. Die Gesellschaft für Konsumforschung (GfK) veröffentlicht nun einen Nachhaltigkeitsindex. Im Jahr 2022, dem Jahr des Starts dieses Beobachtungsinstruments, sagten 52 % der Befragten, dass dieser Aspekt bei Kaufentscheidungen eine Rolle spiele[8]. Hinzu kommen „Kulturen des Reparierens" (Krebs u. a. 2018), die sich aus vielen Motiven speisen: Man möchte ein Produkt nicht wegwerfen, weil man es liebgewonnen hat, man möchte etwas „retten" und zugleich mehr darüber erfahren, wie die Dinge funktionieren. Repair-Cafés sind ein Ausdruck dieser Entwicklung. Als Zeichen der Zeit ergibt sich hier somit eine Koexistenz unterschiedlicher Konsummuster, die auf ihre je eigene Weise den Zusammenhang von Zeit und Konsum markieren.

Diese Muster sind zugleich eine Antwort auf das Tempo des Lebens und seine Steigerung, eine Formulierung, die Georg Simmel in seiner „Philosophie des Geldes" verwandte (1958, S. 568 [zuerst 1900]. Nach seiner Auffassung ist es vor allem das Geld, das gesellschaftliche Tauschprozesse erleichtert, zugleich aber auch beschleunigt. Unter den Bedingungen des Naturaltauschs waren Märkte auch deshalb regional begrenzt, weil das Fehlen eines gemeinsamen Wertmaßes das Finden eines gemeinsamen Nenners erschwerte. Anschaulich schreibt Simmel: „Wie sollte sich der Tausch glatt und leicht vollziehen, so lange es noch kein Tauschmittel gab, das jede Differenz begleichen, in das man jedes Produkt umsetzen und das ich in jedes Produkt umsetzen konnte? Und indem das Geld so die Teilung der Produktion ermöglicht, bindet es die Menschen unweigerlich zusammen, denn nun arbeitet jeder für den anderen,

8 Informationen zum GfK-Nachhaltigkeitsindex (Einführung im Februar 2022) auf: www.gfk.com. Siehe auch die Beiträge in SONA – Netzwerk Soziologie der Nachhaltigkeit 2021.

und erst die Arbeit aller schafft die umfassende wirtschaftliche Einheit, welche die einseitige Leistung des Individuums ergänzt. So ist es schließlich das Geld, das unvergleichlich mehr Verknüpfungen zwischen den Menschen stiftet, als sie je in den von den Assoziations-Romantikern gerühmtesten Zeiten des Feudalverbandes oder der gewillkürten Einung bestanden." (Simmel 1983 [zuerst 1896], S. 82) Die vereinheitlichende Wirkung des Geldes erlaubt also gleichzeitig Differenzierung und Ausweitung der Beteiligung in einem räumlichen Sinne. Die Beteiligung kann so weit gehen, dass das Geld für Dinge investiert wird, an denen man persönlich überhaupt nicht beteiligt ist, beispielsweise als Teilhaber einer Aktiengesellschaft, oder sich mit Kleinigkeiten die Zeit vertreibt [⌛]. Kapital soll also über die Zeit wachsen, ohne dass es über die Bereitstellung des Geldes hinaus eines weiteren Engagements bedarf. Die berühmte Formel „Zeit ist Geld" manifestiert sich aber nicht nur in diesem Phänomen, sondern auch in dem Einlassen auf Termingeschäfte, die in der Börsenwelt auch als Zeitgeschäfte bezeichnet werden. Ebenso ist der Wechsel eine Hypothek auf die Zukunft, der zum Zeitpunkt des Ausstellens noch eine entlastende Wirkung haben kann, mit dem Nahen des Fälligkeitstermins aber die Konsequenzen einer Fehlplanung deutlich machen könnte. Insofern ist es nicht nur die Uhr, die Vorstellungen von Pünktlichkeit verändert hat, sondern vor allem auch das Geld, das Exaktheit und produktive Zeitverwendung verlangt (vgl. auch Biervert 1995, S. 7). Zeit koordiniert und begrenzt die wirtschaftlichen Aktivitäten, deren Dauer wiederum hängt nicht nur von guter Koordination ab, sondern von der Verfügbarkeit entsprechender Produktionsfaktoren. Wer zur Herstellung bestimmter Produkte natürliche Ressourcen in Anspruch nehmen muss, kann entweder diese natürlichen Rhythmen (bspw. die Erträge des Bodens) akzeptieren oder durch Eingriff in natürliche Abläufe diese Prozesse zu beschleunigen versuchen, z.B. durch den Einsatz von Biotechnologien (vgl. hierzu Gottwald 2011, S. 47ff.).

Das Kleingeld und die Industrien

„Bis 1759 gab die englische Bank keine Noten unter 20 Pfd. St. aus, seitdem ist sie auf 5 Pfd. St. heruntergegangen. Und was noch bezeichnender ist: ihre Noten liefen bis 1844 im Durchschnitt 51 Tage, ehe sie wieder zur Einlösung in kleineres Geld präsentiert wurden, im Jahre 1871 dagegen liefen sie nur noch 37 Tage – in 27 Jahren ist also das Bedürfnis nach kleinerem Geld fast um ein Viertel seiner Intensität gestiegen. Die Tatsache, daß jeder kleines Geld in der Tasche hat, mit dem er, oft nur momentaner Lockung folgend, allerhand Kleinigkeiten sofort einkaufen kann, muß Industrien hervorrufen, die von diesen Möglichkeiten leben. Dies und überhaupt die Teilbarkeit des Geldes in kleinste Summen trägt sicher zu dem kleinen Stil in der äußeren, insbesondere der ästhetischen Ausgestaltung des modernen Lebens bei, zu der wachsenden Zahl von Kleinigkeiten, mit denen wir unser Leben behängen."

Quelle: Simmel 1983 [zuerst 1896], S. 91.

Damit schließt sich am Ende dieses einleitenden Kapitels der Kreis wieder: Wer im Einklang mit der Natur lebt, fördert eher eine Kultur der Langsamkeit, wer dagegen versucht, sie dem Tempo des Lebens unterzuordnen, steigert zwar Erträge, erhöht aber in langfristiger Perspektive auch die Wahrscheinlichkeit, dass wirtschaftliches Handeln immer durch Unsicherheiten geprägt ist. Zukunft als kalkulatorische Größe wird daher unterschiedlich gehandhabt. Im Jahr 1994 hieß es noch: „Der Zeithorizont der Akteure am Markt ist kurz und durch das Interesse an kurzfristigen Rentabilitäten bestimmt. Zukunftsgüter und die Interessen künftiger Generationen kommen in Marktentscheidungen oft zu kurz." (Koslowski 1994, S. 203) Heute ist die Sorge einer nicht mehr gestaltbaren Zukunft dominant und damit wächst auch der Druck auf alle Akteure, im Rahmen von Kosten-Nutzen-Analysen diese Größe nicht mehr als Randbedingung zu definieren, sondern zu integrieren.

Leseempfehlungen

Sorokin, Pitirim A.; Merton, Robert K. (1937): Social Time: A methodological and functional Analysis. In: The American Journal of Sociology Vol. XLII Nr. 5, S. 615–629.

Thompson, Edward P. (1973): Zeit, Arbeitsdisziplin und Industriekapitalismus. In: Braun, Rudolf u. a. (Hrsg.): Gesellschaft in der industriellen Revolution. Köln, S. 81–112.

Rifkin, Jeremy (1988): Uhrwerk Universum. Die Zeit als Grundkonflikt des Menschen. [Aus d. Amerik., zuerst 1987]. München.

Kapitel 2
„Scholé“ – Von der Muße zur Freizeit

1.

Wer an seine Schulzeit zurückdenkt, wird damit wohl kaum – zumindest nicht auf Dauer – das Nichtstun verbinden. Manch einer sehnte sich, während er sich mühsam Gedichtzeile um Gedichtzeile aneignete, vielleicht nach körperlicher Betätigung, nach Arbeit an etwas. Aber die etymologische Nähe des griechischen Wortes scholé zum deutschen Wort Schule hat seinen Grund in einer Abwertung körperlicher Arbeit. Wenn, dann müsste diese Arbeit der körperlichen Vervollkommnung dienen, ganz im Sinne des „mens sana in corpore sano“. Die askesis im klassisch-hellenistischen Sinne sah in der leiblichen Ertüchtigung, in der Übung um der Übung willen, eine Tugend, die der Disziplinierung des Körpers diente, sie war gleichsam Ausdruck von Willensstärke. Für den griechischen Philosophen Aristoteles (384–322 v. Chr.) war die Befreiung von harter Arbeit das Privileg einer Klasse, die sich der Vervollkommnung ihres Geistes widmen sollte. Freizeit, dieser bis heute ambivalente Begriff, machte für diese Art von Aktivitäten keinen Sinn. Es gab diesen Begriff auch nicht. Es ging um Muße, die einen Zustand beschreiben sollte, in dem eine Aktivität um ihrer selbst willen unternommen wird, also einen Selbstzweck hat. Das konnte nur durch eine Befreiung von Alltagsverpflichtungen gelingen. Muße war also auch die Freiheit, nicht arbeiten zu müssen. Muße repräsentiert den vormodernen, und damit: vorindustriellen Freizeitbegriff. Muße zu haben bedeutete: privilegiert zu sein. Die Aktivitäten wurden nicht in Zeiteinheiten gemessen, sondern sollten in einem kontemplativen Zustand erlebt werden. Die Befreiung von harter Arbeit korrespondierte mit der Hinwendung zu nicht-produktiven Beschäftigungen. Das aristokratische Leben diente der Verfeinerung der menschlichen Kultur, Sklaven, Bauern und Diener schufen durch ihre Arbeit die Freiräume für diesen Lebensstil: „Such idleness cannot be defined in terms of its relation to work, since it neither complements nor rewards work but rather takes the place of work altogether. Of course, the aristocratic way of life has contributed in no small measure to the refinement of human culture; its ideal man was freed from work so that none of his capacities, physical or mental, should fail to be developed to the highest level.“ (Dumazedier 1968, S. 249) Während die einen auf diese Art und Weise den Weg zur Glückseligkeit finden sollten, verharrten die anderen in einem Zustand der Unfreiheit. Unter diesen Lebensbedingungen konnte der Begriff Freizeit aus zwei Gründen keine Bedeutung haben: Für jene, die einer „vita contemplativa“ folgten (vgl. zu diesem Begriff auch de Grazia 1972, S. 58 ff.), wurde sämtliches Denken und Handeln dieser Maxime untergeordnet. Es gab also keine Zeit, die übrig blieb und anderen Zwecken zugeführt werden konnte; jene, die zwischen Sonnenaufgang und Sonnenuntergang für die Gewährleistung der elementarsten Bedürfnisse sorgen mussten, kannten zwar Zeiten der Untätigkeit, aber diese waren entweder das Ergebnis widriger Naturbedingungen oder der Teilhabe an religiösen Zeremonien geschuldet, die häufig gegen den Willen der Bauern und Handwerker durchgesetzt wurden (vgl. Dumazedier 1968, S. 249; Wilensky 1961). Erneut ist hier ein etymologischer Hinweis hilfreich. Das französische Wort für Arbeit, „travail“, findet im lateinischen seine Entsprechung in dem Kompositum „tripalis“, was so viel wie drei Stecken, drei Spitzen bedeutet. Wer dieses Werkzeug über einen Acker ziehen musste, konnte nachvollziehen, was mit schmerzhafter und mühsamer Arbeit gemeint ist. In diesem Sinne wird auch das altfranzösische Wort „travailler“ verwandt. Das spätlateinische Wort „trepalium“ soll sogar einmal ein Folterinstrument beschrieben haben. Ebenso meinte der Begriff aber auch „sich selber Mühe machen“ oder „Leid bereiten“.

Der Kontrast zwischen der Antike und der Gegenwart vermittelt noch ein weiteres: Sinnvolle Tätigkeiten werden mit einem hohen Anspruch verbunden. Darin mag bis heute ein Grund dafür zu finden sein, dass viele moderne Formen der Freizeitbeschäftigung als sinnlose, vertane, passive, unkreative und vergeudete Zeitgestaltung eingestuft werden. Die historische Perspektive verdeutlicht des Weiteren, dass es weder für die müßige noch für die beherrschte Klasse künstliche Schranken im Sinne einer Differenz von Arbeit und Freizeit gab. In beiden Fällen kann von einem unterschiedlichen Durcheinander verschiedener Tätigkeiten gesprochen werden. Für Thompson gab es auch in der vorindustriellen Gesellschaft keine scharfe Trennung zwischen Arbeit und Freizeit. Für ihn ist diese Unterscheidung eines der signifikantesten Ergebnisse der industriellen Revolution. Vor der industriellen Revolution waren es die Natur und die Religion, die dem Alltag eine Ordnung gaben, letztere beispielsweise durch eine Vielzahl von Feiertagen. Diese waren ursprünglich auch in den seltensten Fällen Festtage. Aber nicht nur im Römischen Reich konnte man beobachten, dass in zunehmendem Maße solche Feiertage durch Schauspiele und andere öffentliche Veranstaltungen den Charakter von Vergnügungen annahmen. Wilensky hat in seiner historischen Arbeit zur Freizeitentwicklung anschaulich formuliert: Aus unlucky days wurden holy days und schließlich holidays. In der deutschen Übersetzung seines Beitrags heißt es: „Schon lange vor dem Mittelalter wurden tabu- oder unheilvolle Tage in heilige Tage und schließlich in Feiertage verwandelt." (Wilensky 1972, S. 154)

2.

Mit dem englischen Wort *holidays* verbinden wir heute die Ferien. Daher gehört zur Vorgeschichte der modernen Freizeitkontroversen auch der Kampf gegen negative Formen des Müßiggangs, gegen Schlendrian und Blaumachen, gegen übermäßiges Essen und Trinken und so weiter (vgl. die lange Liste der Verfehlungen bei Thompson 1973). Wenn Muße also der Begriff des vorindustriellen

Zeitalters und Freizeit der des industriellen Zeitalters ist, dann spiegelt letzterer eben auch eine Säkularisierung und Demokratisierung der Lebensverhältnisse wider. Darauf hat insbesondere Oswald von Nell-Breuning hingewiesen, der sich im Jahr 1965 im Handwörterbuch der Sozialwissenschaften dem Stichwort Freizeit wie folgt gewidmet hat: „Auf der Stufe der Urarmut [...] geht nahezu die wache Zeit der Menschen auf in der Mühsal um die materiellen Elementarbedürfnisse. Nur eine sehr dünne Herrenschicht genießt Muße, und die nur um den Preis rücksichtsloser Ausbeutung breitester Massen. Alle älteren Hochkulturen sind von solch dünnen Oberschichten getragen. Erst in jüngster Zeit ist es den ‚fortgeschrittenen Ländern' gelungen, sich aus dieser Urarmut zu lösen und nicht nur den notdürftigen Lebensbedarf, sondern eine reichliche Versorgung breitester Kreise mit einem wesentlich verringerten Aufwand an menschlicher Arbeit zu sichern. [...] Erst diese Brechung des Muße-Monopols der herrschenden Schicht, die Vorstufe zur Brechung auch des Bildungsmonopols, bringt die gewaltige Angleichung von unten nach oben, die sich [...] seit der Mitte des 19. Jahrhunderts zugetragen hat, zum Abschluß." (Nell-Breuning/Erlinghagen 1965, S. 139) In diesem historischen Prozess hatte für die Mehrzahl der Menschen die Arbeit stets einen höheren Stellenwert als die Freizeit. Auch heute – und das wird noch zu zeigen sein – ist Freizeit eher ein Nebenschauplatz und nicht das zentrale soziale Feld, in dem man sich bewähren muss.

So lässt sich denn auch Luthers Übersetzung von Psalm 90, 10 „[..] und wenn's köstlich gewesen ist, so ist's Mühe und Arbeit gewesen." als Aufforderung, dem Müßiggang zu entsagen, lesen. Ebenso untermauert die Prädestinationslehre des Calvinismus das Streben nach Erfolg im Diesseits. Eine grobe Abfolge der Entwicklung vom ausgehenden Mittelalter bis zur Gegenwart (vgl. ausführlich auch Garhammer 1999, Jäckel/Rövekamp 2001 und Prahl 2015) soll im Folgenden beschrieben werden:

1. Phase: Die Entwertung der Freizeit. Die Kontrastierung von Arbeit und Muße hat bis in die Zeit der Renaissance ersteres als Synonym für Mühsal, Unbequemlichkeit, Schmerz und Erschöpfung erscheinen lassen. Die hohe Wertschätzung geistiger Tätigkeiten ging mit einer Geringschätzung körperlicher Tätigkeiten einher. Trotz der vor allem religiös begründeten Notwendigkeit der Arbeit zur Vollendung von Gottes Werk gab es eine Vielzahl von Fasten- und Feiertagen, die zum Lebensalltag gehörten und kaum die Schlussfolgerung nahelegten, dass der Zeit eine ökonomische Bedeutung zukommt. Zugleich waren die von der Natur vorgegebenen Zyklen und eine in Traditionen verwurzelte Herrschaft bestimmende Faktoren. Der Beginn des städtischen Handels und die expandierende Arbeitsteilung zwischen Stadt und Land führten aber zu einer Zunahme der Zeitkritik, weil der damit verbundene Prozess gesellschaftlicher Differenzierung von den beteiligten Akteuren ein höheres Maß an Selbstverpflichtung verlangte. Immer häufiger wurde eine Tendenz zur Zeitverschwendung (viele Feste, leere Zeiten) beklagt. In England, das bereits Mitte des 18. Jahrhunderts mit den Herausforderungen der industriellen Revolution konfrontiert wurde, beobachtete man Muster der Lebensführung, denen es an Ordnung und Disziplin fehlte. Der Dekan von Gloucester beklagte in seinen Predigten, dass „das gemeine Volk unserer dichtbesiedelten Städte [...] zu den verworfensten und ausschweifendsten Kreaturen auf Erden [gehöre]. [...] Solche Brutalität und Unverschämtheit, solche Ausschweifung und Zügellosigkeit, solch Müßiggang und Unglaube, solches Fluchen und Schwören, dazu die Verachtung von Gesetz und Autorität [...] unser Volk ist trunken vom Kelch der Freiheit." (zit. nach Thompson 1973, S. 92) Anderenorts strich ein deutscher Landesherr seinen Untertanen den dritten Feiertag an Weihnachten (vgl. Garhammer 1999, S. 67).

2. Phase: Aufwertung der Arbeit und institutionelle Trennung von Arbeit und Freizeit. Fortschritte in der Industrie, der Aufschwung der Naturwissenschaften und die Differenzierung zwischen Stadt und Land geben der ökonomischen Entwicklung neue Impulse. Allmählich werden die (Fabrik-)Uhr und schließlich die Dampfmaschine zu Symbolen eines neuen Zeitalters. Insbesondere die Prädestinationslehre schafft die ideenmäßige Begründung für eine Lebensphilosophie, die „Arbeit und systematisch-rationale

Lebensführung [..] zum Zeichen der Bewährung" (Krüger 1971, S. 482) erklärt. Arbeiten ohne Zeitverlust wird nun zur Notwendigkeit. Ebenso findet eine stärkere Durchstrukturierung und Organisation der Arbeit statt: „Der Arbeitsprozeß wird von Pausen und Elementen der Freizeit und Kommunikation getrennt, die früher die Arbeit begleitet und unterbrochen haben." (Garhammer 1999, S. 74). Zugleich entspricht der Wohnort immer seltener dem Arbeitsort. Diese Zunahme der Exklusion von Arbeit aus dem Wohnbereich und unmittelbaren Wohnumfeld ist eine wesentliche Konsequenz der industriellen Revolution gewesen, die gleichwohl auch für vorindustrielle Produktionsformen nicht untypisch war. Durkheim hat diesen Gedanken an der Einheit von Familie und Dorf erläutert: „Solange das Gewerbe rein landwirtschaftlich ist, hat es in der Familie und im Dorf, das selbst nur eine Art großer Familie war, sein unmittelbares Organ; es benötigt kein anderes. Weil der Tausch nicht oder nur wenig entwickelt ist, erstreckt sich das Bauernleben nicht über den Familienkreis hinaus. Da die ökonomische Tätigkeit sich nicht außerhalb des Hauses auswirkt, genügt die Familie, um sie zu regeln, und dient auf diese Weise selber als Berufsgruppe." (Durkheim 1996 [zuerst 1893], S. 59) Die Entstehung des Handwerks und der Aufschwung der Städte bewirken in dieser Hinsicht arbeitsteilig organisierte Formen des Wirtschaftens. Noch deutlicher hebt Weber die Wesensmerkmale des okzidentalen Kapitalismus hervor: „Die moderne rationale Organisation des kapitalistischen Betriebes wäre nicht möglich gewesen ohne zwei weitere wichtige Entwicklungselemente: Die Trennung von Haushalt und Betrieb, welche das heutige Wirtschaftsleben schlechthin beherrscht und, damit eng zusammenhängend, die rationale Buchführung." (Weber 1986 [zuerst 1920], S. 8) Er betont zugleich, dass er „Betrieb" nicht im Sinne einer „Unternehmung" verstanden wissen will, sondern damit „eine technische, die Art der kontinuierlichen Verbindung bestimmter Arbeitsleistungen untereinander und mit sachlichen Beschaffungsmitteln" (ebenda, S. 67) ausgestattete Form des wirtschaftlich orientierten Handelns meint, die sich unter anderem von „technisch diskontinuierliche[m] Handeln, wie es in jedem rein empirischen Haushalt fortwährend vorkommt" (ebenda,

S. 63) unterscheidet. Ebenso konnte aber erst über diese strikte Trennung auch eine Phase der Nicht-Arbeit entstehen, die sich zunächst ausschließlich über diese Differenz zu definieren schien. Der Freizeitbegriff ist somit in dieser Phase in wesentlichen Teilen industriegesellschaftlichen Ursprungs: „Die ‚Moral' der Arbeitsgesellschaft sieht vor, daß nur wer in einem fest umgrenzten Rahmen seine Arbeit leistet, sich dadurch einen Anspruch auf Freizeit überhaupt erst verdient." (Vester 1988, S. 9) Das von Opaschowski zitierte Beispiel der italienischen Bergbauern verdeutlicht, welche Differenzierung durch dieses Wertprinzip an Bedeutung verliert: „[…] daß die Bauern ihre Arbeit nicht von ihrer Freizeit unterscheiden konnten. [..] Die Bauern arbeiteten 16 Stunden am Tag oder sie arbeiteten überhaupt nicht. Sie melkten Kühe, mähten Wiesen, erzählten ihren Enkeln Geschichten, spielten Akkordeon für Freunde. Und auf die Frage, was sie denn gern tun würden, wenn sie genügend Zeit und Geld hätten, kam die Antwort: Kühe melken, Wiesen mähen, Geschichten erzählen, Akkordeon spielen [..] Für ihr ganzes Leben galt und gilt eigentlich nur ein Grundsatz: ‚Ich tue, was ich will'. Das ganze Leben bot und bietet ständig und gleichermaßen Herausforderungen dafür." (Opaschowski 1997, S. 40) Auch hier bleibt Differenzierung notwendig. Das Zeitethos der Moderne erfasst nicht alle Menschen gleichermaßen. Ebenso bleibt trotz Arbeitsdisziplin und Strebsamkeit viel leere Zeit und ein damit einhergehender Kampf gegen die Monotonie (vgl. Bellebaum 1990, S. 105 ff.). Sinnerfüllte Arbeit blieb ein Privileg, Entfremdung ein Identitätsproblem der Industriegesellschaft.

3. Phase: Industrialisierung, Massenfreizeit und Massenkonsum. Die aufkommende Industriegesellschaft ist von Arbeit dominiert, Freizeit wird eingeklagt, erkämpft und allmählich auch organisierter Teil des gesellschaftlichen Lebens. Während die Welt um 1900 noch von Knappheit dominiert war, kehren sich die Verhältnisse in der Arbeitsgesellschaft im Zuge eines allmählich für große Teile der Bevölkerung wahrnehmbaren Wohlstands zu einer Situation, in der zwar nach wie vor viel gearbeitet wird, aber ebenso ein deutlicher Zuwachs der Freizeit zu registrieren ist. Mitte der

1950er Jahre wurde in Deutschland mit einem Wert von ca. 50 Wochenstunden Arbeitszeit ein Höchststand erreicht, die 5-Tage-Woche wurde erst in den 1970er Jahren für ca. 90 Prozent der abhängig Beschäftigten Realität (vgl. Müller-Schneider 1998, S. 224), erst 1990 überholte die Freizeit - durchschnittlich betrachtet - die Arbeitszeit (vgl. Opaschowski 2008, S. 33). Die Entwicklung führte somit zu einer Bestätigung der These von Bertrand de Jouvenel, wonach Freizeit zu einer „Sache der großen Masse" (1971, S. 72) geworden ist. Hohe Wertschätzung erfährt insbesondere die Zunahme von Freizeitblöcken. Dennoch entstehen parallel zu dieser Entwicklung auch neue Begehrlichkeiten, die unterschiedliche Ursprünge haben: Zeitknappheit bei hoher Qualifikation, Schaffung neuer Zeitmodelle für Muster neuer Lebensführung.

4. Phase: Suche nach der idealen Kombination von Arbeit und Freizeit. Die Formel „Keine Zeit verlieren" erfährt in dieser Phase eine Neudefinition. Eine sinnvolle Beschäftigung soll nicht der Arbeitswelt vorbehalten bleiben. Schon Ende der 80er Jahre des vergangenen Jahrhunderts wurde diesbezüglich von einer neuen Gleichgewichtsethik gesprochen (vgl. Strümpel 1988). Seither ist das Modell der Normalarbeitszeit durch neue Arbeitszeitmodelle ergänzt worden, die es heute unangemessen erscheinen lassen, überhaupt noch von einer „normalen" Arbeitszeitgestaltung zu sprechen: Gleitzeit, Teilzeit, Arbeitszeitkonten, Jahresarbeitszeitmodelle (vgl. als Überblick Bundesministerium für Arbeit und Soziales 2010). Zur Unternehmensphilosophie gehört eine Zeitphilosophie, die innerhalb arbeitsrechtlicher Vorgaben die Interessen von Unternehmen und Beschäftigten durch Flexibilisierung zu optimieren versucht. Wenn heute von „Teilzeit-Gesellschaft" gesprochen wird, gerät zunächst die Abweichung von Normalarbeitszeit in den Blick. Die Motive und Anlässe aber zeigen, dass der allgemeine Wunsch einer Neugestaltung des Verhältnisses von Arbeit und Freizeit neben persönlichen Gründen vor allem auf Belange gemeinsamer Lebensgestaltung und auf besondere Verpflichtungen im eigenen Umfeld zurückgeht. Daten des Mikrozensus und des Sozio-ökonomischen Panels belegen die Zunahme von Balance-Akten im Alltag (vgl. Kühne 2023).

Dennoch bleiben unterschiedliche Formen der Zeitbelastung: in unteren Berufsgruppen geht ein in der Regel geringes Maß an qualifizierter Arbeit mit viel Freizeit einher, während obere Berufsgruppen zwar anspruchsvollen und abwechslungsreichen Tätigkeiten nachgehen können, aber zugleich die fehlende Freizeit beklagen. Die häufige Betonung der Flexibilität steht zumindest im Widerspruch zu Beobachtungen, die langes Arbeiten nicht nur als wenig produktiv, sondern von den Beteiligten selbst als unerwünscht darstellen [⌛]. Unter der Überschrift „Lieber smart arbeiten als lange" berichtete Reicherzer vor mehr als zwei Jahrzehnten von einer Studie der British Industrial Society, die mehr als tausend Topmanager zu ihren Arbeitszeiten befragte. Ein Ergebnis lautete: „88 Prozent der mächtigen Männer gestanden den Forschern, sie würden gern weniger arbeiten, aber trauten sich nicht, das zuzugeben." (Reicherzer 1999, S. 77) Nach wie vor sind Kalenderdichte und Zeitdruck Elemente einer Leistungsgesellschaft auf dem Weg nach oben.

„Wer zuerst geht, der verliert"

„Denn bei langen Arbeitszeiten geht es nicht immer nur um die Erledigung dringender Aufgaben. Extrem viel zu arbeiten hat auch eine symbolische Bedeutung: Präsenz im Büro wird zum Strategiemittel im Kampf um Prestige. »Wer lange arbeitet, ist wichtig«, erklärt ein Unternehmensberater […] Zwar würden auch sachliche Gründe wie Abgabetermine und Teamgeist eine Rolle spielen, abends lang im Büro zu bleiben. Doch abgesehen davon sei es selbstverständlich, nicht vor dem Chef zu gehen. ‚Wer als Erster geht, verliert', sagt er.

[…] Für viele Führungskräfte aber teile sich der Alltag nur noch in wenige Stunden Schlaf und intensiven Leistungswillen. ‚Viel zu arbeiten gehört eben einfach zum guten Ton', […] ‚Auch wenn es immer mehr Möglichkeiten gibt, seine Arbeit flexibel und frei zu gestalten, scheinen nach wie vor viele Menschen zu glauben, dass sie gesehen werden müssen'."

Quelle: Loll 2007, S. C1

3.

Das Phasenmodell verdeutlicht, dass vor allem die industrielle Entwicklung für eine Zunahme der Kontrastierung von Arbeit und Freizeit verantwortlich gemacht werden kann (vgl. Blücher, zit. nach Nahrstedt 1972, S. 31). Gemeint ist etwas anderes als die Marktfriedenszeit des Mittelalters, die auch mit dem Begriff „frey zeyt" beschrieben wurde. Es handelte sich um eine mittelalterliche Immunitätsbezeichnung, weil während dieser Zeit auch ein vermehrter Rechtsschutz für den einzelnen existierte (vgl. ausführlicher hierzu Nahrstedt 1972, S. 31 ff.). Auch der Humanismus verwandte den Begriff „freye zeyt" zur Beschreibung von Zeitabschnitten mit gesteigerter Freiheit, gleichwohl innerhalb der existierenden Ständeordnung. Ebenso findet man im Protestantismus und Pietismus Hinweise auf eine Verwendung des Freizeitgedankens für die Hinwendung zu nützlichen Sachen und Übungen im Sinne des Bildungsgedankens und auch im Zeitalter der Aufklärung als Aufforderung, sich seines eigenen Verstandes zu bedienen. Diese humanistischen und pädagogischen Vorstellungen von Freizeit konkurrieren aber spätestens mit Beginn des 19. Jahrhunderts mit kompensatorischen Vorstellungen einerseits (Entlastungsfunktion der Freizeit) und einer Betonung der individuellen Freiheiten. Im Freizeitbereich führte dies zugleich zu einem enormen Anwachsen von Organisationen und Angeboten, die einer Strukturierung und Verwertung von Nicht-Arbeitszeit dienen sollten. Für Opaschowski hat die Fokussierung auf diese Massenfreizeit zu einer Verengung der Perspektive geführt, weil nun vor allem die Situation der

Industriearbeiter im Vordergrund stand (vgl. Opaschowski 2008, S. 28). Ein erneuter Blick in die empirischen Analysen von Wilensky ist in diesem Zusammenhang hilfreich:

- Da die Industrialisierung auch von einer Ausweitung des bürokratischen Apparates begleitet wurde, ist die statistische Datenlage für die Entwicklung der Arbeitszeit in verschiedenen Berufsgruppen für die zurückliegenden beiden Jahrhunderte wesentlich detaillierter als für die Zeit davor. Diese Qualität der Daten lässt Wilensky bei seinen Schlussfolgerungen vorsichtig sein. Aber er findet einige Hinweise dafür, dass die Arbeitszeit vor der industriellen Revolution über mehrere Jahrhunderte anstieg, bevor sie nach einer Phase intensiver Arbeitsbelastung, insbesondere „in der Frühzeit der wirtschaftlichen Expansion in England, Frankreich und Amerika" (Wilensky 1972, S. 154) als Ergebnis sozialreformerischer Bemühungen und von Produktivitätsfortschritten, sukzessive reduziert wurde. Wer nur diese Zeit als Vergleichsmaßstab heranziehe, neige dazu, das heutige Ausmaß der Arbeitszeitverkürzung übertrieben darzustellen. Stark verallgemeinert lässt sich sagen, dass Mitte des 20. Jahrhunderts wieder eine jährliche Arbeitszeit erreicht wurde, die zwischen 1900 und 2500 Stunden variierte, und was in etwa dem Niveau des Arbeitspensums der mittelalterlichen Zünfte entsprach (vgl. Wilensky 1972, S. 156).
- Diese vergleichsweise große Zeitspanne verdeutlicht bereits die auch in der Vergangenheit bestehende Varianz in der Arbeitsbelastung. An einigen Beispielen kann Wilensky zeigen, dass zum einen bestimmte Bereiche, zum Beispiel die Landwirtschaft, über viele Jahrhunderte kaum Schwankungen bezüglich der jährlich zu erbringenden Arbeitsstunden aufwies – sie dürfte zwischen 3500 bis 4000 Arbeitsstunden pro Jahr betragen haben (vgl. Wilensky, 1972, S. 155) – und sich erst im Zuge einer deutlichen Modernisierung der landwirtschaftlichen Produktion auf ein niedrigeres Niveau bewegen konnte. Das Arbeitsaufkommen in öffentlichen Verwaltungen stieg dagegen vom Beginn des 19. Jahrhunderts bis zur Mitte des 20. Jahrhunderts deutlich an.

Die Differenzierung der Produktionsverfahren, neue Herausforderungen für die Arbeitsorganisation, die Entstehung neuer Berufe und Dienstleistungen – das wirtschaftliche Wachstum führte im Großen und Ganzen zunächst zu einem allgemeinen Anstieg des Arbeitsaufkommens und damit auch zu einem Anstieg der Arbeitszeit. Begleitet wurde diese allgemeine Entwicklung von einer Differenzierung, die bis heute nachwirkt. Je höher die soziale Schicht, desto eher geht der Weg in die moderne Gesellschaft mit einem Verlust an Freizeit einher. Jedenfalls entscheiden sich jene, deren Arbeit im Sinne des dafür gezahlten Einkommens hoch bewertet wird, eher dafür, noch mehr zu arbeiten; zumindest sind sie freier in der Gestaltung ihres Arbeitsalltags als Berufsgruppen, deren Arbeit weniger gut bezahlt wird. Je höher also die berufliche Qualifikation, desto bescheidener scheinen die quantitativen Ansprüche an das erforderliche Freizeitvolumen zu sein. Je niedriger die berufliche Qualifikation, desto weniger ist die Freiheit gegeben, zwischen Arbeit und Freizeit wählen zu können. Während Wilensky noch feststellte: „Da der Mensch in der industriellen Gesellschaft sich nun einmal unter Zeit, wo er nicht arbeitet, einfach ‚freie Zeit' vorstellt, schließt er daraus, dass diese sogenannte ‚freie Zeit' ein großer Segen der wirtschaftlichen Entwicklung sei." (Wilensky 1972, S. 171), muss er bei der Ausgestaltung dieses Freiraums feststellen, wie eng dieses Bestreben an das Vorhandensein einer herausfordernden Arbeit gekoppelt zu sein scheint.

Die Demokratisierung der Freizeit führte somit zu einer Entwertung des früheren Muße-Monopols, das sich als Statusmerkmal einer begüterten Klasse, die nicht arbeiten musste, fortlebte. Zeit findet als knappes Gut eine neue soziale Bedeutung: „Wer Zeit hat, macht sich offenbar verdächtig. Er lässt vermuten, dass er nicht so wichtig ist, unwichtiger als alle diejenigen, die ihr Leben nach einem eng bemessenen Zeitplan zu gestalten haben." (Adam 1989, S. B1) Bezeichnend ist in diesem Zusammenhang ein Beitrag von Jonathan

Gershuny, der den Obertitel „Veblen in Reverse“[9] trägt und hinsichtlich des historischen Wandels in „the work-leisure balance“ (Gershuny 2008, S. 37) zum einen feststellt: „Rather than a leisure class, there may now be an emerging, educated, high-wage superordinate labor class.“ (ebenda, S. 38) und: „Work emerges as the 'new batch of honour'.“ (ebenda, S. 42)

Immer wieder wird also die Balance zum Thema. Stets ist da die Suche nach einem Optimum oder der richtigen Dosis. So beklagen sich Menschen auch regelmäßig über zu wenig oder zu viel Informationen. Offenbar passt die verfügbare Menge niemals zu den aktuellen Bedürfnissen. Was die Balance von Arbeit und Freizeit betrifft, verhält es sich ähnlich. In seinem Essay „Über die industrielle Revolution“ zitierte Sebastian Haffner aus einem Flugblatt der Sozialdemokratischen Partei Deutschlands vom 1. Mai 1904: „Ihr Arbeiter werdet einst den eigenen Wagen fahren, auf eigenen Schiffen touristisch die Meere durchkreuzen, in Alpenregionen klettern und schönheitstrunken durch die Gelände des Südens, der Tropen schweifen, auch nördliche Zonen bereisen. Oder Ihr saust mit Eurem Luftgespann über die Erde im Wettflug mit den Wolken, Winden und Stürmen dahin. Nichts wird Euch mangeln, keine irdische Pracht der Erde gibt es, die Euer Auge nicht schaut.“ (Haffner 1985, S. 301) Was aus der Perspektive des Jahres 1800 als undenkbar erscheint, erweist sich heute zwar nicht als eine Selbstverständlichkeit für alle, aber als eine Option, die für viele im Bereich des Möglichen liegt. Nicht nur, weil man es sich sehnlichst wünschte, sondern eben auch, weil es Teil sozial erzeugter Ansprüche ist. Die Vorstellung, Freizeit als Dispositionszeit – also Zeit, die zur freien Verfügung steht – zu interpretieren, hat in der Soziologie immer wieder Kontroversen entfacht, die vor einer Überbetonung dieser emanzipatorischen Vorstellungen warnte. Erwin K. Scheuch beispielsweise wandte sich vehement gegen die Auffassung, dass die Freizeit „als Chance der Negation gesellschaftlicher Existenz“

---

9 Der US-amerikanische Ökonom norwegischer Abstammung Thorstein Veblen hat sich ausführlich mit dem historischen Wandel des Muße-Monopols befasst. Siehe hierzu auch die Ausführungen in Kapitel 4.

(Scheuch 1977, S. 153) verstanden werden könne. Die „Sozialbezogenheit des Menschen“ (ebenda, S. 152) könne man nicht einfach abstreifen. Das muss nicht notwendigerweise bedeuten, dass sie in quantitativer und qualitativer Hinsicht mit der Welt der Arbeit verkettet ist. Die Möglichkeiten, seine Freizeit zu gestalten, sind eben auch quantitativ und qualitativ zu differenzieren. Der Streit geht letztlich um das Verhältnis von Selbst- und Fremdbestimmung. Bourdieu hat einmal formuliert: „Weil die Handelnden nie ganz genau wissen, was sie tun, hat ihr Handeln mehr Sinn, als sie selber wissen.“ (1987, S. 127) Dieses Mischverhältnis aus bewusstem und unbewusstem, aus intentionalem und nicht-intentionalem Handeln, aus Eigeninitiative und Fremdinitiative, aus Kreativität und Nachahmung, aus Eigensinn und sozialer Orientierung, hat auch den Charakter dieses Diskurses bestimmt. So äußerte sich Helmut Schelsky unter dem Eindruck zum Teil populärwissenschaftlicher Abhandlungen über die US-amerikanische Konsumgesellschaft beispielsweise wie folgt: „So tritt der Mensch heute in seiner Freizeit geradezu unter eine der industriellen Arbeitsdisziplin durchaus verwandte industriegesellschaftliche Zwangsgesetzlichkeit: die des gesteigerten Konsums an materieller und geistiger Massenproduktion und sonstigen offerierten Dienstleistungen.“ (Schelsky 1965 [zuerst 1956], S. 418 f.) Der moderne Mensch sei daher einer „sanften Gewalt der dauernden Wunscherzeugung“ (ebenda, S. 418) ausgesetzt. Es als etwas höchst Subjektives zu definieren, sei daher trügerisch, wie auch Habermas in seinen „Soziologischen Notizen zum Verhältnis von Arbeit und Freizeit“ aus dem Jahr 1958 hervorhob. Auch für ihn ist sie nur vermeintlich Privatsache, auf den ersten Blick sozusagen Ausdruck der bürgerlichen Freiheit, der zweite Blick aber verdeutliche das eigentlich Bemerkenswerte: „Freizeit ist nicht in sich selber substantiell, sie ist auch so etwas wie Freizeitgestaltung, jedenfalls auf Anweisungen von außerhalb angelegt. Freizeit gibt sich fälschlich als Privatsache; ihre Privatheit ist von der Art, die mit sich allein nicht fertig wird.“ (Habermas 1968, S. 105) Den deutlichsten Widerspruch gegen diese schleichende Übernahme der Dispositionsspielräume des einzelnen ist wohl von Theodor W. Adorno formuliert worden, der sich grundsätzlich gegen die

Markierung einer Differenz zwischen Arbeit und Freizeit wehrt, wohl wissend, dass der moderne funktionsbestimmte Mensch sich an diesem Kontrast zu orientieren versucht. Ebenso weiß er um das Privileg, dass er die Frage, was denn nun die Freizeit ausmache, als Bevorzugter beantworten dürfe, weil er eben „seine Arbeit wesentlich nach den eigenen Intentionen auszusuchen und einzurichten“ (Adorno 1969, S. 58) vermag. Sein Einwand nimmt als Ausgangspunkt eine Frage, die im Zeitalter der modernen Demoskopie wahrscheinlich jedem schon einmal – entweder persönlich oder am Telefon oder völlig anonymisiert in einer Online-Befragung – gestellt wurde, nämlich, was man denn für ein Hobby habe. Adornos Antwort lautete: „Ich erschrecke über die Frage, wenn sie auch mir widerfährt. Ich habe kein hobby. Nicht daß ich ein Arbeitstier wäre, was nichts anderes mit sich anzufangen wüßte, als sich anzustrengen und zu tun, was es tun muß. Aber mit dem, womit ich mich außerhalb meines offiziellen Berufs abgebe, ist es mir, ohne alle Ausnahme, so ernst, da mich die Vorstellung, es handele sich um hobbies, also um Beschäftigungen, in die ich mich sinnlos vernarrt habe, nur um Zeit totzuschlagen, schockierte […]. Musik machen, Musik hören, konzentriert lesen ist ein integrales Moment meines Daseins, das Wort hobby wäre Hohn darauf.“ (ebenda, S. 58) Für die Beschreibung dieses Zustands wäre also selbst der Begriff Emanzipation entbehrlich. Eine solche Lebensgestaltung scheint die Kontrastierung mit etwas anderem gar nicht zu benötigen. Am ehesten wäre dieser Lebensstil noch vergleichbar mit dem, was die sogenannte Kontinuitätsthese beschreibt: sie steht für eine überdauernde Situation, in der die Arbeit als die Persönlichkeitsentwicklung förderlich erlebt wird und das Freizeitverhalten sich zu dem Verhalten in der Arbeitswelt kongruent erweist. Die Kontinuitätsthese ist wiederum Teil einer Systematisierung, die die Qualität der Freizeitgestaltung aus dem Verhältnis von Arbeit und Freizeit ableitet. Das nachfolgende Vier-Felder-Schema gibt dies wieder.

Abbildung 2.1: Mögliche Relationen zwischen Arbeit und Freizeit

	Kontrasthypothese	Kongruenzhypothese
	Verhalten in der Freizeit ≠ Verhalten bei der Arbeit	Verhalten in der Freizeit ≈ Verhalten bei der Arbeit
Arbeit fördert persönliche Entfaltung	Komplementäres Freizeitverhalten	Kontinuierliches Freizeitverhalten
Arbeit unterdrückt persönliche Entfaltung	Kompensatorisches und regeneratives Freizeitverhalten	Suspensives Freizeitverhalten

Quelle: Tokarski/Schmitz-Scherzer 1985, S. 42

Die Suspensionsthese formuliert in gewisser Weise einen Vorwurf an die Arbeitswelt, weil die dortigen Herausforderungen als Unterforderungen erlebt werden. Daher geht es in diesem Falle um die Überwindung negativer Begleiterscheinungen einer beruflichen Tätigkeit, die beispielsweise aufgrund der Dominanz von Maschinenproduktion der eigenen Kreativität wenig Raum lässt. Thorstein Veblen (1857–1929) hat mit dem Begriff „Werkinstinkt" auch das Bedürfnis nach Vervollkommnung eines Produkts gemeint (vgl. Veblen 1981 [zuerst 1899]). Wenn Heimwerkarbeiten sich also im eigenen Berufsfeld quasi fortsetzen, kann darin ein Ausgleich für die fehlenden Selbstverwirklichungen der Erwerbsarbeit gesehen werden. Das gilt nicht nur für handwerkliche Berufe, sondern durchaus auch für den Lokaljournalisten, der tagtäglich lokale Ereignisse in kurze Artikel fassen muss und als eigentlich erfüllende Tätigkeit in seiner Freizeit Romane schreibt. Wer dagegen diese Aktivität in der Freizeit nicht aufbringt, fällt nach dem hier vorgestellten Schema eher unter die Rubrik Kompensation. Hier wird die Erwerbsarbeit negativ erlebt, ebenfalls als defizitär empfunden, diese Enttäuschung wird aber eher in verschiedene Formen des Fluchtverhaltens umgesetzt, das aktive und passive Züge tragen kann: Aktiv wäre ein starkes Engagement im Bereich von Sport und Spiel, dem Leistungsorientierung zugleich nicht fremd ist, passiv wäre beispielsweise eine überdurchschnittliche Hinwendung zu unterschiedlichen Formen des verbrauchsorientierten Verhaltens, sei es der Konsum von Genussmitteln oder die überdurchschnittliche Nutzung von Medienangeboten. Ebenso wird für diesen Kontrastfall die regenerative Variante genannt, weil man hier Freizeit in erster Linie im Sinne einer Wiederherstellung von erschöpfter Arbeitskraft interpretiert. Der Hintergrund dieser These führt zurück in die Anfänge des Puritanismus, dessen verordnete sonntägliche Ruhe in besonderer Weise vermittelte, dass diese Freizeit eigentlich keine eigenständige Bedeutung hat (vgl. Campbell 2005, S. 101 ff.; siehe auch Daniels 1996). Die Komplementärthese unterscheidet sich daher von der kompensatorischen und der regenerativen in erster Linie durch die Tatsache, dass es aufgrund einer als förderlich und herausfordernd erlebten Arbeit eigentlich nichts zu kompensieren gibt. Spätestens an dieser Stelle muss die Frage nach der Trennschärfe dieser Kategorien gestellt werden und zugleich die Frage nach der empirischen Fundierung einer solchen Differenzierung. Die Kongruenz- und die Kontrastannahme ergeben sich aus der Fixierung auf das Verhältnis von Erwerbsarbeit und Nicht-Erwerbsarbeit im Sinne von Freizeit. Ergänzt wurde sie durch die sogenannte „Neutralitätshypothese" (vgl. Tokarski/Schmitz-Scherzer 1985, S. 241), die keinen unmittelbaren Zusammenhang zwischen Arbeit und Freizeit herstellt. Die Vorstellung Adornos ließe sich also im Prinzip nicht nur mit der Kontinuitätsthese in Verbindung bringen, sondern noch überzeugender mit der Verneinung der Relevanz dieser Relation.

4.

Die Neutralitätsthese würde zumindest gestatten, auch all jene hinsichtlich ihres Freizeitempfindens zu befragen, die ihren Lebensalltag nicht in erster Linie über (bezahlte) Erwerbsarbeit definieren können (z. B. Kinder, Schüler, Nicht-Erwerbstätige, (vorübergehend) nicht in den Arbeitsmarkt integrierte Personen). Daher hat beispielsweise Opaschowski schon sehr früh ein Konzept entwickelt, das auf alle Bevölkerungsgruppen anwendbar sein sollte.

Der Unterschied zwischen Dispositionszeit[10], die die wahlfreie und selbstbestimmte Zeit meinte, der Obligationszeit, die sich auf Tätigkeiten bezieht, die man als verpflichtend empfindet und der Determinationszeit, die eben nicht in das freie Belieben gestellt ist und durch äußere Zwänge festgelegt ist (vgl. Opaschowski 1976, S. 255 ff.). Es ist zugleich ein Plädoyer für die Integration des subjektiven Zeitempfindens, das auch beispielsweise bei Kindern unterschiedlich sein kann (vgl. Vester 1988, S. 83 ff.). Es gibt Phasen, in denen sie die Zeit, die ihnen zur Verfügung steht, als freie Zeit empfinden, z. B. während des Spielens, aber eben auch Zeiten, die arbeitsähnlichen Charakter annehmen, beispielsweise dann, wenn sie zum Aufräumen aufgefordert werden. Ebenso nehmen Hinweise auf eine Strukturierung des Alltags von Kindern zu, in denen gelegentlich der überfüllte Terminkalender auch schon als eine Art stellvertretendes Statussymbol für die Eltern herhalten muss (vgl. Ebner-Zarl 2021). Es lassen sich in diesem Bereich Anspruchsinflationen identifizieren, die sich in veränderten Erwartungen an das Lernen in der vorschulischen Phase niederschlagen [⌛].

Gesteigerte Erwartungen der Eltern

„Eltern heute haben mit Blick auf das gesellschaftliche Umfeld den Eindruck, dass der zeitliche Korridor für Erziehungsmaßnahmen sehr eng ist und sie Chancen zur Weichenstellung unbedingt nutzen müssen. Die Suche nach funktionssicheren Rezepten ist ebenso groß wie die zwei antipodischen Generalverdächtigungen, (1) das eigene Kind werde heute überfordert und (2) man tue noch nicht genug für das eigene Kind. Das manifestiert sich i. d. R. an ganz konkreten Fragen wie etwa der einer Mutter: „Soll ich mein Kind nach Amerika zum Auslandsaufenthalt und Sprachkurs schicken?“ Mitunter fehlen Eltern die Maßstäbe, um eine richtige und beruhigende Antwort zu finden.

---

10 In ähnlicher Weise verwandte bereits Karl Marx an mehreren Stellen den Begriff der „disponiblen Zeit“, insbesondere im achten Kapitel über den Arbeitstag (vgl. Marx 1890 [zuerst 1867], S. 245 ff.).

Dominant ist längst nicht mehr nur in gehobenen Kreisen, sondern v. a. in der Mittelschicht der Druck, das eigene Kind noch mehr zu fördern: Privaten Zusatzunterricht bekommen Kinder längst nicht mehr erst ab der weiterführenden Schule bei der Diagnose schlechter Noten: Schon in der Grundschule unternehmen Eltern enorme Anstrengungen und investieren viel Geld in private Anbieter – ohne dass das eigene Kind dramatisch schlechte Noten hätte. Die Mütter verzichten teilweise auf eigene Erwerbstätigkeit, um ihrem Kind im privaten Kreis – im Wechsel mit anderen gleichgesinnten Eltern – Lerngruppen daheim zu organisieren, damit das Kind die Gymnasialempfehlung bekommt."

Quelle: Merkle/Wippermann 2008, S. 34f.

Für Jugendliche wiederum gilt, dass sie ein besonderes Abgrenzungsbedürfnis gegenüber der Erwachsenenwelt empfinden und deshalb neben Schule und Ausbildung ihre Freiräume suchen, ebenso Nicht-Erwerbstätige, die neben den täglichen Verpflichtungen ihre Eigenzeit reklamieren möchten. Zugleich wäre es naiv anzunehmen, dass mit dem Ausscheiden aus dem Erwerbsleben eine Strukturierung des Alltags obsolet wird (vgl. Denninger u. a. 2014). Fände eine solche Desintegration der Zeit statt, dann würde auch das Bewusstsein für Zeitabläufe verloren gehen.[11] Je wohlhabender eine Gesellschaft ist, desto nachrangiger wird für den vorliegenden Zusammenhang die Tatsache, dass man in einer Arbeitsgesellschaft lebt. Aber sowohl in ökonomischen Krisen als auch in Phasen des Übergangs, die im Lebenszyklus bewältigt werden müssen (z. B. Ausscheiden aus dem Erwerbsleben), wird in besonderer Weise die Definitionsmacht des Beruflichen deutlich. Als sich die Deutsche Gesellschaft für Soziologie auf ihrem 21. Soziologentag in Bamberg im Jahre 1982 mit der Krise der Arbeitsgesellschaft befasste, hielt Ralf Dahrendorf einen bedeutenden Vortrag zum Thema „Wenn der Arbeitsgesellschaft die Arbeit ausgeht". Über die Welt der Freizeit hieß es darin: „Nicht nur die Freizeitindustrie hat sie zu einem eigenen Lebensbereich gemacht. Vielmehr ist das vor allem darum geschehen, weil die große Leere, die sich über die Freizeit zu legen begann, erfüllt werden

11 Siehe hierzu auch die Ausführungen in Kapitel 5.

musste. Es war nicht zynisch gemeint, wenn der frühere britische Premierminister MacMillan die Frage stellte: ‚Warum jammert Ihr eigentlich so über die Arbeitslosigkeit, Ihr habt doch immer mehr Freizeit gewollt?' " (Dahrendorf 1983, S. 33) Die Antwort auf diese Frage fasste er in einer weiteren rhetorischen Frage zusammen: „An welchem Geländer entlang kann das Leben der Menschen geordnet werden, wenn die Disziplinierung durch die Organisation der Arbeit entfällt? [...] oder auch: Wie bestimmt sich eigentlich die soziale Identität von Menschen, wenn sie sich nicht mehr durch ihren Beruf beschreiben können?" (ebenda, S. 34) Daher wundert es auch nicht, dass auf die Frage des Instituts für Demoskopie Allensbach: „Glauben Sie, es wäre am schönsten zu leben, ohne arbeiten zu müssen?", selten mehr als 20 Prozent der Bevölkerung ihre Zustimmung gaben. Der Glaube an ein schönes Leben ohne Arbeit nahm mit zunehmendem Alter zudem ab (vgl. Institut für Demoskopie Allensbach 2002, S. 182). Ebenso aufschlussreich sind Beobachtungen zur Arbeitsfreude, die besagtes Institut über viele Jahre mit folgender Frage zu messen versuchte: „Welche Stunden sind Ihnen ganz allgemein am liebsten: Die Stunden während der Arbeit oder die Stunden, während Sie nicht arbeiten, oder mögen Sie beide gern?" Betrachtet man die Entwicklung der Zustimmung seit den 1960er Jahren für die westdeutschen Berufstätigen, nahm zunächst der Anteil derjenigen, denen die Zeit, während sie nicht arbeiten, am liebsten ist, bis 1980 zu und nahm – mit Ausnahme eines kleinen Zwischenhochs zu Beginn des neuen Jahrtausends – bis zum Jahr 2008 auf einen Wert von 37 Prozent ab. Die Kategorie „Mag beide gern, die Stunden während der Arbeit und während der Freizeit (oder sogar: Mag die Arbeitsstunden lieber)" lag im Jahr 2008 bei 56 Prozent, ein Wert, der ungefähr auch im Jahr 1962 (58 Prozent) erreicht wurde (vgl. Institut für Demoskopie Allensbach 2009, S. 593) (vgl. Abb. 2.2). Im Jahr 2020 wurde die Frage erneut gestellt. Zu diesem Zeitpunkt waren es 49 % der Berufstätigen ab 16 Jahren, die „Beide gleich" (44 %) oder „Während der Arbeit" (5 %) sagten.[12]

12 IfD-Umfrage 12022, August 2020.

Angesichts des bereits beschriebenen Anstiegs eines Balance-Bedarfs wird Vereinbarkeit des einen mit dem anderen unter Berücksichtigung eines variierenden Spektrums weiterer Aufgaben bzw. Dinge, die erledigt sein müssen, zunehmen. Das deutet sich in den Zahlen an.

Zu dieser Beobachtung passt, dass das Verhältnis von Arbeit und Freizeit nicht mehr so sehr im Sinne einer Polarität erlebt wird. Lüdtke beispielsweise sprach bereits 2001 von einer Entschärfung dieses Gegensatzes und stellte fest: „Zunehmend durchdringen ursprünglich jeweils spezifische Strukturelemente einander: „Arbeit wird ‚freizeitähnlicher', Freizeit wird ‚arbeitsähnlicher'." (Lüdtke 2001, S. 26) Die Positionen von Bevölkerungsgruppen auf dem Kontinuum der sozialen Zeit zwischen Fremdbestimmung und objektivem Zwang, freiwilligen Verpflichtungen und reiner Disponibilität werden zahlreicher und differenzierter [...]." (Lüdtke 2001, S. 26) Es sind im Wesentlichen zwei Faktoren, die diese Entwicklung begünstigt und beschleunigt haben: das Bedürfnis nach zeitlicher Flexibilität in der Organisation des Alltags und die Steigerung einer diesbezüglichen Mobilität durch die Entwicklungen neuer Informations- und Kommunikationstechnologien. Bezeichnenderweise sprach Richard Florida in seinem Buch „The Rise of the Creative Class" von Arbeitsplätzen, die nicht mehr entlang der Farbe des Hemdkragens differenziert werden können, also „no-collar workplace" (Florida 2004, S. 116 ff.) anstelle von white collar oder blue collar. Eine wachsende Zahl von Beschäftigten kann darüber bestimmen, wann die Arbeit beginnt, wann sie unterbrochen und fortgesetzt und wann sie beendet wird. Was zunächst für Beschäftigte in kreativen Industrien galt, die hinsichtlich dieser neuen Arbeitsethik eine Pionierfunktion übernahmen, diffundiert nun zunehmend in die Arbeitswelt. Im Jahr 2004, dem Jahr der Veröffentlichung der Analyse von Florida, bestätigte sich somit die Beobachtung von Wilensky aus den 1960er Jahren. Wer über höhere Bildung verfügt, verfügt auch über mehr Flexibilität, und diese Flexibilität dokumentiert sich beispielsweise in der Abwesenheit von „fixed schedules" (Florida 2004, S. 121). Florida sah in dieser neuen Arbeitsethik auch eine neue Form des Hedonismus, die er mit dem Begriff „bohemian ethic" (ebenda, S. 192) beschrieb. Sie tritt an die Stelle einer protestantischen Arbeitsethik, die Verzicht und harte Arbeit in den Vordergrund stellte. Stattdessen gelte nun die Maxime: „It says value is to be found in pleasure and happiness – not necessarily in gross indulgence or gluttonous excess, but in experiencing and appreciating what life has to offer." (ebenda, S. 192) Die moderne digitale Bohème wehrt sich daher auch, zur Beschreibung dessen, was sie tut, noch auf die alten Kategorien von Arbeit und Freizeit zurückzugreifen (vgl. Friebe/Lobo 2006).[13] Nunmehr darf festgestellt werden, dass – um in der Sprache der Diffusionsforschung zu bleiben – die „frühe Mehrheit" von diesem Wandel erfasst worden ist. Ein deutlicher Impuls ist ohne Zweifel auch durch die Corona-Pandemie ausgelöst worden.[14] Diese Vermischung von Lebensbereichen mag sich auch zunehmend auf die Fähigkeit auswirken, diesen jeweiligen Feldern Attribute zuzuschreiben. Wer sich zur Erfüllung in der Arbeit äußern soll, muss dabei also nicht an klassische Arbeitsstunden denken. Ebenso wird das quasi-statistische Wahrnehmungsorgan des Menschen angesichts dieser unscharfen Grenzen im Alltag zusätzlich herausgefordert. Die Referenz eines demoskopischen Befunds wird weniger eindeutig.

---

13 Siehe hierzu auch die Ausführungen in Kapitel 7.

14 Unter der Rubrik „Homeoffice und mobiles Arbeiten" schreibt das Statistische Bundesamt die Entwicklung fort. Siehe https://de.statista.com/themen/6093/homeoffice/.

Abbildung 2.2: Die liebsten Stunden

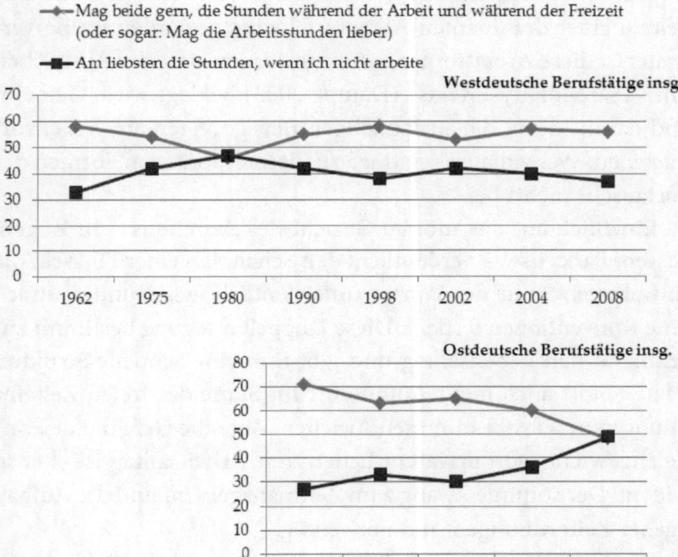

Quelle: Institut für Demoskopie Allensbach 2009, S. 593.

Diese Veränderungen setzen sich an anderer Stelle fort. Wandlungsprozesse werden in der arbeitssoziologischen Literatur häufig mit den Begriffen Entgrenzung, Subjektivierung und Flexibilisierung umschrieben. Diese Konzepte beschreiben Entstandardisierungen vielfacher Art: von Aufgabenfeldern und -profilen, von Erwerbsbiographien und Arbeitszeiten, von Hierarchien und Zuständigkeiten, von Organisation und Kontrolle, von Raum und Zeit. Denn Teil dieses Wandels ist die schnelle Entwicklung technischer Innovationen, die den Arbeitsplatz in erhöhtem Maße zu einem frei wählbaren Ort werden lassen. Eine Studie von *WorldatWork* aus dem Jahr 2009 zeigte für die USA: Immerhin 37 Prozent der befragten Telearbeiter (hier: Beschäftigte, die ihren Arbeitsort flexibel wählen können) gaben an, im Auto zu arbeiten, 23 Prozent arbeiteten im Café oder Restaurant und 14 Prozent verrichteten ihre

Arbeit im Park oder anderen Plätzen im Freien (vgl. WorldatWork 2009, S. 6). Es wird nicht überraschen, dass dieses Bild der Arbeitswelt zu einer dominanten Alltagserfahrung geworden ist. So verbreitet ist diese Arbeitsorganisation geworden, dass das Ausbleiben eines „Serendipity-Effekts“ (Dampz 2023) beklagt wird. Gemeint sind damit Ideen, die aus zufälligen Begegnungen am Arbeitsort entstehen. Wer zuhause sei, trage zu diesen spontanen Formen des Austauschs nichts bei.

Ein Blick auf das mobile Gesicht des Arbeitens – in Zügen, Bussen, Parks usw. – verdeutlicht den Schaltplan einer IT-Welt, die im wahrsten Sinne des Wortes „unordentlich“ wirkt und dennoch neue Konventionen festlegt. Diese Doppelbewegung bestimmt zunehmend den Lebensalltag und gibt ihm eine schnelle Struktur. Dazu gehört auch mehr Autonomie im Sinne der freien Zeiteinteilung zum selbstbestimmten Arbeiten. Aber die Gefahr eines Ungleichgewichts von privatem Leben und Arbeitsalltag ist ebenso evident. Der stumme Zwang zum Zeitmanagement und der Aufbau eigener Zeitordnungen sind notwendig.

Das Erproben neuer Zeitarrangements und die Suche nach einem Erfolg versprechenden Lebens- und Arbeitsalltag stellt zweifelsohne eine besondere Herausforderung dar, die zu einer Zeit, als Telekommunikation noch mühsame analoge Wege beschreiten musste, gleichwohl nicht unbekannt war. Aristoteles, der zu Beginn dieses Kapitels für den antiken Muße-Gedanken Pate stand, war auch hier um einen Ratschlag nicht verlegen: „Es gibt zwei Dinge, auf denen das Wohlgelingen in allen Verhältnissen beruht. Das eine ist, daß Zweck und Ziel der Tätigkeit richtig bestimmt sind. Das andere aber besteht darin, die zu diesem Endziel führenden Handlungen zu finden.“

Leseempfehlungen

Adorno, Theodor W. (1969): Freizeit. In: ders.: Stichworte. Kritische Modelle 2. Frankfurt/Main, S. 57–67.

Prahl, Hans-Werner (2015): Geschichte und Entwicklung der Freizeit. In: Freericks, Renate; Brinkmann, Dieter (Hrsg.): Handbuch Freizeitsoziologie. Wiesbaden, S. 3–27.

Florida, Richard L. (2004): The Rise of the Creative Class. And how it's transforming Work, Leisure, Community and Everyday Life. New York.

Kapitel 3
„Ja, wenn man ihr aufpaßt, der Zeit, …“ – Methoden und Kontroversen der Zeitbudgetforschung

1.

Die Vergangenheit, die Gegenwart und die Zukunft dienen als zeitliche Orientierungen. Das gilt auch für das Anliegen, diese Richtungen mit Inhalt zu füllen. In Befragungen werden also Formulierungen wie „Wie war das denn früher bei Ihnen?“ oder „Wie fühlen Sie sich heute? oder „Genau kann man das ja nicht sagen: Aber wird es uns in einem Jahr wirtschaftlich besser gehen?“ eingesetzt. Meistens bleibt es bei Einmalbefragungen, Längsschnittbetrachtungen sind eher selten. Am wertvollsten erweisen sich Panelanalysen, weil zu mehreren Zeitpunkten dieselben Personen Teil der Stichprobe sind. Das Sozioökonomische Panel ist ein Beispiel, das zugleich eine besondere Samplepflege praktiziert und regelmäßig neue Befragte für eine bestimmte Dauer rekrutiert.

Denn, einer guten Tradition in der Soziologie folgend, sollen die statischen und dynamischen Elemente sichtbar werden. Ähnlich verhält es sich mit der sozialen Ordnung und dem sozialen Prozess (vgl. Abbott 2020, insb. S. 252 ff.). Wenn der Fokus der Beobachtung sich auf Aktivitäten richtet, wird implizit eine Aufeinanderfolge erwartet, die gut rekonstruiert werden kann. Wenn aber nun Konvergenzen zwischen ehemals getrennt erlebten Bereichen zunehmen, also Arbeit freizeitähnlicher und Freizeit arbeitsähnlicher wird, wie soll dann beispielsweise noch eine gute Dokumentation des Alltags unter Berücksichtigung trennscharfer Kategorien gelingen? Wenn im Folgenden die Methode der Zeitbudgeterhebung im Vordergrund steht, soll es auch um die besondere Form von Aufmerksamkeit gehen, die beim Führen solcher Tagebücher oder tagebuchähnlicher Formblätter verlangt wird (vgl. zu weiteren Methoden der Zeitforschung Schilling/O'Neill 2020).

In seinem Roman „Der Zauberberg" lässt Thomas Mann den Sanatoriumsbesucher sagen: „Ja, wenn man ihr aufpaßt, der Zeit, dann vergeht sie sehr langsam. Ich habe das Messen, viermal am Tage, ordentlich gern, weil man doch dabei merkt, was das eigentlich ist: eine Minute oder gar ganze sieben, – wo man sich hier die sieben Tage der Woche so gräßlich um die Ohren schlägt." (Mann 2003 [zuerst 1924], S. 94) Aber auch außerhalb dieser besonderen Lebenssituation ist „aufpassen" und dokumentieren, also ein bewusstes Erleben dessen, was die 24 Stunden eines Tages ausfüllt, ein Heraustreten und Wiedereintauchen in den Bewusstseinsstrom zugleich. Jedenfalls lenkt, wer ein Tagebuch führt, seine Aufmerksamkeit zumeist auf Dinge, die ihm wichtig erscheinen. Selbst wenn er mehrere Dinge gleichzeitig tut, wird er im Zuge der Rekonstruktion des Geschehenen Selektionen treffen und treffen müssen. Er wird wahrscheinlich nicht notieren, dass er am Morgen gestolpert ist, es sei denn, dass er gerade von einer Fußverletzung genesen ist, sondern beispielsweise Radio hörte und dabei Zeitung las, das Kind zur Schule brachte und sich kurz mit dem Lehrer unterhielt. Stets aber liegt eine „selbst verursachte Selektion, eine aktive Zuwendung" (Hahn 2010, S. 63) vor, die dem Zweck der Selbstkontrolle, oder, noch weitergehend, der Identitätsbildung dienen kann. Ob die Nachwelt davon erfährt, kann entweder in der Entscheidung des Einzelnen liegen oder ein Produkt des Zufalls sein. In einem modernen Vergleich von Tagebüchern und Blogs kommt Langenfeld zu dem Ergebnis, dass die persönlichen Informationen in Tagebüchern einen höheren Stellenwert einnehmen als in Dokumentationen, von denen man weiß, dass sie einer Öffentlichkeit präsentiert werden beziehungsweise zugänglich sind. Von daher wird in modernen Blogs auch wesentlich mehr gelöscht und redigiert, Tagebücher sind endgültiger und auch nicht auf die Interaktion mit Dritten ausgerichtet (vgl. Langenfeld 2008, S. 119 ff.). In der Diskussion um den Effekt dieses sorgsamen Dokumentierens wird gerne von einem Paradox des Tagebuchschreibens gesprochen: „Je mehr man aufschreibt und je ausführlicher und genauer man es tut, desto mehr entfernt man sich von dem Ziel, mit dem Lauf der Ereignisse Schritt zu halten." (Ritter 2009, S. 24) Ähnliches weiß auch Rousseau zu berichten: „Das ist eine Eigentümlichkeit meines Gedächtnisses, die erwähnt zu werden verdient. [...] Sobald ich dagegen das im Gedächtnis Aufbewahrte zu Papier bringe, läßt es mich im Stich. Und sobald ich eine Sache geschrieben habe, erinnere ich mich ihrer gar nicht mehr." (Rousseau 1981, S. 346)[15] Disziplin erfordert es allemal. Ob man sich in einen Wettlauf mit den Ereignissen begibt, hängt sicher auch davon ab, wann man es tut. In historischer Perspektive wird es wohl vor allem eine Abendbeschäftigung gewesen sein; denn erinnert wird während eher ereignisarmer Zeit. Die Erlebnisdichte der modernen Gesellschaft sorgsam zu erfassen dürfte jedenfalls das Problem der Aufrichtigkeit gegenüber sich selbst genauso verlangen wie zu Zeiten Benjamin Franklins, der als Pionier der Zeitbudget-Forschung gilt und in seiner Autobiografie ein Schema präsentierte, das der Selbstvergewisserung einer sinnvollen Lebensführung dienen sollte [⌛].

Das Tugendbuch von Benjamin Franklin

„1. *Mäßigkeit* – Iß nicht bis zum Stumpfsinn, trink nicht bis zur Berauschung.

2. *Schweigen* – Sprich nur, was anderen und dir selbst nützen kann; vermeide unbedeutende Unterhaltung.

3. *Ordnung.* – Laß jedes Ding seine Stelle und jeden Teil deines Geschäftes seine Zeit haben.

4. *Entschlossenheit.* – Nimm dir vor, durchzuführen, was du mußt; vollführe unfehlbar, was du dir vornimmst.

15 Der erste Band einer umfangreichen Autobiographie erschien 1782.

5. *Genügsamkeit* – Mach keine Ausgabe, als um anderen oder dir selbst Gutes zu tun; das heißt vergeude nichts.
6. *Fleiß.* – Verliere keine Zeit; sei immer mit etwas Nützlichem beschäftigt; entsage aller unnützigen Tätigkeit.
7. *Aufrichtigkeit.* – Bediene dich keiner schädlichen Täuschung; denke unschuldig und gerecht, und wenn du sprichst, so sprich danach.
8. *Gerechtigkeit.* – Schade niemandem, indem du ihm unrecht tust oder die Wohltaten unterlässt, die deine Pflicht sind.
9. *Mäßigung.* – Vermeide Extreme; hüte dich, Beleidigungen so tief zu empfinden oder so übel aufzunehmen, wie sie es nach deinem Dafürhalten verdienen.
10. *Reinlichkeit.* – Dulde keine Unsauberkeit am Körper, an Kleidern oder in der Wohnung.
11. *Gemütsruhe.* – Beunruhige dich nicht über Kleinigkeiten oder über gewöhnliche oder unvermeidliche Unglücksfälle.
12. *Keuschheit.* – Übe geschlechtlichen Umgang selten, nur um der Gesundheit oder der Nachkommenschaft wegen, niemals bis zur Stumpfheit und Schwäche oder zur Schädigung deines eigenen oder fremden Seelenfriedens oder guten Rufes.
13. *Demut.* – Ahme Jesus und Sokrates nach."

Quelle: Franklin 1954 [zuerst 1791], S. 148ff.

Auch Alois Hahn betont, dass das Tagebuch als Instrument der Selbsterforschung eine wichtige Voraussetzung für das puritanische Ideal der Selbstkontrolle darstellte. Er nennt daneben aber auch eine Vielzahl weiterer sogenannter „Biographiegeneratoren" (vgl. Hahn 2000, S. 100), die selbst- oder fremdgesteuert dem Dasein aus unterschiedlichen Perspektiven eine Struktur geben können. Als Beispiele führte er die Beichte, die Memoiren, die medizinische Anamnese, das Geständnis vor Gericht und auch das biografische Interview in den Sozialwissenschaften auf (vgl. ebenda). Es sind also partielle oder umfassendere Sinnzusammenhänge, die hier selbstgesteuert oder unter Anleitung eine Konstruktion erfahren. In vielen dieser Konstruktionen liegt Material für die Rekonstruktion von Zeitplänen vor. Für die historische und die moderne Sozialforschung sind diese Informationen aber häufig nicht präzise genug, um von interessanten Einzelfällen auf größere Populationen schließen zu können. Die Zeitbudgetforschung hat sich daher vor allen Dingen der Herausforderung gestellt, Messungen dieser Art in einem größeren Maßstab realisieren zu können.

2.

Zeitbudgetstudien lassen sich als die ältesten Methoden der Sozialwissenschaften identifizieren (vgl. von Rosenbladt 1968, S. 51), wobei sich generell verschiedene Formen der Zeiterfassung benennen lassen, wie zum Beispiel standardisierte Fragebogen, halbstandardisierte oder offene Tagebuchprotokolle (vgl. Blass 1980, S. 106 ff.). In Deutschland kann für die letzten Jahrzehnte von einer „Wiederentdeckung" der klassischen Zeitbudgetforschung gesprochen werden; eine besondere Bedeutung kommt dabei den Zeitbudgeterhebungen des Statistischen Bundesamtes zu (1991/92, 2001/02, 2012/13, 2022).[16] Zu den aufwendigsten Formen der Datenerhebung gehören Tagesablaufprotokolle oder Tagebücher. Während erstere in der Regel in Anwesenheit eines Interviewers nach bestimmten Vorgaben ausgefüllt werden, ist letztere insofern non-reaktiv, als im Rahmen der Erhebungssituation keine Beeinflussung durch Dritte anzunehmen ist. Im Gegensatz zu Tagebüchern, die sich einer Prosaform bedienen, ist die sozialwissenschaftliche Vorgehensweise überwiegend an standardisierten Vorgaben orientiert. Wenn die Zielsetzung zudem eine möglichst detaillierte Erfassung von Zeitbudgets ist, muss schon aus Gründen der Vergleichbarkeit mit einheitlichen Zeit- und Aktivitätenrastern gearbeitet werden.

16 Die Zeitverwendungserhebung 2022 stellt den Teilnehmern erstmals eine Web-App zur Verfügung, die eine menügesteuerte Bearbeitung des Tagebuchs erlaubt.

Zeitbudgetprotokolle, die sich auf den gesamten Tagesablauf beziehen, erlauben somit Antworten auf die Frage, „wo die Zeit eines Tages bleibt". Dass dies von Fall zu Fall unterschiedlich ist, ist bekannt. Aber die Aussage wird erst interessant, wenn die Differenzen auch benannt werden können.

Die Geschichte der Zeitbudgetforschung beginnt in der zweiten Hälfte des 19. Jahrhunderts, wenngleich die Idee einer systematischen Dokumentation des Tagesablaufs beispielsweise bereits von dem amerikanischen Staatsmann Benjamin Franklin (1706–1790) formuliert und – wie erläutert – praktiziert worden ist. Der amerikanische Soziologe Franklin H. Giddings (1855–1931), der die erste Professur für das Fach an der Columbia University in New York im Jahr 1894 erhielt, hat in seinen Vorlesungen und Lehrveranstaltungen auf diese Methode des „daily diary" hingewiesen und damit wohl auch wichtige methodische Impulse gegeben. Die einleitende Passage der im Jahr 1913 erschienenen Dissertation „How Working Men Spend Their Spare Time" beginnt mit dem Hinweis: „This investigation has been undertaken in order to determine how workingmen spend their leisure hours. On the suggestion of Dr. Franklin H. Giddings […] the questionnaire method was adopted and a time schedule prepared." (Bevans 1913, S. 8) Diese Analyse markiert den Beginn einer Bandbreite von Untersuchungen, die zunächst der Dominanz des Arbeitslebens Rechnung tragen: Arbeitsalltag (hier als Lage der Arbeiterklasse), Arbeit und Freizeit, Rationalisierung von Arbeitsabläufen, Optimierung der Produktivität. In Anlehnung an Blass (1980, S. 24ff.) lassen sich die Vorläufer der heutigen Zeitbudget-Forschung im Bereich der Geldbudget-Studien, im Taylorismus und in den Zielsetzungen der sowjetischen Kulturrevolution finden. Verband man mit der Betrachtung der finanziellen Lage der Bevölkerung auch eine sozialpolitische Intention, dominierte im Falle der beiden anderen Traditionen trotz unterschiedlicher gedanklicher Herkunft die methodische Anleitung zu systematischem und effizientem Handeln.

Frederick Winslow Taylor studierte vor allem die Arbeit der Menschen, um Produktionsprozesse reibungsloser und damit produktiver gestalten zu können. Dazu gehörten auch Zeit- und

Bewegungsstudien von Arbeitern. Seine Idee der wissenschaftlichen Betriebsführung war von einem mechanistischen Menschenbild geprägt: eine Fabrik, so könnte man formulieren, besteht nicht nur aus Maschinen und deren Koordination, auch der Faktor Mensch soll ähnlichen Gesetzen gehorchen, wie es die Technik eben muss: eine frühe Form von Sozialtechnologie (vgl. ausführlich hierzu Taylor 1911). Einen deutlichen Einfluss hinterließ diese Philosophie in der Zeitbudget-Forschung der ehemaligen Sowjetunion, die in den 1920er Jahren entsprechende Methoden zur Perfektionierung der sozialistischen Lebensweise einsetzte. Pütz schreibt hierzu in seiner Analyse: „Eine der wichtigsten Aufgaben dieser Kulturrevolution war es, den Menschen ein neues Gefühl der Zeit zu geben. Denn im zaristischen Russland [...] wurde die Zeit nicht beachtet." (Pütz 1970, S. 11) Symptomatisch für dieses Denken ist beispielsweise die Unterscheidung des Zeitplans eines Arbeitstages nach „produktiver Arbeit", differenziert nach „für die Gemeinschaft" und „privat", und „verlorene Zeit", die wiederum differenziert wurde nach „Arbeitsweg" und „Einkaufen und Warteschlangen" (vgl. Szalai 1966, S. 4).[17] Die Disziplinierung der sowjetischen Gesellschaft sollte das Drei mal Acht-Prinzip realisieren: acht Stunden Arbeit, acht Stunden Erholung, acht Stunden Schlaf (vgl. hierzu Pütz 1970, S. 37).

Pioniercharakter für die Zeitbudgetforschung hatte darüber hinaus ohne Zweifel die Studie „Die Arbeitslosen von Marienthal", die zu Beginn der 1930er Jahre in einer niederösterreichischen Gemeinde durchgeführt wurde. Hintergrund war die Schließung einer Fabrik, was in dieser Gemeinde zu dem Kollektivschicksal der Arbeitslosigkeit führte. Für Paul Felix Lazarsfeld, Hans Zeisel und Marie Jahoda war dies Anlass zu untersuchen, wie der plötzliche Wegfall des „Geländers", von dem Dahrendorf Jahrzehnte später gesprochen hat,[18] sich auf den Alltag der Menschen in dieser Gemeinde auswirkte. Die eingesetzten Methoden waren vielfältig: Zeitbudget-Tagebücher, Auswertung historischer Daten und von Gesprächsprotokollen, Inhaltsanalysen von Erfahrungsberichten

17 Siehe hierzu auch die Ausführungen in Kapitel 4.

18 Siehe hierzu auch die Ausführungen in Kapitel 2.

und Schulaufsätzen, quantitative Haushaltserhebungen, aber auch teilnehmende sowie verdeckte Beobachtungen. In dem Film des ORF „Einstweilen wird es Mittag“ aus dem Jahre 1995 wird eine besondere Form dieser verdeckten Beobachtung, nämlich die Messung der Gehgeschwindigkeit [⌛], anschaulich dargestellt. Hans Zeisel steht mit einer Stoppuhr in der Hand am Fenster eines Zimmers, von dem aus die unauffällige Beobachtung des Geschehens auf dem Dorfplatz erfolgen konnte, Paul Felix Lazarsfeld sitzt an einem Tisch und notiert die Beobachtungen, die Hans Zeisel ihm mitteilt. In diesem Zusammenhang fällt in dem Film auch der Satz: „Messen ist Wahrheit.“ Im Ergebnis zeigt sich, dass die Männer sich wesentlich langsamer als die Frauen bewegen. Eine Frau, die gerade einen Konsumverein verlässt, ist, so Zeisel, mindestens doppelt so schnell unterwegs wie die Männer, die mehr oder weniger orientierungslos und langsam agieren. Der Taktgeber Arbeit ist weggefallen und führe, so ein zentrales Ergebnis dieser Studie, nicht zu Unmutsäußerungen, sondern zu einem Anstieg allgemeiner und politischer Apathie (vgl. Jahoda u. a. 1975 [zuerst 1933], S. 37 ff.).

Gehgeschwindigkeit in deutschen Städten

Eine Studie zur Untersuchung der Gehgeschwindigkeit in deutschen Städten zeigt, dass es beim Lebenstempo regionale Unterschiede gibt. Psychologen der TU Chemnitz beobachteten etwa 6.000 Passanten in zwanzig Städten der Bundesrepublik.

Die mittleren Gehgeschwindigkeiten in den 20 untersuchten deutschen Städten betragen:

1,49 m/s: Dresden, Hannover

1,48 m/s: Stuttgart

1,47 m/s: Jena, Göttingen, Oldenburg, München, Hamburg

1,46 m/s: Freiburg, Leipzig

1,45 m/s: Bremen

1,44 m/s: Chemnitz, Osnabrück, Augsburg

1,43 m/s: Halle

1,42 m/s: Frankfurt, Karlsruhe, Passau

1,39 m/s: Saarbrücken

1,38 m/s: Trier

Quelle: Entnommen aus Paulus 2005, S. 168.

Der Rationalitätsfokus, wie er sich vor allem im Taylorismus dokumentierte, geriet im Zuge der weiteren Entwicklung in den Hintergrund. Dennoch ist der Begriff „time budget“ nach Szalai „of relatively recent origin“ (Szalai 1984, S. 19). Er sieht zudem von den Entwicklungen des 19. Jahrhunderts auch keine weitreichenden Einflüsse auf die Forschung, wie sie sich insbesondere in der zweiten Hälfte des 20. Jahrhunderts entfaltet hat, ausgehen. In jedem Falle beginnen Untersuchungen zu dominieren, die Zeitbudget-Analysen für unterschiedlichste Kontexte und Handlungsfelder vorlegen. (Sozial-)Ökonomisch ausgerichtete Studien ermitteln beispielsweise das Ausmaß der Schattenwirtschaft oder den Stellenwert unentgeltlich erbrachter Leistungen für den Fortbestand unterschiedlichster Institutionen. Freizeitforscher interessieren sich für die Verwendung frei disponibler Zeit und suchen nach neuen Entwicklungen in der Freizeitgestaltung. Eine auf Zielgruppen ausgerichtete Budgetbetrachtung kann sich auf die Ermittlung von Zeitknappheit und Zeitwohlstand konzentrieren und Bevölkerungsgruppen benennen, die sich in besonderer Weise um eine Organisation ihrer Zeit bemühen müssen. Typische Fragestellungen wären die Belastung von Familien durch Pflegefälle oder die zeitlichen Engpässe alleinerziehender Mütter.

Grundsätzlich stellen Zeitbudgeterhebungen somit Rohmaterial zu einer Fülle menschlicher Aktivitäten bereit (vgl. Gershuny 1990, S. 23). Entsprechend lautet die Definition von Blass: „Zeitbudgets sind Ergebnisse planmäßigen Vorgehens mit wissenschaftlicher Zielsetzung, bei denen Personen veranlaßt werden, erschöpfende und gegliederte Informationen in einer bestimmten Form über bestimmte Handlungen während eines bestimmten Zeitraums zu geben.“ (1990, S. 55) Was jeweils die gegliederten Informationen sind, ergibt sich aus der Leitfragestellung. Die Handlungen können durch persönliche Eintragungen oder Einordnung in ein Kategorienschema protokolliert werden und stellen die Bezugsgröße für alle weiteren, auf dieses Zeitintervall bezogene Informationen dar, zum Beispiel an welchem Ort und mit welchen Personen. All dies geschieht mit Hilfe eines Erhebungsinstruments, das Szalai auch als „time budget record“ bezeichnet hat: „A time budget record consists in its most elementary form of a log, diary, or protocol that lists the sequence, duration and timing of the activities an individual has performed over a specific time period, typically the 24 hours of a given day.“ (Szalai 1984, S. 19f.; [⌛])

Auszug aus dem Tagebuch der Zeitbudgeterhebung des Statistischen Bundesamts

Tagebuchausschnitt

Beispiel: Tagesablauf der Familie Mustermann – Tochter Julia

Uhrzeit	Hauptaktivität – Bitte immer nur eine Aktivität pro Zeile eintragen!	Verkehrsmittel	Gleichzeitige Aktivität – Bitte die wichtigste gleichzeitige Aktivität angeben.	Zeit mit anderen verbracht: Kinder unter 10 Jahren	(Ehe-) Partner/-in	Andere Haushaltsmitglieder	Andere bekannte Personen
12.00 – 12.10	*Am Schulunterricht teilgenommen*			☐	☐	☐	☒
12.10 – 12.20				☐	☐	☐	☒
12.20 – 12.30				☐	☐	☐	☒
12.30 – 12.40				☐	☐	☐	☒
12.40 – 12.50				☐	☐	☐	☒
12.50 – 13.00				☐	☐	☐	☒
13.00 – 13.10	*Nach Hause gefahren*	*Bus*	*Mit Schulfreund geredet*	☐	☐	☐	☒
13.10 – 13.20	"	"	"	☐	☐	☐	☒
13.20 – 13.30	"	*Zu Fuß*		☐	☐	☐	☐
13.30 – 13.40	*Gameboy gespielt*			☐	☐	☐	☐
13.40 – 13.50	"			☐	☐	☐	☐
13.50 – 14.00	*Zu Mittag gegessen*		*Ferngesehen*	☐	☐	☐	☐

Wenn du mit dir bekannten Personen zusammen bist (z.B. Schulkameraden), kreuze dies bitte an. Verbringst du die Zeit allein, brauchst du nichts anzukreuzen.

Auszug aus dem Tagebuch der Trierer Telearbeits-Studie

Zeitdruck?
1 - sehr stark
2 - eher stark
3 - teils/teils
4 - eher wenig
5 - überhaupt nicht

Mit wem?
1 - Allein
2 - (Ehe-)Partner
3 - Kinder
4 - Verwandte
5 - Freunde/Bekannte
6 - Kollegen
7 - Kunden
8 - Sonstige

Zeitraum von - bis	Hauptaktivität	Gleichzeitige Aktivität	Zeitdruck?	Mit wem?	Wo? Zu Hause 1	Wo? Nicht zu Hause 2	Wo? Entfernung (in km)	Freizeit? Freizeit 1	Freizeit? Arbeitszeit 2	Freizeit? Verpflichtungszeit 3	Geplant? Geplant 1	Geplant? Spontan/Ad hoc 0
10:00 - 10:10	Jahresplanung Kunde am PC erstellt	Kind beaufsichtigen	3	3	X				X		X	
10:10 - 10:20			3	3	X			X			X	
10:20 - 10:30			3	3	X			X			X	
10:30 - 10:40	Telefonat mit Kollegin	Zigarettenpause	4	3	X				X			X
10:40 - 10:50	Wäsche aufgehängt		3	1	X					X	X	
10:50 - 11:00	Jahresplanung Kunde am PC		3	3	X			X			X	

Die Vorgabe eines Zeitrasters ist der zentrale Baustein eines Tagebuchs. Die Intervalle bestimmen den Informationsgehalt der Protokolle, sie bestimmen aber auch die Aufmerksamkeit der Untersuchungsteilnehmer. Je feingliedriger die Vorgehensweise, desto umfangreicher wird das Aktivitätenspektrum. Kleinere Pausen beispielsweise werden nicht dokumentiert, wenn die Länge eines Zeitintervalls 15 Minuten beträgt. Umgekehrt leidet die Zuverlässigkeit der Angaben unter dem möglicherweise entstehenden Eindruck, selbst unwesentliche Details der methodischen Strenge wegen festhalten zu müssen. Im Rahmen des „Social Change and Economic Life Surveys“ konnten zudem bis zu vier gleichzeitige Aktivitäten dokumentiert werden. Vier gleichzeitige Aktivitäten wurden allerdings in nur 0,2 Prozent aller Tagebücher angegeben (vgl. Gershuny/Sullivan 1998). Die n-fache Dokumentation von Paralleltätigkeiten im Rahmen von Tagebüchern durch die Befragten lässt sich mit Blick auf deren Belastbarkeit und die angestrebte Zuverlässigkeit der Daten kaum rechtfertigen. Ferner ist fraglich, ob die „mehrfache Parallelisierung“ nicht eher eine Randerscheinung einer kleinen Gruppe ist, für die die Erfassung ihres Tagesablaufs, übertrieben formuliert, eine weitere „Paralleltätigkeit" darstellen dürfte. Umgekehrt folgt daraus aber auch, dass es („hyper"-)aktive Formen der Alltagsgestaltung geben kann, die sich mit „paper and pencil"-basierten Methoden kaum valide erfassen lassen.

Im Folgenden soll an einigen Beispielen gezeigt werden, wie sich beim Versuch, den zeitlichen Umfang von Aktivitäten zu messen, die Erfassungsmethode auf das Ergebnis auswirkt.

3.

Die Tagebuchmethode erlaubt in der Regel lediglich die Dokumentation einer weiteren Aktivität (= Nebentätigkeit). Werden mehr als eine Aktivität „nebenbei" beziehungsweise parallel ausgeführt, werden diese nicht mehr erfasst. Wenn diese ohnehin den Status eines „Begleiters" innehaben, können sie daher von „alternativen" Paralleltätigkeiten auf den „dritten" oder gar „vierten Platz" verdrängt werden, so dass eine Dokumentation entfällt. Wer zum Beispiel die Tätigkeit „Essen" als Hauptaktivität definiert und sich nebenbei unterhält (= Nebenaktivität), dokumentiert damit Prioritäten. Gleichwohl darf gefragt werden, ob diese Rangreihung durchgängig in diesem Sinne interpretiert werden darf. Denn: Wenn wir essen und uns unterhalten, hat auch das Essen nicht permanent unsere Aufmerksamkeit. Das Essen dient gelegentlich nicht vorrangig dem Zweck der Nahrungsaufnahme, sondern dezidiert der Sozialität, also der Pflege von Kontakten. Darauf hat Simmel bereits (1957 [zuerst 1910]) hingewiesen, ebenso, darauf bezugnehmend, Hahn mit der Unterscheidung „plaisir de la table" und „plaisir de manger" (2004, S. 178). Das Sprechen und das Essen wechseln sich ab. Daher kann davon ausgegangen werden, dass die Aufmerksamkeit, die auf bestimmte Aktivitäten gerichtet ist, nicht konstant bleibt, ein Tatbestand, der durch die Tagebuchmethode nicht gut erfasst werden kann (vgl. auch Beck 1994, S. 299).

Während Zeitbudgetstudien unterstellen, dass das Erleben von Zeit „intervallfähig" ist, dass Aktivitäten „zergliederbar" sind und sich hierarchisch anordnen lassen, erleben die Befragten die Zeit oftmals subjektiv. Bergson (1993 [zuerst 1934], S. 224 f.) sprach von „temps“ und „durée“, wobei „temps“ die mathematische Zeit und „durée“ die subjektiv erlebte Zeit meint. Auch Dalís berühmte „weiche“ Uhren deuten die prinzipielle Untrennbarkeit und gleichzeitige Differenziertheit von „objektiver Zeit“ sowie „subjektivem Zeitempfinden“ an. Aktivitäten werden je nach persönlicher Involviertheit also unterschiedlich lang wahrgenommen, was zu fehlerhaften Schätzungen der Zeitdauer einer Aktivität führen kann (vgl. Neverla 1992, S. 40). Routinetätigkeiten, beispielsweise Aufräumen oder Essenszubereitung, werden daher möglicherweise unterschätzt, seltenere Aktivitäten überbewertet. Im Zusammenhang mit der erlebten Fernsehdauer spricht Rosa von einem „Kurz-Kurz-Muster der Zeitwahrnehmung, (d.h. rasch vergehende Erlebniszeit und rasch verlöschende Erinnerungsspuren).“ (Rosa 2005, S. 470) Das subjektive Zeitparadoxon von rasch vergehender Erlebniszeit und lang erlebter Erinnerung kehrt sich damit ins Gegenteil um. Bezogen auf die Fernsehnutzung ist damit gemeint, „[…] dass die vor dem TV-Gerät […] verbrachte Zeit während des Erlebens zwar alle Merkmale der kurzen Erlebniszeit aufweist (hohe Stimulationsdichte, emotionale Involviertheit – wenn der Mörder kommt […] verändern sich Pulsschlag, Blutdruck und Hautwiderstand – und das Gefühl der ‚verfliegenden Zeit‘), aber schon beim Ausschalten und erst recht in der späteren Erinnerung sich wie die lange Erlebniszeit verhält: Es ‚bleibt nichts zurück‘, die Erinnerungszeit schrumpft mit großer Eile zusammen […]“ (ebenda, S. 229 f.).

Die Mediennutzung liefert in diesem Zusammenhang weitere anschauliche Beispiele. Die zunehmende Mediendurchdringung des Alltags führt dazu, dass die Nutzung als solche gar nicht mehr wahrgenommen wird, da sie ohnehin zur Alltagskulisse gehört.

Im Rahmen eigener Untersuchungen wurden die Langzeitstudie Massenkommunikation und die Zeitbudgetstudie des Statistischen Bundesamts im Hinblick auf ermittelte Medienreichweiten und die durchschnittliche Nutzungsdauer verglichen (vgl. ausführlich Jäckel/Wollscheid 2004). Während Befragte im Rahmen der Massenkommunikations-Studie wissen, dass es vor allem um Mediennutzung geht, wird im Rahmen der Zeitbudgetstudie nicht explizit auf diese Aktivitäten hingewiesen. Die Differenzen sind frappierend: Auf der Basis eines Yesterday-Interviews (= interviewergeleitete Rekonstruktion des gestrigen Tages) ermittelt die Studie Massenkommunikation für das Fernsehen 206 Minuten (Haupt- und Nebenaktivität), das Zeitbudgetverfahren nur 128 Minuten; im Falle des Radios beträgt die Differenz 136 Minuten: die Befragung kommt auf 206, das Tagebuchverfahren mal gerade auf 70 Minuten (vgl. ebenda, S. 362). Dies bestätigt die Beobachtungen von Neverla (1992), wonach im Rahmen von Zeitbudgeterhebungen die Befragten die Mediennutzung häufig unterschätzen; dies trifft im Besonderen auf die Tageszeitung und den Hörfunk zu (vgl. ebenda, S. 40). In einer methodisch neu konzipierten Studie („ARD/ZDF-Massenkommunikation Trends", siehe auch Mai/Rühle 2020) wird für das Jahr 2022 eine Mediennutzungsdauer von 412 Minuten ermittelt. Die Zeitbudgeterhebung für die Jahre 2012/13 weist 183 Minuten aus.

In einer, gemessen am Umfang der Teilnehmerzahl, eher explorativen Studie analysierten Jordan et al. den Effekt unterschiedlicher Messverfahren auf das ermittelte Ausmaß der Fernsehhäufigkeit. In einem Medientagebuch (als Media Log) wurden die Teilnehmer gebeten, für einen vorgegebenen Zeitraum, der in 30-Minuten-Intervalle untergliedert wurde, anzugeben, welche Medien sie genutzt haben. Es wurde ermittelt, dass die 86 Teilnehmer (im Alter von 12 bis 18 Jahren) in dieser Zeit insgesamt 223-mal die Aktivität „Fernsehen" dokumentierten. Dieselben Personen wurden nun für denselben Zeitraum gebeten, in einem TV-Programmheft (TV Grid) alle Sendungen zu markieren, die sie in diesem Zeitraum auch angeschaut haben. Das Ergebnis für die 86 Teilnehmer lautete in diesem Falle: 367-mal ferngesehen (vgl. Jordan et al. 2007, S. 32 ff.). Abweichungen beziehungsweise Verzerrungen dieser Art lassen sich möglicherweise durch das aus der Sozialpsychologie bekannte Phänomen der Verfügbarkeitsheuristik erklären. Damit wird das Phänomen beschrieben, dass Schätzungen zu Häufigkeiten oder Wahrscheinlichkeiten größtenteils von dem Grad der Zugänglichkeit im Gedächtnis abhängig sind. Ein Ereignis wird umso häufiger wahrgenommen, je einfacher man sich daran erinnert. Eine gestützte Erinnerung (bspw. durch ein TV Grid) erleichtert den Informationsabruf und steigert im konkreten Fall die Häufigkeit der Aktivität, die im Falle des Media Log unter Umständen auch aus Gründen sozialer Erwünschtheit niedriger ausfällt. Zugleich können für diese Differenz auch allgemein Effekte, die aus gestützter oder ungestützter Erinnerung resultieren können, verantwortlich gemacht werden (vgl. Jacob u.a. 2019, S. 46).

Ein weiteres Beispiel findet sich im Kontext des universitären Lernens und des Bologna-Prozesses. Untersuchungen, in denen die Studierenden ihren Lernaufwand schätzen sollten, ergaben einen deutlichen Anstieg der Lernzeit mit der Einführung der neuen Studiengänge. Dies steht im Kontrast zu den Ergebnissen einer Studie, in der 400 Studierende über Monate hinweg ihren Tagesablauf protokollierten. Dabei wurden die Stunden – im Vergleich zu den vorherigen Erhebungen – genau notiert. Die Unterschiede sind erheblich: 26 Stunden Lernaufwand ergab die Tagebuch-Methode und 37 Stunden die Befragung. Auch hier klaffen also „objektive Zeit" und „subjektives Zeitempfinden" deutlich auseinander (vgl. Vollmers 2011, S. C4).

Van Liere et al. (1997) testeten zwei Instrumente zur Erhebung von Ernährungsverhalten: den Ernährungsfragebogen und das 24-Stunden-Recall. Die Spannweiten der Korrelationen der Messwerte reichten dabei von r = 0,29 bis 0,81. Bei den Lebensmittelangaben ist die Spannweite 0,10 bis 0,71. Insbesondere die Einnahme von Gemüse wird in den Fragebögen deutlich stärker eingeschätzt als in dem 24-Stunden-Recall (vgl. van Liere et al. 1997). Der Terminus Food Frequency Questionnaires (FFQ) steht nunmehr für eine Methode, die das Ernährungsverhalten misst (siehe die Meta-Analyse von Tabacchi et al. 2016).

Die Beispiele zeigen, dass „Messen ist Wahrheit" eine optimistische Schlussfolgerung darstellt. Bereits Szalai, der in den 1960er Jahren eine international vergleichende Zeitbudgetstudie leitete, riet: „[T]here are practical limits to the accuracy with which the many different parallel and criss-crossing threads of activity can be followed up in the complex fabric of everyman's daily life. […] any time-budget study which does not grapple in some way with the problem of recording secondary or parallel activities is essentially unable to give a balanced account of the great variety of activities which fill up everyday life." (Szalai 1972, S. 2)

„Everyday life" – heute spiegelt sich das eigene Leben häufiger auf Social Media-Plattformen, die aktuelle und vergangene Ereignisse auflisten und diese, im Sinne einer „Timeline", sortierbar machen. Auch das ist eine Form des Tagebuchs, dessen Inhalt sehr facettenreich und kleinteilig sein kann. Ohne Systematisierung verliert man sich in diesen Informationen. Hilfestellung gewährt ein Algorithmus. Aber das Sortieren und Aufbereiten kann noch mehr Zeit binden als eigentlich veranschlagt.

Dennoch gilt: Es ist nicht nur der Bewusstseinsstrom, den man durch Dokumentation unterbricht oder begleitet, sondern auch ein unterschiedliches Relevanzempfinden, das darüber entscheidet, ob etwas registriert werden soll oder nicht. Menschen, die ihre Umwelt sehr bewusst wahrnehmen, reflektieren das Geschehene sinnhafter als solche, die in den Tag hineinleben. Das biografische und das soziale Gedächtnis können einander ergänzen oder in einem negativen Sinne Teilnahmslosigkeit verstärken. So bestätigt sich am Ende dieses Kapitels noch einmal der „Ja, wenn man ihr aufpaßt, der Zeit"-Effekt, wie er von Thomas Mann beschrieben wurde: „Leere und Monotonie mögen zwar den Anblick und die Stunde dehnen und ‚langweilig' machen, aber die großen und größten Zeitmassen verkürzen und verflüchtigen sie sogar bis zur Nichtigkeit. Umgekehrt ist ein reicher und interessanter Gehalt wohl imstande, die Stunde und selbst noch den Tag zu verkürzen und zu beschwingen, ins Große gerechnet verleiht er dem Zeitgange Breite, Gewicht und Solidität, so daß ereignisreiche Jahre viel langsamer vergehen als jene armen, leeren, leichten, die der Wind vor sich her bläst, und die verfliegen." (Mann 2003 [zuerst 1924], S. 146)

Leseempfehlungen

Beck, Klaus (1994): Medien und die soziale Konstruktion von Zeit. Über die Vermittlung von gesellschaftlicher Zeitordnung und sozialem Zeitbewußtsein. Opladen.

Hahn, Alois (2000): Biographie und Lebenslauf. [Zuerst 1988]. In: ders.: Konstruktionen des Selbst, der Welt und der Geschichte. Aufsätze zur Kultursoziologie. Frankfurt am Main, S. 97–115.

Statistisches Bundesamt (2017): Wie die Zeit vergeht. Analysen zur Zeitverwendung in Deutschland. Wiesbaden.

Kapitel 4
„At your Service“ – Sozialer Status und Zeit

1.

Wer von Zeit spricht, denkt auch an Messung. Über Uhrzeiten wird koordiniert, der Begriff Verspätung macht ohne eine Vorstellung von Pünktlichkeit wenig Sinn. Eine Sekunde ist eine Sekunde, die mathematische Zeit beugt oder dehnt sich nicht. Aber im Alltag wird einem die Zeit zu lang oder zu kurz. Trotz dieser Vorstellung von Exaktheit wird die Gleichheit vorübergehend oder dauerhaft außer Kraft gesetzt. Gleichheit ist eine Konstellation, die Menschen in ihren alltäglichen Interaktionen zwar regelmäßig einfordern. Mit ihrem praktischen Handeln sorgen sie gleichwohl auch dafür, dass auf dieser Dimension Vor- und Nachteile entstehen. Obwohl sich doch alle den Termin notiert haben, wird bei dem einen die Verspätung toleriert, bei dem anderen nicht. Menschen müssen warten und werden warten gelassen, sie legen Wert auf einen ökonomischen Umgang mit ihrer Zeit und öffnen damit zugleich der Knappheit Tür und Tor. Zeitarmut kann aus prekären Lebenssituationen, aber auch aus übertriebener Geschäftigkeit hervorgehen, Zeitreichtum kann wiederum je nach Konstellation als Makel oder Privileg erscheinen. Historisch hat sich jedenfalls der Umgang mit Zeit und ihrer Bedeutung für die Wahrnehmung sozialer Ungleichheit verändert. Bevor die Zeit als Statussymbol im Zentrum steht, soll etwas beschrieben und in seiner gesellschaftlichen Bedeutung analysiert werden, was auf den ersten Blick nichts über die hierarchische Stellung des Einzelnen vermittelt: das Warten.[19]

Was passiert eigentlich, wenn man wartet? Vielleicht müsste man die Antwort auf diese Frage aufteilen in die Zeit vor und nach mobilen Informations- und Kommunikationstechnologien. Was früher als vertane Zeit, als Zeit der Zerstreuung, als Blättern in Lesekreis-Zeitschriften, als Tagträumen galt, ist heute häufiger Anlass für das Arbeiten mit Nischenfüllern, vorzugsweise Smartphones, Netbooks und so weiter. Estragons Frage: „Wir finden doch immer was, um uns einzureden, daß wir existieren, nicht wahr, Didi?" (Beckett 1971, S. 171) aus Samuel Becketts „Warten auf Godot" hat nichts von ihrer Berechtigung verloren. Warten evoziert häufig Langeweile und Langeweile reizt den Organismus (vgl. Scitovsky 1989). Auch jene „effektiv banale Geschwätzigkeit", von der Joachim Kaiser (1971, S. 10) sprach, wird an dem überbrückenden Charakter der Dialoge sichtbar, die, sobald das Warten ein Ende hat, abrupt vorbei sind – in der Gewissheit, dass die Situation wiederkehren wird.

Man nehme sich also einen dieser Alltage vor, also jene Tage, die sich in den Aktivitäten ähneln. Wie viele Leerzeiten gibt es da wohl? Wie oft wartet man, weil man zu früh ist, zum Beispiel am Bahnhof oder der Bushaltestelle? Wie oft wartet man auf andere, zum Beispiel Kinder, die noch nicht aus der Schule zurück sind, Kollegen, die sich verspätet haben, den Postboten, der heute einfach nicht zu der Zeit kommt, zu der er normalerweise doch immer kommt? Dann das Warten an der Kasse, entweder, weil gerade mal wieder alle die gleiche Idee hatten oder die Hälfte der Kassiererinnen gerade Pause macht, beim Friseur, der keine Termine mehr vergibt: das First-Come-First-Serve-Prinzip. Was aus der Sicht des Anbieters als gerechtes Verfahren eingestuft wird, erleben die Kunden als Glück oder Pech. Im Zweifel versucht mancher das Positive am Warten zu sehen oder gibt sich sogar selbst die Schuld und stuft den Termin als ungünstig gewählt ein [⌛]. Die Sozialpsychologie hingegen kennt den häufigeren Fall des fundamentalen Attributionsfehlers, in dem

19 Siehe hierzu auch die Ausführungen im einleitenden Kapitel.

man das Verhalten anderer auf ihre Persönlichkeitsmerkmale zurückführt, oder auch selbstwertdienliche Attributionen, aufgrund derer Menschen immer dann, wenn ihnen ein Missgeschick widerfährt, die Schuld in der Situation suchen (vgl. bspw. Levine 2005, S. 27). Den Rat der Wissenschaft werden sie wohl kaum beherzigen. Mathematiker haben in Bezug auf die Gesetze der Wahrscheinlichkeit nachgewiesen, dass das Gefühl, sich immer an der falschen Schlange angestellt zu haben, eine Täuschung ist. Man habe immer nur die Schlange rechts und links von sich im Auge und daher betrage nach den Gesetzen der Wahrscheinlichkeit die Chance 2:1, „dass es in einer dieser beiden Schlangen schneller geht als in der eigenen." (Driessen 2001) Schon lange wird deshalb diskutiert, warum es nicht zu einer breiteren Einführung des beispielsweise von Flughäfen bekannten amerikanischen Systems kommt, bei dem alle Wartenden in derselben Schlange anstehen, die sich erst kurz vor den Schaltern aufteilt. In den Vereinigten Staaten wird dieses Verfahren auch in Supermärkten verwandt, was durchweg als gerechter wahrgenommen wird.

Warten in der Werbung

„Einkaufen heißt Warten. Und das bedeutet Ärgern und Zeit verplempern. Ganz anders sieht das die Werbebranche: Geschickt setzen die kreativen Köpfe das Wartemotiv in Slogans um. „Die Werbebranche arbeitet mit dem Umkehrschluss des Wartens", sagt Jette Lutkat. Die Werber versprechen möglichst kurze Wartezeiten. Und weil niemand Zeit habe, ziehe diese Masche. Warum im Stau stehen, wenn doch die Bahn kommt? Warum bis zur großen Pause Däumchen drehen, wenn doch die schönsten Pausen lila sind?

[…] Mit der Flasche Whiskey kauft der Kunde nicht nur einen edlen Tropfen, sondern auch viel Zeit für dessen Reifung – und das kostet. Die Werber setzten auf die Slow-Motion-Strategie: Im Spot überwachen ältere Männer auf einer US-Farm, wie der Whiskey reift. Der Kunde im Neuperlacher Supermarkt soll an die vielen Stunden denken, in denen die Herren aus Tennessee für ihn vor den Holzfässern saßen."

Quelle: Hoffmann 2002

Solange sich der Ärger über die Phänomene als ein kollektiver erweist, solange nicht das Gefühl aufkommt, zu den Benachteiligten zu gehören, also alles demokratisch zugeht und ohne Ansehen der Person das Warten den Status eines ungewollten Grundrechts hat, solange ist die berühmte Schlange weit davon entfernt, eine List zu entfalten. Die Tugend, die hier als Interaktionseffekt mit ursprünglich vielleicht anders Gesinnten entstanden ist, wird den Engländern als „höchste Form kooperativen Gruppenverhaltens“ (ebenda) zugeschrieben. Alle Strategien, die von der Spieltheorie erdacht und erprobt wurden (vgl. den Überblick bei Diekmann 2010), scheinen hier hinfällig zu sein, kein Egoismus: „Gipfelpunkt menschlicher Evolution.“ (Driessen 2001)

Die „Queue“ ist ein gutes Beispiel für Selbstorganisation. Wer den Abstand zum Vordermann zu klein werden lässt, wird aufgrund eines bösen Blicks der fehlenden räumlichen Distanz gewahr; wer Lücken entstehen lässt, wird dezent auf sein unordentliches Verhalten hingewiesen: „Are you in the queue?“ (ebenda) Die Schlange verurteilt also durch dezente Missbilligung. Im übertragenen Sinne gilt: Reden ist Silber, Schweigen ist Gold. Es sind vor allem die Fremden, die gegen dieses Ergebnis gemeinsamer Erziehungsziele verstoßen. Sie sorgen in England regelmäßig für Unmut. Dabei hat Alfred Schütz das Besondere des Fremden einmal in der Neigung gesehen, die ihm unbekannten Regeln überzuerfüllen (vgl. Schütz 1972 [zuerst 1944], S. 53–69).[20] In der Schlange werden somit Territorien aufgebaut und verteidigt. Nähe und Distanz werden auf körperlicher und/oder sprachlicher Ebene vermittelt. Enges Beieinanderstehen und enges Nebeneinandersitzen werden als unangenehm empfunden.[21] Während die englische Queue in der Tat einen historischen Sonderfall darstellen dürfte, der sich unter anderem auch darin manifestiert, dass jemand das Prinzip wahrt, wenn er alleine an einer Bushaltestelle steht, konnte Milgram in

20 Es muss hier ergänzt werden, dass Schütz‘ Analyse des Fremden sich vor allem auf eine Situation bezog, in der man sich dauerhaft in eine neue Kultur zu integrieren versucht.

21 Mit solchen Territorien und persönlichen Räumen in Warteschlangen hat sich unter anderem auch Goffman beschäftigt (vgl. 1982).

einer Untersuchung den unterschiedlichen Organisationsgrad von Schlangen an unterschiedlichen Örtlichkeiten in New York City verdeutlichen. Registriert wurde, was im Falle von Vordrängeln geschieht. Generell beschwerten sich jene, die sich hinter der Position befanden, an der sich der Drängler eigenwillig einreihte. Die Zahl der Proteste nahm darüber hinaus allerdings auch ab, je weiter hinten in der Schlange diese Missachtung des Grundprinzips praktiziert wurde (vgl. Milgram et al. 1986). Zwei Schlussfolgerungen wurden aus diesen Beobachtungen gezogen: Wer sich am Ende einer Schlange befindet, hat noch nicht allzu viel Zeit investiert und achtet weniger darauf, was vor ihm stattfindet. Er hat im Prinzip weniger zu verteidigen. In einem übertragenen Sinne hat Levine daraus aber auch die Schlussfolgerung gezogen: „Wenn wir diese Schlangendynamik auf die Gesellschaftsordnung im Großen übertragen, bestätigt sich [...] die Feststellung, dass die Menschen ganz unten immer die Verlierer im Wartespiel sind." (Levine 1998, S. 173)

2.

Warten entsteht, wenn die Nachfrage größer als das Angebot ist. Glücklich derjenige, der eine Behörde oder öffentliche Einrichtung betritt und nicht warten muss. Rainer Paris hat in seiner Studie „Warten auf Amtsfluren" von dem Ideal des verwaisten Raumes gesprochen (vgl. 2001, S. 717) und damit auch den Idealfall eines „reibungslosen Organisationsablaufs" (ebenda) beschrieben. Wer seinen Unmut über die Arbeitsweise eines bürokratischen Apparats äußert, erhält beispielsweise den Hinweis: „Kommen Sie morgens um neun, da ist hier alles leer!" (zit. nach Paris 2001, S. 727) Andere verweigern das Warten und kommentieren eine aus ihrer Sicht unerträgliche Situation mit dem Satz: „Das tue ich mir nicht an!" (ebenda, S. 724) Die Situation des Wartens scheint somit implizit immer auch den Charakter einer Lotterie zu haben: Entweder man gehört zu den Gewinnern oder zu den Verlierern. Zur Entschärfung der Situation, vor allem zwecks Ausschluss des

Vordrängelns, hat man die Nummernvergabe durch Automaten oder Online-Reservierungen eingeführt. Disziplin wird sozusagen anonymisiert: Während in der Schlange nicht gesprochen wird, übernimmt hier das Display die Herrschaft. Mit dem Warten an der Bushaltestelle und dem Warten auf Amtsfluren liegen somit zwei Beispiele vor, die eindrucksvoll die Umsetzung von Regeln illustrieren, die Levine als „Teil der stummen Sprache der Kultur" (1998, S. 146) bezeichnet.

Nach Paris lassen sich fünf systematische Merkmale des Wartens unterscheiden, die im Folgenden kurz erläutert werden sollen:

- Zentralität der Zeit: In der Wartesituation rückt die Zeit in den Vordergrund, das Bewusstsein von Zeit wird gesteigert. Ein Wartesaal ohne Uhr ist kaum vorstellbar. Zur Phänomenologie des Wartens gehören Versuche, die Zeit totzuschlagen und in irgendeiner Weise zu überbrücken (z. B. durch das wiederholte Sortieren von Papieren) als auch das Öffnen und Schließen von Türen, das Ticken von Zeigern oder Geräusche von umspringenden Ziffern.
- Zielgerichtetheit/Ereignisorientierung: Während im Falle von „Warten auf Godot" das Warten letztlich kein Ziel zu haben scheint, liegt der Zweck des Verweilens hier in dem „Noch-nicht" (Paris 2001, S. 707). Das Ereignis kann positiv oder negativ besetzt sein: Während Behördenbesuchen zumeist eine Aufforderung vorausgeht, sind es in anderen Situationen wir, die die Entscheidung treffen zu warten, zum Beispiel auf den Beginn eines Konzerts oder einen Sonnenuntergang. Während bei Letzteren dieses Warten selbst eine Gratifikationsquelle darstellen kann, wird das aufgezwungene Warten in der Regel als wenig erfreulich empfunden.
- Erzwungene Passivität: Das Warten wird, insbesondere auf Amtsfluren, als unproduktive Zeit erlebt. Empirische Studien belegen zwar, dass diese leeren Zeiten heute häufig durch die Beschäftigung mit intelligenten Technologien überbrückt werden, aber alle „Nebenengagements" (ebenda, S. 708) dienen dazu, die

Situation erträglicher zu machen, da nur in eingeschränktem Maße Mobilität gestattet ist. Das Spektrum der Möglichkeiten ist begrenzt, man fühlt sich nicht wirklich frei.

- Isolation/Selbstbezogenheit: Die Wartenden üben zwar untereinander Kontrolle aus, aber das einzige Prinzip, das sie verbindet, ist das „Prinzip der Serialität" (ebenda). Jeder hat ein Ziel, aber kein gemeinsames Anliegen. Für Gemeinschaft besteht kein Anlass, eher erlebt man Gesellschaft von ihrer nüchternen und sachlichen Seite. Die Rahmenbedingungen laden nicht zu Interaktion ein; wenn solche stattfinden, dann in einer sehr restringierten und kontrollierten Form: „Im Nebeneinander der Serie sind die Menschen voneinander isoliert und kapseln sich ab. Trotz der Präsenz der vielen ist jeder mit sich allein." (ebenda, S. 709)
- Abhängigkeit und Kontingenz: Obwohl die Wartenden erwarten, dass nur Sach- und Amtsautorität walten, erlebt man Bürokratie sehr selektiv und registriert sorgsam die Dauer von Einzelverfahren. Dabei ist keinesfalls anzunehmen, dass alle wirklich das Gleiche wollen. Es ist eine Situation, in der man sich gerne selbst in die Opferrolle manövriert und die vermeintlichen Täter, beispielsweise Beamte, sich sogar für Unannehmlichkeiten entschuldigen.

Bereits diese Perspektive auf das Warten vermittelt also, dass in Situationen, die als gleich empfunden werden, das Ungleichheitsempfinden sehr sensibel ist. Es entsteht nicht nur das Gefühl, von den Launen anderer abhängig zu sein, sondern man selbst wird ausgesprochen launisch.

Warten ist immer ein Teil von Organisationsabläufen. Wenn diese geregelt verlaufen, lassen sich viele Wartesituationen auch als positiv erleben, zum Beispiel beim Antritt einer Reise, beim Empfang einer Bestellung, auf die man lange, aber auch gerne, gewartet hat und so weiter. Umgekehrt wird Warten vor allem dann negativ konnotiert, wenn es als Ergebnis ökonomischer und verfahrenstechnischer Ineffizienz erlebt wird. Die Unzufriedenheit der Menschen steigt und das Warten in ehemals kommunistischen

Staaten hat nicht nur Verdrossenheit produziert, sondern auch das Arbeiten an Wartetaktiken (wenn man beispielsweise in mehreren Schlangen anstehen musste, vgl. hierzu die Ausführungen bei Paris 2001, S. 708) oder neue Wertschöpfungsketten entstanden, da das Warten nicht dem Produkt selbst, sondern der Weitergabe auf dem Schwarzmarkt, und dort zu erhöhten Preisen, diente (vgl. Levine 1998, S. 151 f.). Warten erweist sich hier nicht als demonstrativer Effekt ungleicher Statuspositionen, sondern als eine Investition in mögliche Vorteile, die sich in anderen Konstellationen ergeben könnten. Die Schuhe, die ich erhalte, passen mir zwar nicht, weil nicht einmal Zeit zum Anprobieren bleibt, aber die investierte Wartezeit wirkt sich auf den Weiterverkaufspreis aus (vgl. ebenda, S. 152).

Schlangen bilden sich nicht nur auf Amtsfluren oder an der Kasse im Supermarkt. Wer eine gut frequentierte Fußgängerzone aus der Vogelperspektive beobachtet, kann auch hier Schlangenbewegungen registrieren, die die Anthropologie schon immer interessiert haben. Es geht um die Frage, warum in „crowded situations“ so wenige Menschen zusammenstoßen, sich anrempeln oder sich permanent im Wege stehen. Dieter E. Zimmer beschrieb in seinem Buch „Unsere erste Natur“ Mechanismen der Distanzwahrung unter Passanten, die sich auf öffentlichen Plätzen begegnen. Seine These lautete, dass auch hier eine Art Territorialprinzip am Wirken ist und der Abstand zwischen den Menschen wie von unsichtbarer Hand reguliert wird (Zimmer 1982, S. 14 f.).[22] Eine interessante Erweiterung solcher Beobachtungsstudien legte beispielsweise Benjamin P. Bowser vor, der auf dem belebten Pariser Boulevard Saint-Germain-des-Prés untersuchte, ob folgende Annahmen zutreffend sind: „The highest-status walkers give the least deference and take the most; the lowest-status walkers give the most and receive the least.“ (Bowser 2007, S. 596) Zwei Beispiele sollen die Vorgehensweise verdeutlichen: Im ersten Fall folgte der Beobachter

22 Zimmers Überlegungen, wie diese Mechanismen funktionieren und arbeiten, konnten von experimentellen Untersuchungen gestützt werden (vgl. Moussaïd et al. 2011).

einem gut gekleideten Paar, dessen gesamtes Erscheinungsbild auf materiellen Wohlstand hinwies und deshalb in Bowsers Beitrag auch die Bezeichnung „Parisian bourgeoisie" erhielt. Dessen Flanieren über den Boulevard glich einem ungestörten Spaziergang, der ebenso gut in einem wenig besuchten Park hätte stattfinden können. Bowser schreibt: „To follow them was to experience a serene walk down a busy street; they were like perfect shields against chaotic encounters." (ebenda, S. 597) Während das Paar sich seinen Weg durch die Menge bahnte, reagierte diese quasi unaufgefordert rücksichtsvoll. Dieser Schutzschild hingegen konnte nicht bestätigt werden, wenn man einem Paar, das offensichtlich einen Migrationshintergrund hatte, folgte. Hier, so Bowser, konnte sogar beobachtet werden, dass Menschen sich zwischen Personen hindurch drängeln wollten, die eindeutig ihre Zusammengehörigkeit signalisierten. In einem weiteren Fall folgte der Beobachter Personen, die aufgrund ihrer Kleidung als Geschäftsleute identifiziert werden konnten und ihre Zusammengehörigkeit auch durch Gespräche signalisierten. Diese Gruppen wurden ebenso seltener auseinandergetrieben als Gruppen, die offenbar nicht aufgrund beruflicher Gemeinsamkeiten zusammengehörten und sich auch eher durch Freizeitkleidung auszeichneten. Eine Besonderheit stellten junge Menschen dar, die, ob männlich oder weiblich, den Weg für andere frei machten und dabei dennoch in ihrer Konversation nicht gestört wurden: „Groups of young people also displayed a fascinating capacity to maintain conversations with one another as people darted through their ranks." (ebenda) Bowsers Beobachtungen zeigen also, dass Ungleichheiten auch außerhalb einer durch Institutionen vorgegebenen Ordnung registriert werden können [⌛]. Forschungen im Bereich der künstlichen Intelligenz simulieren die Virtuosität des Bewegens in Menschenmengen, die sich aufeinander zubewegen. Innerhalb solch komplexer Wirkmechanismen ist noch genügend Raum für die Ausbildung von Hierarchien (siehe auch die Ergebnisse in Fagundes 2018 und Price 2021). Was in der Fußgängerzone beobachtet werden kann, wiederholt sich in gut besuchten Schwimmbädern, auf eng bemessenen Bürgersteigen und auf schmalen Pfaden in Bergeshöhen. Eine weitere Problematik für künstliche Intelligenz stellt sicher die

Tatsache dar, dass die bestehenden Regeln nicht immer in gleichem Maße Geltung besitzen. Sie werden sogar oft erst bei Bedarf, also bei nicht problemlosem Funktionieren, als zusätzliche Mechanismen herangezogen. So bestimmt der soziale Status vor allem die Situation und Ausgestaltung des Wartens: man wartet nicht in gewöhnlichen Schlangen oder in Vorzimmern, sondern in Lounges und kann besondere Serviceangebote nutzen. Wenn die alltäglichen Ordnungsregeln der Warteschlange nicht greifen, wird jedoch auch der Status zur Platzzuweisung mit herangezogen. Die Metaregel des „Wer zuerst kommt, mahlt zuerst" greift nach Goffman beispielsweise meist auch erst dann, wenn andere Mechanismen nicht funktionieren oder für die entsprechende Situation nicht existieren (z. B. „Frauen und Kinder zuerst") (vgl. Goffman 1982, S. 63 ff.)

Ungeschriebene Regeln des Ausweichens

„Auch er [ein General, Anm. d. Verf.] ging dort vornehmlich an Feiertagen spazieren. Wenn er auch vor Generälen und Personen von Rang Platz machte und zwischen diesen sich wie ein Aal hindurchschlängelte, so wurde doch unsereiner, ja sogar mancher, der um einiges besser war, von ihm einfach überfahren; auf solche ging er geradewegs los, als sei vor ihm leerer Raum, und machte unter keinen Umständen Platz. [...] Es quälte mich, daß ich ihm selbst auf der Straße nicht standhalten konnte. »Warum weichst du unbedingt als erster aus« [...] »warum denn gerade du und nicht er? Dafür gibt es doch kein Gesetz, das steht doch nirgends geschrieben. Nun, kann es denn nicht halb und halb sein, wie es zu sein pflegt, wenn höfliche Leute sich begegnen: er gibt halb nach und du gibst halb nach, ihr geht beide einfach aneinander vorbei, in gegenseitiger Hochachtung.« Doch das geschah nie, nach wie vor machte ich nur Platz, er aber bemerkte nicht einmal, daß ich ihm auswich. – Da kam mir plötzlich der allerverblüffendste Gedanke: »Wie aber«, dachte ich, »wie wäre es, wenn ich ihm begegnete und ... nicht auswiche? [...]« So war endlich alles vorbereitet. [...] Ich durfte die Angelegenheit auf keinen Fall überstürzen, sie mußte gekonnt vorbereitet sein, eben Schritt für Schritt. Aber ich muß gestehen, daß ich nach mehreren Versuchen geradezu verzweifelte: wir stießen nicht zusammen, es war nichts zu machen! Wie ich mich auch vorbereitete, wie fest ich auch entschlossen war – es scheint, gleich stoßen wir zusammen –, ich sehe hin – und wieder mache ich Platz, und wieder geht er vorbei, ohne mich auch nur zu bemerken."

Quelle: Dostojewskij 2007 [zuerst 1864], S. 61ff.

3.

Zwei weitere Abweichungen vom Prinzip der Schlange, die Bowser als „line-jumping" und „counter-crashing" beschreibt, sind ohne Zweifel keine spezifisch französischen Begebenheiten. Situationen, in denen sich jemand vordrängelt, sind im Alltag immer wieder Anlass für mehr oder weniger heftige Konflikte. Hier wurde nun insbesondere untersucht, wer sich einen Platz verschafft, der ihm eigentlich nicht zusteht, und an welcher Stelle der Schlange dies geschieht. Während Milgrams Beobachtungen in New York City den geringen Organisationsgrad am Ende der Schlange verdeutlichten, zeigt Bowser auf, dass Personen höheren sich gerne vor Personen mit niedrigerem Status einzureihen versuchen. Im französischen nennt man dieses Phänomen auch „resquiller" und derjenige, der es macht, wird als „Resquilleur" bezeichnet. Offensichtlich wird eine Situation herbeigeführt, in der der Verursacher die geringe Wahrscheinlichkeit eines Protests antizipiert. Der Benachteiligte sieht sich zwar durchaus im Unrecht, meidet aber den Konflikt und scheut die Konfrontation. Noch deutlicher wird dies, wenn niedriger sozialer Status und Migrationshintergrund vorliegen. Hier sind es dann zusätzlich die sprachlichen Probleme, die zur Duldung des Eindringlings beitragen. Gesteigert wird dieses Missachten von Regeln, wenn Service-Personal kontaktiert wird, obwohl man noch gar nicht an der Reihe ist. Je ungeordneter zudem die Wartesituation beschaffen ist, desto deutlicher werden die Statusunterschiede beobachtbar: „The lower your perceived social status, the more quickly you become invisible." (Bowser 2007, S. 601) In einer Servicestation von France-Telecom nahm dieses „counter-crashing" mit der Zunahme der wartenden Personen und der zu wartenden

Zeit zu. Bestimmte Personen wurden schlicht ignoriert. Sie wurden während eines Beratungs- oder Kaufvorgangs von einem anderen wartenden Kunden unterbrochen. Damit wird offenbar signalisiert, dass deren Zeit mehr bedeutet als die anderer Personen. Dieses „service-jumping" ist ebenfalls keine Pariser Besonderheit. Widersacher dieses Gleichheitsprinzips lassen sich sogar in besonderer Weise dort beobachten, wo Statusunterschiede aufgrund hoher Eintrittsschwellen marginalisiert werden. In zugespitzter Form könnte man sagen, dass unabhängig von der Zahl der Sterne, die ein Hotel erhalten hat, gilt: Vor dem Buffet sind alle Menschen ungleich.

Das strategische Handeln der Menschen bringt sich also in der Freizeit, während verpflichtender Tätigkeiten (z.B. Erledigungen auf Ämtern) und in der Arbeitswelt zur Geltung. In Barry Schwartz' Buch „Queuing and Waiting" wurde beispielsweise gezeigt, wie die Wartezeit von Klienten in Abhängigkeit von der Position des Gesprächspartners in der Unternehmenshierarchie abhing. Die Wartezeit der Klienten war in der Regel kurz (also weniger als 5 Minuten), wenn der Executive Rank als low-level bezeichnet wurde, dagegen eher lang (mehr als 5 Minuten), wenn der Gesprächspartner als Senior Vice President oder sogar höher einzustufen war (vgl. Schwartz 1975, S. 143). In einer Studie von Greenberg wurde die durchschnittliche Wartezeit von drei Bewerbergruppen, die von einem Unternehmen für ein Gespräch eingeladen wurden, verglichen. Zu den Bewerbern zählten Rezeptionisten, Verkäufer und Assistant Sales Manager, Gesprächspartner in dem Unternehmen waren entweder ein Personalmanager oder ein Head Manager. Alle drei Bewerbergruppen warteten in etwa gleich lange auf einen Personalmanager, der nicht als Teil derselben Statushierarchie wahrgenommen wurde. Signifikante Unterschiede zeigten sich dagegen im Falle der Wartezeit auf einen Head Manager: Die Gruppe der Rezeptionisten musste am längsten warten, gefolgt von den Verkäufern und der Gruppe der Assistant Sales Manager. Wo immer man hinschaut: Offenbar werden die Unterschiede sorgsam registriert und gepflegt (vgl. Greenberg 1989, S. 18ff.).

Die Wartezeit signalisiert Über- und Unterordnung, sie steht für unterschiedliche Formen des Einflusses und ist Gradmesser für die soziale Distanz. Roland Girtler hat daher in seiner Analyse „Die feinen Leute" den Menschen als „animal ambitiosum" bezeichnet (Girtler 1990, S. 11). Das elegante Paar in Paris, der Geschäftsmann, der die Serviceordnung missachtet, der Magistratsbeamte in Wien, der seine Besucher durch mehrere Warteräume führen lässt, die in Größe und Prunk zunehmen (vgl. Girtler 1990, S. 42 f.): Die Vermittlungsebenen und -formen von sozialer Ungleichheit sind zahlreich. Das zeigen auch die Ergebnisse eines Feldexperiments zum Verkäuferverhalten, in dem Geschlecht und Kleidung systematisch variiert wurden. Es sollte untersucht werden, ob das Erscheinungsbild des Käufers in verschiedenen Kaufsituationen (Kaufinteresse an Bekleidung und Autos) unterschiedliche Reaktionen des Verkaufspersonals auslöst. Der soziale Status der männlichen und weiblichen Kunden sollte dem Verkaufspersonal über die Eleganz der Kleidung vermittelt werden. Signalisierte die Kleidung einen niedrigen sozialen Status, war die Wartezeit höher als im Falle eines eleganteren Auftretens. Dabei wurde selbstverständlich berücksichtigt, ob zum Zeitpunkt des Betretens eines Verkaufsraums noch andere Personen Beratung nachfragten. Im Ergebnis stellen die Autoren fest: „Deutlich bestätigt wird der Einfluss des durch die Kleidung repräsentierten sozialen Status auf die Aufmerksamkeit des Verkaufspersonals: Kunden in eleganter Kleidung warten eine signifikant kürzere Zeit, bis sie bedient werden, sie werden länger beraten und sie erhalten häufiger das Angebot einer Probefahrt oder des Zurücklegens der Kleidung." (Jungbauer-Gans u. a. 2005, S. 317 f.) Von den ausgewählten Produktbereichen (Auto, Kleidung) ging erstaunlicherweise kein differenzierender Effekt auf Warte- beziehungsweise Beratungszeit aus. Die Persistenz der Signalfunktion von zeitsensitiven Aktivitäten schließt also offenbar nicht aus, dass sich bestimmte, als klassisch empfundene, Differenzen angleichen oder sogar umkehren. Ein genauerer Blick auf die Bedeutung der Zeit als Statussymbol kann dies veranschaulichen.

4.

An anderer Stelle dieses Buches wurde bereits auf eine markante Beobachtung hingewiesen: „Wer Zeit hat, macht sich verdächtig“ (Adam 1989) war das Ergebnis mehrerer Beobachtungen, die einen Wertverlust von Freizeit im Überfluss signalisierten. Die müßige Klasse der Vergangenheit, die aufgrund ihres Standes von harter Arbeit befreit war, praktizierte auch einen Lebensstil, in dem die Teilhabe an als exklusiv eingestuften Betätigungen als Abgrenzungsmerkmal zu den unteren Klassen diente, gleichzeitig aber auch den Wettkampf innerhalb der müßigen Klasse beflügelte. Die viel zitierte Analyse von Thorstein Veblen betrachtete die Institution einer vornehmen Klasse als „das Ergebnis einer frühen Unterscheidung zwischen verschiedenen Tätigkeiten, einer Unterscheidung, der gemäß die einen Tätigkeiten wertvoll, die anderen unwürdig sind.“ (Veblen 1981 [zuerst 1899], S. 23) Die zahlreichen Hinweise auf die Angleichung der Lebensverhältnisse sind der Ausgangspunkt für neue Differenzierungsstrategien: „Urlaub zu machen, Freizeit zu haben, untätig zu sein und müßig zu bleiben ist […] nichts Besonderes mehr. Nach dem gesicherten Einkommen, der aufwendigen Gesundheitspflege und einer teuren, jahrelangen Bildungszeit ist die Muße das letzte der ehemaligen Oberschichtengüter, das erfolgreich sozialisiert worden ist.“ (Adam 1989, S. B1) Folgt man einer in der Soziologie häufig beschriebenen Distinktionslogik, so folgt aus Prozessen der Angleichung eine neue Runde von Abgrenzungsbemühungen. Eben dies ist auch hier am Werk:Was alle haben, kann nicht mehr wertvoll sein. Es musste Ausschau gehalten werden nach einem neuen, exklusiven Kennzeichen der Oberschicht. Unter den Eindrücken der Entwicklung der 1980er Jahre, in denen der mengenmäßige Anstieg der verfügbaren Freizeit Zweifel an der Frage aufkommen ließ, ob wir uns noch in einer Arbeitsgesellschaft befinden, stellte diese Analyse fest: „Wo umgekehrt […] die Arbeit zur Mangelware wird und die Freizeitgesellschaft immer näher rückt, sollte man seine Ansprüche auf gesellschaftliche Überlegenheit vor allem darauf gründen, dass man für alle sichtbar fleißig ist und seine Arbeitskraft möglichst eindrucksvoll zur Schau stellt." (ebenda, S. B1) [⌛].

Der Pünktliche

„,Das Leben des Pünktlichen ist eine Hölle unverdienter Einsamkeiten.' Neugierig geworden, ging ich zu ihm hin. Eine Weile konnte der Mann nicht sprechen, er schnappte nach Luft. Er begnügte sich damit, auf die Uhr und die Anzeigentafel zu deuten. Ich begriff, er wollte mich auf die Verspätung des Zuges hinweisen. Lächelnd breitete ich die Arme aus, wie um zu sagen: Was können wir daran schon ändern? »Wie beneide ich Sie«, sagte er, »um Ihre Resignation! Ganz klar, Sie leiden nicht an meiner Krankheit. Zu meinem Unglück bin ich von Geburt an pünktlich, bin just zum Ende des neunten Monats auf die Welt gekommen, habe alle vier Stunden nach Milch geschrien, bin weder im Kindergarten noch in der Schule je zu spät gekommen, zu keiner Verabredung, zu keinem Fahnenappell, zu keiner Beerdigung. Dabei habe ich früh bemerkt, daß ich wegen meiner Krankheit Gerenne in Kauf nehmen muß, Warten, Enttäuschungen, Wut. Ich bin pünktlich in einer Welt voller Unpünktlicher, aber ich habe es nie lassen können. Außerdem hat man mir klipp und klar gesagt, ich bin ein unheilbarer Fall. Mein ganzes Leben lang dasselbe Leiden. Minuten und Aberminuten, insgesamt Stunden, auf die geliebte Frau warten, die Blumen in der Hand, nicht enden wollende Stunden allein im Restaurant, während meine Freunde sich erst noch rasierten, Stunden der Langeweile im Büro beim Warten auf den Beginn der Sitzungen, stundenlang Gehuste im Theater vor einem Vorhang, der sich nicht hebt, stundenlang Wartezimmer und alte Zeitschriften bei Zahn- und anderen Ärzten. Herrje, und ich dachte, Pünktlichkeit sei eine noble Form des Respekts vor meinen Mitmenschen, und sie trage zur Harmonie in der Welt bei. Aber diese Welt kennt keine Harmonie. Die Welt der Götter dort droben dreht sich derart langsam, daß Pünktlichkeit unmöglich ist, denn ein Leben ist viel zu kurz, um etwas auszurichten. Und unsere Welt hinieden hat es so eilig, daß niemand die Zeit beachten kann, allenfalls Maschinen vielleicht, und das Fernsehprogramm. So sieht das Leben des Pünktlichen aus. Eine Hölle, in der man des Todes harrt, in der Hoffnung, daß wenigstens der den Zeitplan einhält.'"

Quelle: Benni 2001, S. 88f.

Zeit zu haben galt also nun als Massenphänomen, eng bemessene Zeitpläne und andere Signale der permanenten Überlastung dagegen als Ausdruck von Geschäftigkeit, die aufgrund des neuen Kontrasts eine besondere Wertschätzung erfährt und sich unter anderem in einer inflationären Verwendung des Arbeits-Begriffs niederschlägt. Beispiele hierfür sind: Freizeitarbeit, Arbeitsschlaf, Geschäftsessen, Beziehungsarbeit und so weiter (vgl. ebenda). Terminkalender und Unpünktlichkeit fördern damit ein „Klima der Emsigkeit", wie es Martin Suter in seinem Buch „Business Class" (2002) an den vielbeschäftigten Führungskräften illustriert hat. Diese demonstrative Geschäftigkeit speist sich nicht nur aus dem Bedürfnis nach Abgrenzung von anderen, die über viel Freizeit verfügen, sondern auch aus einer Binnenkonkurrenz, die jene, die sich dadurch auszeichnen wollen, untereinander zu entfalten beginnen. Zugleich gehen von diesen Aktivitäten Ausstrahlungseffekte auf untergeordnete Berufsgruppen aus, so dass auch in diesem Falle der berühmte Trickle-down-Effekt beobachtet werden kann. Historisch betrachtet bezeichnet dieser Effekt den Vorgang einer Nachahmung von Lebensstilen der oberen durch die unteren Klassen. Was somit aus der Welt der Mode bekannt ist, wiederholt sich nun in der Welt der Arbeit. In dieser historischen Perspektive kehrt sich das Verhältnis von Zeit und Geld also um. Lindskog hat im Jahr 2001 hierzu eine grafische Darstellung vorgelegt, die in vereinfachter Form diesen Wandel veranschaulicht:

Abbildung 4.1: Das Verhältnis von Zeit und Geld im Wandel

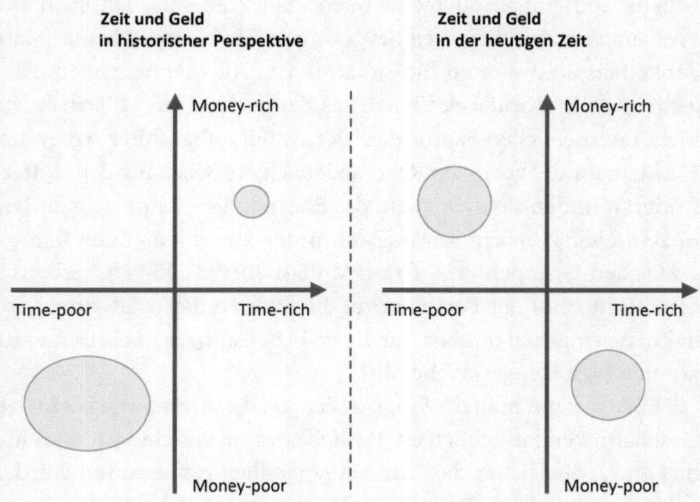

In Anlehnung an: Lindskog 2001, S. 81 f.

In der Vergangenheit war es danach ein Privileg, über viel Zeit und viel Geld zu verfügen; das wird durch den kleinen Kreis im rechten oberen Quadranten des linken Teils des Schaubilds repräsentiert. Die große Mehrzahl der Bevölkerung dagegen befand sich in einer Situation, die man mit „Time-poor" und „Money-poor" beschreiben kann. In der fortgeschrittenen Industriegesellschaft oder Informationsgesellschaft gilt dagegen vor allem, dass „Time-poor" und „Money-rich-people" zugenommen haben. Das entspricht dem linken oberen Quadranten im rechten Teil der Grafik. Zugleich nahm auch die Gruppe derjenigen, die über viel Zeit und wenig Geld verfügt, zu. Für diesen unteren rechten Quadranten im rechten Teil des Schaubilds sprechen auch die Überlegungen und statistischen Befunde, die Wilensky präsentiert hat.[23] Diese pointierte Darstellung der Zeit- und Geld-Relationen ist durchaus illustrativ, gibt aber auch Anlass für ergänzende Fragestellungen. So könnte

23 Siehe hierzu auch die Ausführungen in Kapitel 2.

man beispielsweise mit Recht einwenden, dass unter den heutigen Lebensbedingungen auch eine wachsende Zahl von Menschen das Problem von Zeitknappheit bei geringem Einkommen kennt. Man denke beispielsweise an die Situation der Alleinerziehenden. Allgemein stellen Kinder bezüglich des Zeitbudgets ihrer Eltern einen nicht unerheblichen Faktor dar. Der Anteil unbezahlter Arbeit im Haushalt nimmt zu, in der Regel aber auch die Belastung der Mütter. Dadurch finden sich vor allem die Eltern junger Kinder unter den in zeitlicher Hinsicht am meisten unter Stress leidenden demografischen Gruppen (vgl. Craig/Mullan 2010, S. 1344 ff.). Ebenso nimmt die Zahl der Personen zu, die mehrere Beschäftigungsverhältnisse eingehen müssen, um ihren Lebensunterhalt bestreiten zu können (vgl. Klinger/Weber 2017).

Ebenso kann man die Frage stellen, ob diese moderne Form der Geschäftigkeit tatsächlich an die Stelle dessen getreten ist, was einmal durch die leisure class der Vergangenheit repräsentiert wurde. Gibt es, mit anderen Worten, nicht auch im 21. Jahrhundert noch Phänomene von „Money-rich" und „Time-rich", die sich im Sinne einer Beobachtung von Heinz Bude interpretieren lassen: „Wer unerreichbar ist, ist attraktiv" (Martini 2004, S. 32).

Das bereits erwähnte Klima der Emsigkeit ist schon im Jahr 1970 von Staffan Linder anschaulich beschrieben worden. Er sprach von einer „harried leisure class" und begründete deren Aufkommen vor allem mit dem Bedürfnis, Zeit so zu verteilen, dass sie auf den verschiedensten Verwendungsgebieten gleichviel abwirft. Zeit wird also als Produktivitätsfaktor nicht nur im Bereich der Arbeit, sondern auch im Bereich der Freizeit angesehen. Im Vordergrund steht hier nicht die Muße der Massen, sondern das Diktum der Effizienz jeglicher Aktivität. Die verfügbare Zeit wird laut Linder, so verteilt, dass bei jeder Aktivität der Grenznutzen den Grenzkosten entspricht. Wenn dieses Gleichgewicht nicht hergestellt werden kann, lohnt es sich, die Zeit umzuverteilen. Das Angebot an Zeit, das uns zur Verfügung steht, wird einem Prozess der optimalen Allokation unterzogen. Diese Optimierungsstrategien sind nach Linder das Ergebnis des wirtschaftlichen Wachstums. Die Menschen erkennen, dass die Produktivität pro Arbeitsstunde steigt und sehen daher zunächst auch in Mehrarbeit ein ertragreiches Unterfangen. Damit folglich nach wie vor ein Gleichgewicht der Zeitverteilung erhalten bleibt, also eine Gleichheit von Grenznutzen und Grenzkosten aller Aktivitäten, muss auch jene Zeit, die man nicht für Arbeit verwendet, ebenfalls mehr abwerfen. Im Ergebnis, so Linder, wird der Ertrag der auf alle anderen Tätigkeiten verwandten Zeit dem Ertrag der Arbeitszeit angeglichen (vgl. Linder 1970, S. 14 ff.). Daraus folgt: Wirtschaftliches Wachstum bedingt eine allgemeine Verknappung der Zeit. Und diese allgemeine Verknappung der Zeit führt zu einer Ökonomisierung des gesamten Aktivitätsspektrums. Indikatoren für diese Entwicklung sieht Linder beispielsweise in dem Phänomen des gleichzeitigen Verbrauchs. Aktivitäten werden also gleichzeitig oder in schnellem Wechsel vollzogen, so dass man innerhalb einer Zeiteinheit mehrere Dinge parallel genießen kann: man liest Zeitung, hört Musik, raucht eine Zigarre, telefoniert. Eine andere Variante ist der sukzessive Verbrauch, verbunden mit kürzeren Zeiteinheiten. Man konzentriert sich also nicht mehr auf eine Aktivität, sondern nutzt die verfügbare Zeit für mehrere Beschäftigungen: So wird nicht eine Sportart am Abend ausgeübt, sondern gegebenenfalls mehrere Sportarten hintereinander (vgl. Linder 1970, S. 155 ff.). Robinson und Godbey haben für solche Muster der Zeitverwendung den Begriff „time-deepening“ vorgeschlagen (vgl. Robinson/Godbey 1999, S. 39). So werden Aktivitäten beispielsweise schneller durchgeführt (z. B. wird für den Besuch eines Museums nur eine und nicht zwei Stunden vorgesehen), man ersetzt eine Tätigkeit durch eine andere, die schneller vonstattengeht, zum Beispiel „convenience-food“ versus selber kochen, man übt sich in diversen Simultanaktivitäten oder plant selbst Freizeitaktivitäten mit einem Terminkalender (vgl. Robinson/Godbey 1999, S. 39). Eng bemessene Zeitpläne erlauben also keine Aktivitäten, die zeitlich aus dem Ruder laufen. Für das Dinner sind 90 Minuten vorgesehen, für die Pause zwischen zwei Arbeitsterminen 20 Minuten und so weiter. Auch hier bestätigen die Analysen: Eine Zunahme gesellschaftlicher Wohlfahrt führt auf der individuellen Ebene nicht zu einem ausbalancierten Leben. Kein Wunder also, dass es eine Vielzahl an Ratgebern gibt, die Empfehlungen zum Ausstieg aus dieser Steigerungslogik bereithalten, zum Beispiel die zehn Bären-Tipps von Lothar Seiwert [⌛].[24] Zeitakrobatik und Zeitmanagement sind zu populären Begriffen in dieser Ratgeberwelt geworden.

Die Bären-Strategie

1.	Schreibe deine Lebensvision	6.	Gönne dir persönliche Auszeiten
2.	Lege unnütze Hüte ab	7.	Gewinne Zeit für neue Aufgaben
3.	Nutze deine kostbare Zeit	8.	Mach mal Pause
4.	Plane deinen Tag	9.	Nutze den Tag
5.	Erledige das Wichtigste zuerst	10.	Verwirkliche deine Träume

Quelle: Seiwert 2007

Auszüge aus „The Time Paradox" – „Resetting Your Psychological Clock"

Become more future-oriented:

- Wear a watch, even if it doesn't work.
- Chart your progress toward a goal.
- Write an important future date on the back of your hand.
- Create stability in your personal life so that you can anticipate your future with a degree of certainty

[…]

Become more present-oriented:

- Go to a comedy club.
- Don't wear a watch.
- Listen to live jazz.

[…]

24 Neben den Bären-Tipps könnte auch die ALPEN-Methode erwähnt werden, die der Erstellung eines schriftlichen Tagesplans dient.

Become more past-positive-oriented:

- Attend a traditional cultural event.
- Call on old friends.
- Start a diary and reread it occasionally.

[…]

Quelle: Zimbardo/Boyd 2008, S. 305 ff.

In ihrem Buch „The Time Paradox" entwickeln Zimbardo und Boyd drei Zeitorientierungen, die gleichsam auch für eine Typologie stehen: der vergangenheitsorientierte, der gegenwartsorientierte und der zukunftsorientierte Typ. Für den deutschsprachigen Raum wurde dieses Konzept adaptiert und eine aus zehn Items bestehende Skala entwickelt (vgl. hierzu Danner et al. 2016).[25]

Diese Zeitorientierungen variieren mit den Umweltbedingungen. Der Titel „In Search of the harried Leisure Class in contemporary Society" steht für ein modernes Paradox: „Leisure time, often referred to as discretionary time […] is expected to be the time with the fewest commitments and the greatest freedom of choice to do whatever we want. Yet, paradoxically, this freedom of choice is pressured by the expanding possible choices causing time pressure, even during our leisure time […]." (Glorieux et al. 2010, S. 165) Wohlstand und Zeit miteinander zu vereinbaren, ist somit eine der modernen Herausforderungen. Arlie Hochschild hat in ihrem Buch „The Time Bind" (dt. „Keine Zeit") am Beispiel berufstätiger Eltern verdeutlicht, in welche Zeitzwänge Paare gelangen können, wenn sie Arbeit und Freizeit unter das Diktat der Planbarkeit stellen. Symptomatisch dafür ist die Aussage eines Familienvaters: „Es gibt keine Patentlösungen für die Balance zwischen Zuhause und Arbeit. Das ist ein Problem, das ganz tief geht. Entscheidend ist die Teamarbeit in der Familie. Wir müssen die Idee vom Team wie beim Sport oder in der Produktion auf die Familie übertragen. Ich hoffe immer noch, dass wir es schaffen, aus unserer Familie ein gutes

25 Siehe hierzu auch die Ausführungen in Kapitel 9.

Produktionsteam zu machen." (Hochschild 2006, S. 231) Um der Familie ein gleichberechtigtes Dasein neben der Welt der Arbeit zu ermöglichen, sind berufstätige Eltern auch in diesem Bereich auf perfekte Koordination angewiesen, um Freiräume zu haben: „Um mit der begrenzten Zeit, die ihnen zu Hause noch bleibt, effizient umzugehen, versuchen manche berufstätigen Eltern, alles schnell zu machen, und sei es auch nur, um ein wenig Raum zu schaffen, in dem sie dann langsam sein können." (ebenda, S. 127) Insofern ist es durchaus gerechtfertigt, nicht nur von einer Demokratisierung der Freizeit zu sprechen, sondern auch von einer Demokratisierung der Zeitknappheit. Vieles weist jedenfalls darauf hin, dass jene, die beruflichen Erfolg mit Zufriedenheit in anderen Lebensbereichen verbinden wollen, das Rezept nicht in Bescheidenheit suchen.

Als Hans Magnus Enzensberger sich in den 1990er Jahren mit alten und neuen Formen des Luxus beschäftigte, formulierte er den markanten Satz: „Der Luxus der Zukunft verabschiedet sich vom Überflüssigen und strebt nach dem Notwendigen [...]." (Enzensberger 1996, S. 117) Als potenzielle Kandidaten nannte er: das Bedürfnis nach Ruhe, also ein von Hektik und Störungen weitgehend freies Leben; das Bedürfnis nach Raum, das den Luxus nicht in Form von Waren in Hülle und Fülle dokumentiert, sondern die Luxuriösität eines Zimmers durch dessen Leere anzeigt; die Sicherheit, die sich in zahlreichen Investitionen zum Schutze der Privatheit niederschlagen kann und schließlich auch die Zeit, die er als eines der wichtigsten aller Luxusgüter bezeichnete. Für ihn waren es „gerade die Funktionseliten, die über ihre eigene Lebenszeit am wenigsten frei verfügen können." (ebenda, S. 117) So zahlreich seien die Verpflichtungen und Abhängigkeiten, dass man von einer Versklavung von Menschen sprechen müsse, die doch eigentlich aufgrund ihrer sozialen Position über andere disponieren dürfen (vgl. ebenda). Nur, wer sich dem modernen Zeitregime wirklich entziehen könne, und dazu zählen nicht nur Führungskräfte, könne sich den Luxus leisten, mit seiner Zeit zu tun und zu lassen, was er möchte (vgl. ebenda, S. 117). Um Zeit zu gewinnen, können sich erfolgreiche Menschen durch das Einkaufen von Zeitdienstleistungen zwar entlasten, z. B. durch Dienstpersonal, das Einkäufe und andere Dinge erledigt (vgl. hierzu auch Levine 1998, S. 164). Dieser Dienstleistungssektor wächst auch aufgrund der fehlenden Zeit, sich um die eigenen Güter kümmern zu können. Der Soziologe Ralf Dahrendorf hat davon gesprochen, dass mit der Anhäufung von Gütern wie Häuser, Gärten, Yachten und so weiter eine neue Dienstklasse entsteht, die stellvertretend für die eigentlichen Eigentümer deren Reichtum zur Schau stellt (vgl. Dahrendorf 2003, S. 91 f.). Symptomatisch für dieses Phänomen ist auch, dass der von Veblen eingeführte Begriff „Conspicuous consumption“ durch den Begriff „Inconspicuous consumption“ (vgl. Sullivan/Gershuny 2004) ergänzt wurde. Jene, die viel Geld verdienen, sind auch jene, die am meisten arbeiten, dementsprechend fehlt ihnen die Zeit zum Konsumieren. Im Falle von „Inconspicuous consumption“ fallen der Kauf und der Gebrauch eines Gutes also zeitlich deutlich auseinander. Es entsteht somit eine neue Form des Wartens, die beendet wird, sobald man sich selbst aus einem Netz von Verpflichtungen befreit und, wie Sullivan und Gershuny schreiben, sagen kann: „[…] to be, one day, ‚the sort of person who‘ […].“ (Sullivan/Gershuny 2004, S. 90)

Während man also das Warten auf den Amtsfluren als eine „untätige [.] Tätigkeit“ (Paris 2001, S. 705) bezeichnen kann, kann man sich wohl auch Fälle der tätigen Untätigkeit vorstellen. Das passive Warten auf und das aktive Aufschieben von Befriedigungen weiß um sogenannte Dritte als Ursache. Mit den Worten von Wladimir aus Samuel Becketts „Warten auf Godot“: „So ist der Mensch nun mal: Er schimpft auf seinen Schuh und dabei hat sein Fuß schuld.“ (Beckett 1971, S. 33)

Leseempfehlungen

Levine, Robert (1998): Eine Landkarte der Zeit. Wie Kulturen mit Zeit umgehen. [Aus d. Amerik.]. München.

Linder, Staffan B. (1970): Das Linder-Axiom oder Warum wir keine Zeit mehr haben. New York, London.

Price, Paul Christopher (2021): Sociology of Waiting. How Americans wait. Lanham.

Kapitel 5
„Wollt ihr denn ewig leben?“ – Alter und Altern heute

unter Mitarbeit von Julia M. Derra

1.

Hätte der französische Philosoph Blaise Pascal (1623–1662) von den umtriebigen Menschen der heutigen Zeit gehört, wäre ihm wohl das Argument „Die Geschichte wiederholt sich“ in Erinnerung gekommen. Er selbst schrieb bereits im 17. Jahrhundert: „Nichts ist dem Menschen so unerträglich, wie in einer völligen Ruhe zu sein […]. Dann wird er sein Nichts fühlen, seine Verlassenheit, seine Unzulänglichkeit, seine Abhängigkeit, seine Ohnmacht, seine Leere.“ (Pascal 1953 [zuerst 1670], S. 84) Für ihn wäre also das gezielte Arbeiten am Verknappen der verfügbaren Zeit ein signifikantes Symptom für das Vertreiben von Langeweile. Sobald der Mensch sich mit seiner eigenen Existenz beschäftigen müsse, gerate er ins Grübeln und leide in besonderer Weise an seiner Vergänglichkeit. Der Mensch neigt also dazu, sich ständig neuen Herausforderungen zu stellen. Er erfährt dieses Bedürfnis insbesondere in kritischen Situationen, beispielsweise am Ende einer Karriere, nach großen Erfolgen, auf deren Lorbeeren man sich nicht ewig ausruhen möchte, beim Wechsel vom Arbeitsleben in den Ruhestand und so weiter. Insbesondere die semantischen Implikationen des Wortes „Ruhestand“ bestärken die Einsicht, dass ein solcher Zustand alles andere als von Dauer sein kann. Wenn die Philosophie sich mit der Frage befasst hat, was die Menschen in ihrem Handeln antreibt, gehörte zu den Antworten immer auch der Hinweis auf ein Abwechslungs-Bedürfnis. Für Kierkegaard (1813–1855) galt Langeweile als ein Phänomen, das es ständig zu bekämpfen gilt, weil es am Anfang und am Ende allen Tuns stehe. Wiederholungen führen zu Monotonie und Monotonie entspricht einem Mangel an Originalität. Bezeichnenderweise sprach er bereits im 19. Jahrhundert von einer Zerstreuung produzierenden Ökonomie, die er auch „Wechsel-Wirtschaft“ nannte (vgl. hierzu Revers 1949, S. 26). Um diesem Wechsel von Zufriedenheit und Unzufriedenheit zu entgehen, empfahl Arthur Schopenhauer (1788–1860), sich mit Dingen zu beschäftigen, die immer etwas Neues bereithalten, ohne auf Dauer langweilig zu werden. Sinngemäß solle der Mensch sich also ein Objekt des Begehrens suchen, das ihn nicht befriedigt, aber auch nicht loslässt (vgl. Revers 1949, S. 28). Ähnliches hatte wohl auch Dostojewskij im Sinn, als er einmal eine Romanfigur über den Menschen als „nur den Prozess des Strebens zum Ziel“ (2007 [zuerst 1864], S. 40) liebend sprechen ließ.

Eine längere Lebenserwartung ist zunächst positiv konnotiert. Zu diesem Blick auf die Bevölkerungsentwicklung gehört aber der demographische Wandel, der seit Jahrzehnten die Überalterung der Bevölkerung in vielen Gesellschaften, so auch in Deutschland, verdeutlicht. Einig ist man sich in der Beobachtung, dass es sich um einen sozialhistorisch weitgehend einmaligen Vorgang handelt, den die moderne Gesellschaft gegenüber ihren Vorgängern durchlebt. Wesentlich schwieriger wird die Situation, wenn die sich wandelnde Wahrnehmung des Alters und des Alterns betrachtet wird. Dazu gehört auch ein kritischer Blick auf bisherige Indikatoren. Ist es beispielsweise sinnvoll, nach wie vor den Anteil von Menschen über 65 Jahren zu betrachten oder sollte nicht auf die verbleibende Lebenserwartung geschaut werden (vgl. Buber-Ennser/Fent 2021, S. 222). Ebenso zeigt die Behandlung des Themas Alter und Altern in Psychologie und Soziologe sowie in verwandten Disziplinen, dass eine einheitliche Wahrnehmung auch von wissenschaftlicher Seite nicht existiert. Während die Defizit-Theorie Altern als einen Prozess des Abbaus emotionaler, geistiger und körperlicher Fähigkeiten kennzeichnet, betont die Disengagement-Theorie (insbesondere dominant in den 1960er und 1970er Jahren) den zunehmenden Rückzug aus zentralen sozialen Rollen und Funktionen, die das mittlere Lebensalter bestimmen. Dieser Rückzug wird als unabänderlich wahrgenommen. Diese Position hat sich empirisch nicht bewährt und „findet heutzutage keine ernsthaften Vertreter." (Tesch-Römer 2023, S. 60) Die Aktivitäts-Theorie betont wiederum, dass der Wegfall von beruflichen und anderen Verpflichtungen durch neue oder verstärkte Ausübung bereits früher praktizierter Tätigkeiten kompensiert wird. Ähnlich argumentieren Vertreter der Kontinuitäts-Theorie, wenn sie Umbrüche im Lebenslauf als negativ bewerten und aus dem Bedürfnis nach Kontinuität Anstrengungen zur Beseitigung dieses Defizits ableiten (vgl. auch Backes/Clemens 2013, S. 122 ff.). Ähnlichkeiten zu der in Kapitel 2 dargestellten Freizeittypologie sind offensichtlich.

In der Lebenslaufforschung ist immer wieder auf das Zusammenspiel von Institutionalisierungen einerseits und Variationen andererseits hingewiesen worden. Typische Etappen wie Ausbildung, Berufswahl oder Familiengründung leisten hier Strukturierung. Ebenso lassen diese Pfade viel Raum für Individualität (vgl. Kohli 1985). Die Ausdehnung einer aktiven Lebenszeit führt nun eben auch dazu, dieser Phase eine aktivere Struktur zu geben. Auch hier wird Vorbildarbeit geleistet. Wer also den verlängerten Lebensabend gestalten möchte, kann erfinderisch sein oder sich auf dem erweiterten Markt der Möglichkeiten orientieren (vgl. zur Soziologie des Lebenslaufs auch Sackmann 2021).

Wenn, wie die gerontologische Forschung der letzten Jahre immer wieder bestätigt, die Lebenserwartung der Menschen bereits heute deutlich angestiegen ist und in den nächsten Jahrzehnten weiter ansteigen wird, wenn das Leben zwar die letzte, aber eine gegenüber früheren Generationen deutlich längere Gelegenheit darstellt, spricht weniges dafür, dass die Menschen in der Lage sind, ihre Bedürfnisse optimal über einen Lebenslauf zu verteilen, von dem sie ohnehin nicht wissen, wie lange er letztlich anhalten wird. Diskussionen der Frage, ob angesichts des medizinischen Fortschritts auch Unsterblichkeit vorstellbar sei, sehen in dieser Unendlichkeit eine Umkehrung von Knappheitsempfindungen am Werk. Pascal Mercier hat in seinem Roman „Nachtzug nach Lissabon" darüber spekuliert, ob damit Zeit obsolet werde [⌛].

„Es kommen noch viele Tage"

„Wer möchte im Ernst unsterblich sein? Wer möchte bis in alle Ewigkeit leben? Wie langweilig und schal es sein müßte zu wissen: Es spielt keine Rolle, was heute passiert, in diesem Monat, in diesem Jahr: Es kommen noch unendlich viele Tage, Monate, Jahre. Unendlich viele, buchstäblich. Würde, wenn es so wäre, noch irgendetwas zählen? Wir bräuchten nicht mehr mit der Zeit zu rechnen, könnten nichts verpassen, müßten uns nicht beeilen. Es wäre gleichgültig, ob wir etwas heute tun oder morgen, vollkommen gleichgültig. Millionenfache Versäumnisse würden vor der Ewigkeit zu einem Nichts, und es hätte keinen Sinn, etwas zu bedauern, denn es bliebe immer Zeit, es nachzuholen. Nicht einmal in den Tag hinein leben könnten wir, denn dieses Glück zehrt vom Bewußtsein der verrinnenden Zeit, der Müßiggänger ist ein Abenteurer im Angesicht des Todes, ein Kreuzritter wider das Diktat der Eile. Wenn immer und überall Zeit für alles und jedes ist: Wo sollte da noch Raum sein für die Freude an Zeitverschwendung?

Ein Gefühl ist nicht mehr dasselbe, wenn es zum zweitenmal kommt. Es verfärbt sich durch das Gewahren seiner Wiederkehr. Wir werden unserer Gefühle müde und überdrüssig, wenn sie zu oft kommen und zu lange dauern. In der unsterblichen Seele müßte ein gigantischer Überdruß anwachsen und eine schreiende Verzweiflung angesichts der Gewißheit, daß es nie enden wird, niemals. Gefühle wollen sich entwickeln, und wir mit ihnen. Sie sind, was sie sind, weil sie abstoßen, was sie einst waren, und weil sie einer Zukunft entgegenströmen, wo sie sich von neuem von sich selbst entfernen werden. Wenn dieser Strom ins Unendliche flösse: Es müßten in uns tausendfach Empfindungen entstehen, die wir uns, gewohnt an eine überschaubare Zeit, überhaupt nicht vorstellen können. So daß wir gar nicht wissen, was uns versprochen wird, wenn wir vom ewigen Leben hören. Wie wäre es, in Ewigkeit wir zu sein, bar des Trostes, dereinst erlöst zu werden von der Nötigung, wir zu sein? Wir wissen es nicht, und es ist ein Segen, daß wir es nie wissen werden. Denn das eine wissen wir doch: Es wäre die Hölle, dieses Paradies der Unsterblichkeit."

Quelle: Mercier 2004, S. 201f.

In ihrem Buch „Das Leben als letzte Gelegenheit“ vertrat die Erziehungswissenschaftlerin Marianne Gronemeyer die These, dass die Kluft zwischen den unendlichen Möglichkeiten und der Zeit, die dem Einzelnen bleibt, wächst, weil das Bedürfnis nach Erleben sich nicht mit dem Prinzip der Bescheidenheit deckt (vgl. Gronemeyer 1993). Indem allenthalben von Zeitgewinn gesprochen wird, wird das Tempo des Lebens gesteigert und dem vermeintlichen Zeitgewinn mit wachsendem Zeitdruck begegnet. Über die harried leisure class wurde im vergangenen Kapitel berichtet, dass sie unter anderem die Zahl der durchschnittlichen Aktivitäten pro Zeiteinheit erhöhe. In Antoine de Saint-Exupérys Märchen „Der kleine Prinz“ findet man die Geschichte von dem Weichensteller: „Ich sortiere die Reisenden nach Tausenderpaketen. […] Ich schicke die Züge, die sie fortbringen, bald nach rechts, bald nach links.“ (1956, S. 72) Als nach kurzen Abständen zunächst ein Schnellzug von links und dann ein Schnellzug von rechts kam, fragte der kleine Prinz: „Sie kommen schon zurück?“ (ebenda, S. 73) Die Antwort des Weichenstellers lautete: „Man ist nie zufrieden dort, wo man ist.“ (ebenda, S. 73) Da es gerade auch die Älteren sind, die gerne reisen, sei diese erfundene Geschichte mit reellem Hintergrund an den Anfang dieses Kapitels gestellt. Jedenfalls soll es im Folgenden auch darum gehen, die Angemessenheit des Begriffs „Ruhestand“ zu prüfen.

2.

Die „Diversität des Alters“, von der Epple bereits im Jahr 2005 (S. 15) sprach, ist heute unbestritten, ebenso der damit verbundene Bedeutungswandel. In der umfänglichen Analyse „Altern als Zukunft“ schreiben die Autoren: „Für den Einzelnen birgt die alternde Gesellschaft neue und vielfältige Herausforderungen in der Planung und bei der Bewältigung einer manchmal bedrohlich, manchmal idealisierend gezeichneten Zukunft des Alters.“ (Lang u. a. 2021, S. 6) Nach Kohli findet dieser seinen Ausdruck darin, „dass der Ruhestand seinen Charakter als ‚Restzeit‘, die es irgendwie zu durchleben gilt, verloren hat und zu einer eigenständigen

Lebensphase geworden ist. Sie erfordert den Entwurf neuer biografischer Projekte und stellt die Frage der Beteiligung am sozialen Leben in neuer Form." (2005, S. 11) Obwohl die gerontologische Forschung seit vielen Jahren eine Abkehr von Theorien diskutiert, die vor allem den sozialen Rückzug älterer Menschen aus der Gesellschaft thematisieren, wird erst mit der deutlichen Verschiebung der Altersstruktur der Frage des erfolgreichen Alterns eine größere Bedeutung beigemessen. Die bereits erwähnte Disengagement-Theorie sah in dem Rückzug aus gesellschaftlich vorgegebenen Rollen einen letztlich unausweichlichen Prozess. Als Orientierungsgröße diente das sogenannte mittlere Lebensalter. Ausgangspunkt ist somit die Annahme einer veränderten beruflichen und familiären Situation, der eine Reduzierung der Sozialkontakte – insbesondere auch aufgrund einer nachlassenden physisch-psychischen Konstitution – folgt. Eine nähere Betrachtung der sozialen Beziehungen älterer Menschen zeigt gleichwohl, wie notwendig gerade in diesem Bereich Differenzierungen sind. Je nach sozialer Herkunft unterscheiden sich die sozialen Netzwerke, in denen man sich bewegt, zum Teil erheblich. Mit steigendem Bildungsniveau ist zum Beispiel der Anteil der Nicht-Verwandten in der Regel höher (vgl. hierzu Stosberg/Blüher 2006, S. 342). Insofern spricht vieles für die Kontinuitätstheorie, die Altern als einen Sozialisationsprozess betrachtet, in dem es um die Beibehaltung einer im Laufe des Lebens entstandenen Lebensführung geht. Ob es sich dabei um neue biografische Projekte oder schlicht um die Fortsetzung des bisherigen Lebensalltags handelt, ist letztlich eine empirisch zu beantwortende Frage.

Die zeitliche Ausdehnung der Lebensphase Alter geht mit einer Ausweitung der Gestaltungsmöglichkeiten und folglich mit der Variation des individuellen Alterns einher. Die Verknüpfung von typischen Fähigkeiten und Fertigkeiten mit einer bestimmten Lebensaltersphase hat sich aufgelöst und individuellen Ausprägungen muss im Sinne Rosenmayrs „später Freiheit" (1983) Raum zugestanden werden. Altern bietet damit heute Chancen, Potenziale, spezifische Möglichkeiten der Sinngebung, Verantwortungsleistung, Aufgabenwahrnehmung, Weiterentwicklung und Persönlichkeitsentfaltung. Von einer Einheitlichkeit des Alterns und der alten Menschen kann also nicht gesprochen werden, vielmehr lassen sich unterschiedliche Ausgestaltungen der nachberuflichen Lebensphase beobachten. In Zeiten flexibilisierter und individualisierter Lebensverläufe geht diese Lebensverlängerung gleichzeitig mit Zerstückelungen einher (vgl. Rosenmayr 2007, S. 207ff.). Gefordert ist hierbei die Fähigkeit, jede sich bietende Chance für neue Erfahrungen schnell zu ergreifen, was heute auch unter dem Begriff „Fitness" diskutiert wird (vgl. bspw. Bauman 1995).

In diesem Begriff und der damit verbundenen Aufforderung liegt der Verzicht auf langfristige Bindungen: räumlich, zeitlich, sozial, sachlich. Also nicht nur ein Ziel im Leben zu haben, die Zeit abzuschaffen, sich nur auf gegenwärtige Augenblicke zu besinnen und niemals jemandem Beständigkeit zu versprechen. Der Fitness-Gedanke ist dabei Synonym für Gesundheit, Attraktivität, Dynamik, Erfolg, Potenz, Jugendlichkeit und insgesamt für innerweltliches Glück. Es gibt in diesem Sinne kein erreichbares Ziel, es geht vielmehr um ein kontinuierliches „Dranbleiben". Fit zu werden heißt vor dem Hintergrund dieser erweiterten Definition damit gleichzeitig, gesellschaftsfähig zu werden beziehungsweise zu bleiben. Für Ältere bedeutet das: Die Zeit des Ruhestandes gleicht damit mehr einer Zeit des Un-Ruhestandes, von Leere oder Langeweile durch den Zeitgewinn der Ausweitung des Lebensalters kann und soll daher nicht gesprochen werden.

Der Gedanke des „fitten" Menschen appelliert an die eigene Leistungsbereitschaft, Flexibilität, Mobilität, Unabhängigkeit, Schnelligkeit und Spontaneität und fördert auf diese Weise die „Illusion eines alterslosen Selbst" (Öberg 2009 [zuerst 1996], S. 144). Die ursprünglichen Kennzeichen des Älterwerdens wie Weisheit, Erfahrung, Stetigkeit oder Sicherheit behindern eher die aktive Teilnahme in Erlebnis- und Inszenierungskontexten. Eine Ausblendung dieser Merkmale und Hinwendung zu jugendlichen Kennzeichen scheint aussichtsreich. Damit wird jedoch das Altwerden insgesamt auch verdrängt: nach Katz geht es hierbei auch um „the postmodern fantasy of living outside of time." (1995, S. 70) Man ist nicht mehr alt, sondern unterschiedlich jung. Eine Distanzierung von Jugend als chronologische und biologische Entwicklungsphase zwischen

Kindheit und Erwachsenenalter, aber Fokussierung auf jugendliche Attribute wie jugendliches Aussehen, Frische und Dynamik, abgelöst von der Lebensphase Jugend, ist möglich und erscheint für die persönliche Gesellschaftsteilhabe Erfolg versprechend (vgl. Ziehe 1991, S. 42).

Zeitwahrnehmung im Lebenszyklus bedeutet aber auch die wechselnde Bedeutung von Bezugsgruppen und Idealen, an denen man „Jung“ und „Alt“ festmacht. Dabei handelt es sich bei der Zuschreibung „alt“ oder „jung“ um soziale Konstrukte. Das Erleben des Alter(n)s erschließt sich immer erst aus dem sozialen Kontext. Dies geschieht häufig in Verbindung mit der Auferlegung bestimmter Rollen und Entwicklungsaufgaben, Veränderungen im Selbstkonzept und Identitätsvorstellungen (vgl. Backes/Clemens 2013, S. 13, 23). Hierbei geht es immer auch um einen Vergleich, da „man immer der Alte oder der Junge für irgendjemanden ist“ (Bourdieu 1993, S. 137). Durch die Begegnung mit anderen (evtl. länger nicht gesehenen) Menschen kommt es zu einer Konfrontation mit dem eigenen Alter mit der Folge: „Man ist zwar so alt, wie man sich fühlt. Aber die Umwelt läßt uns in konkreten Situationen fühlen, daß man bereits älter ist als man denkt.“ (Tews 1995, S. 44) Turner (1995, S. 251) diskutiert dies auch unter dem Begriff der „collective memories“, betont als Anstoß dafür ebenfalls die Interaktion mit anderen – Älteren, Jüngeren oder Angehörigen der eigenen Generationen –, aber zusätzlich die mit sich selbst, herbeigeführt zum Beispiel durch Fotografien aus jüngeren Tagen.

Gerade weil dieser soziale Wandel in vollem Gange ist, lädt er zur Kreation neuer Altersbilder ein, die aus der Tatsache einer empirisch belegbaren längeren Vitalität und einer steigenden Lebenserwartung neue Entwürfe eines erfolgreichen Alterns in die Welt setzt. So stellte Paul Baltes im Jahr 2004 passend dazu fest: „Die heutigen Alten sind, was ihre Vitalität angeht, »jünger« als die Gleichaltrigen aus früheren Generationen. Die heutigen 70-Jährigen sind geistig und körperlich so fit wie die 60- bis 65-Jährigen vor 30 Jahren.“ (Baltes 2004, S. 39; vgl auch Wettstein u. a. 2023) Das Vitalitäts-Argument hat seither an Bedeutung gewonnen. Für das eigene Altersbild erweisen sich die Vergleichsebenen als bedeutsam (vgl. auch Lang u. a.

2021, S. 10 f. und 58). Besonders die sogenannten jungen oder neuen Alten werden heute mit der Vorstellung junger Menschen enger verknüpft als mit dem typischen Bild von Großeltern. Sie präsentieren sich selbstbewusst, kritisch und anspruchsvoll, interessiert und unternehmungslustig, möchten ihre Leben selbst aktiv in die Hand nehmen und ihre Zeit selbst einteilen (Filipp/Mayer 1999, S. 96, 110; Lang u. a. 2021, S. 58 ff.). Meyer beschrieb vor bereits 30 Jahren die neuartige Lebensauffassung der Älteren wie folgt: „Die Alten fragen nicht mehr danach, was ihnen zugebilligt wird, immer mehr nehmen sich, was sie wollen, was ihnen zusteht, ohne die soziokulturelle Lizenz erst abzuwarten. […] Sie weigern sich, eine zugeschriebene Altersrolle zu übernehmen und setzen das, was den Jüngeren vorbehalten sein sollte, über die zugebilligten Jahre hinaus einfach fort, oft sogar mit neuem Elan und gesteigerten Möglichkeiten." (1993, S. 232) Ebenso wählte die Trend- und Zukunftsforschung für dieses Verjüngen der Verhaltensweisen, Wertesysteme und inneren Einstellungen gegenüber den vorhergehenden Generationen den Begriff „Downaging" (vgl. Horx 2007). Die Erweiterung der Lebensspanne und die steigende Lebenserwartung erzeugen eine Form von Selbstverjüngung. Es geht somit um eine Verschiebung von Teilen der Jugendphase ins Alter, die mit dem Erhalt neuer, aktiver Lebensphasen einhergeht. Ein ungewöhnliches Ansinnen betrifft in diesem Zusammenhang die Altersangabe in einem Personalausweis. Eine niederländische TV-Persönlichkeit, Emile Ratelband, beantragte, gleichwohl ohne Erfolg, eine Änderung des Alterseintrags [⌛].

> „Der Niederländer Emile Ratelband versuchte 2018 per Gerichtsentscheid, sein Alter um 20 Jahre zu reduzieren. Obwohl er damals 69 Jahre alt war, fühlte sich der Bodybuilder und Motivationstrainer wie 49 und sein Arzt schätzte seinen Körper auf den eines 45-Jährigen. Sein Blick in den Spiegel bestärkte ihn in seinem Vorhaben, für ein alternatives Alter zu kämpfen. Denn dort sah er „einen jungen Gott"."
>
> *Quelle: Institut zur Fortbildung von Betriebsräten (2023)*

Die Distanzierung vom Alter im Sinne des Lebensabends, die Orientierung am Leitbild der Jugendlichkeit und der differenzierte, individualisierte Blick auf den alten Menschen und das Alter(n) hat ohne Zweifel zu einem gewandelten Umgang mit der Bedeutung des Lebensalters im Hinblick auf Selbst- und Fremderwartungen geführt. Der Eindruck, Jugendlichkeit stelle quasi den einzigen Wert dar und es herrsche demnach eine Verpflichtung dazu, sich die Jugend, sowohl innerlich wie auch äußerlich, (mit allen Mitteln) zu erhalten, ist dennoch dominant. Tschirge und Grüber-Hrcán sprachen von einer „Postulierung des Jung-Sein-Müssens" (1999, S. 44). Denn außergewöhnliche Erfolge und Leistungen im hohen Alter führen dazu, dass alle anderen dieser Generation und „auch jüngere Alte mit einem kleinen Hang zu Lehnstühlen, jene, die nicht mehr Berge besteigen und Wasserfälle hinunterrauschen können und das auch nicht wollen, blamiert" (Bovenschen 2006, S. 95) sind. Es werden andere, höhere Standards und Erwartungshaltungen gesetzt. Hier verbirgt sich aber immer die Gefahr, dass diejenigen, welche unter weniger optimalen Bedingungen altern, genauso wie die Hochaltrigen, deren Leben mehr und mehr durch Einbußen gekennzeichnet ist, die nicht verdrängt werden können, zu einer „Restgröße" (Ristau/Mackroth 1993, S. 247) in einer Erfolgsgesellschaft werden, in der Jugendlichkeit die einzige Eintrittskarte darstellt und eingeschränkte Alte keinen Platz finden.

Wer sich also unter diesen Bedingungen gemäß den alten Alten-Klischees verhält, erlebt in besonderer Weise das Gefühl der Ausgrenzung. Es muss in diesem Fall nicht einmal eine ungewollte Entschleunigung gegeben sein (vgl. zu diesem Begriff Rosa 2005), sondern schlicht die Einsicht, dass man einen Lebensstil praktiziert, der den gesellschaftlichen Erwartungen nicht mehr entspricht. Aus der Perspektive der Betroffenen ist es die Ablehnung eines vermeintlich neuen Ideals. Man zeigt sich also konform mit der Tradition und lehnt Innovationen ab. In seinem Essay „Warum wir nicht mehr älter werden" stellte Claudius Seidl folgende These an den Beginn seiner Ausführungen: „Wir werden, als Gesellschaft, immer jünger, und als

Einzelne werden wir nicht mehr älter, wir werden zumindest anders älter, und wir stecken mittendrin in einem Prozess, dessen Ausgang wir noch gar nicht absehen können." (2005, S. 3)

3.

Unter diesen Bedingungen versucht man eben die Differenz zwischen dem Selbstbild und dem derzeit vermittelten Fremdbild zu bestimmen. Diese Selbsteinstufungen sind wiederum nicht notwendigerweise frei von Illusionen. Die Analyse der Altersbilder älterer Menschen hat eine Reihe interessanter sozialpsychologischer Phänomene hervorgebracht, die im Folgenden kurz erläutert werden sollen. Besser sollte man sagen: Es handelt sich um Phänomene, die auch für den übrigen Teil der Bevölkerung zutreffen.

Es ist immer wieder erstaunlich zu beobachten, wie hoch der Anteil der Menschen ist, die sich selbst als weitgehend unverwundbar einstufen. Dieses Phänomen kann ganz unterschiedliche Ursprünge haben: Selbstüberschätzung, Selbstbestärkung, eine Abwehrhaltung gegenüber Dritten, Überschätzung aktuell verfügbarer Informationen, Ignoranz und so weiter. Levine hat in seinem Buch „Die große Verführung" die einleuchtende Frage gestellt: „Wie kann jeder weniger leichtgläubig sein als alle anderen?" (2005, S. 15) Hintergrund dieser Frage ist die vielfach bestätigte Beobachtung, dass Menschen ihre eigenen Fähigkeiten überschätzen und es gleichzeitig den Anderen nicht zugestehen. Würde man also beispielsweise den heute 50- bis 60-jährigen Berufstätigen die Frage stellen, ob sie persönlich davon ausgehen, den Übergang in den Ruhestand positiv bewältigen zu können, werden die meisten wahrscheinlich mit „Ja" antworten; fragt man anschließend, ob denn die Mitmenschen der gleichen Altersgruppe auf diesen Übergang gut vorbereitet sind, wird man wahrscheinlich häufig ein „Nein" zu hören bekommen. Sich selbst in einem besseren Licht zu sehen, sorgt augenscheinlich bei vielen Menschen für einen positiven Gefühlshaushalt und eine innere Balance. Wenn die Dinge dann doch anders laufen als erwartet, bleibt immer noch die Möglichkeit, die Umstände dafür verantwortlich zu machen. Levine spricht in diesem Zusammenhang unter anderem von dem fundamentalen Attributionsfehler: „Wenn wir gebeten werden, die Probleme anderer Leute zu erklären, neigen wir automatisch dazu, ihre persönlichen Eigenschaften für diese verantwortlich zu machen: Charakterzüge, emotionale Zustände usw. Wenn ich höre, dass Sie von einem Verkäufer eingeseift worden sind, dann schließe ich daraus, dass das passiert ist, weil Sie sich leicht hereinlegen lassen. Wenn es jedoch um uns selbst geht, dann schieben wir es gewöhnlich auf die Situation." (Levine 2005, S. 27)

Ein Phänomen, das ebenfalls auf Attributionen aufbaut, wird unter Bezugnahme auf Forschungen von Davison als Dritte-Person-Effekt bezeichnet. Er steht für Konstellationen, in denen die Beeinflussbarkeit anderer Personen höher eingeschätzt wird als die eigene. Dieses weitverbreitete Phänomen führt zu dem Paradoxon, dass die Mehrheit der Bevölkerung sich als weniger beeinflussbar einstuft als der durchschnittliche Mensch (vgl. Davison 1996; Perloff 1993). Wenn Sozialpsychologen von „unrealistic optimism" sprechen, wird die allgemein verbreitete Tendenz beschrieben, seine eigene Zukunft im Vergleich zu den Mitmenschen als positiver einzuschätzen. Weinstein (1980), auf den dieser Begriff zurückgeht, hat unter anderem analysiert, warum Menschen im Allgemeinen glauben, dass ihnen negative Ereignisse mit geringerer Wahrscheinlichkeit widerfahren werden als anderen Personen. Gleiches gilt für positive Ereignisse, deren Auftretenswahrscheinlichkeit entsprechend hoch eingeschätzt wird. Alles in allem weisen diese hier nur ausschnitthaft dargestellten Beispiele auf einen „better than average-effect" (Alicke et al. 1995) hin.

In ihren Forschungen zur Entstehung und Entwicklung von Altersstereotypen haben Filipp und Mayer (1999) auf Phänomene hingewiesen, die sich in weiten Teilen mit diesem Sachverhalt in Einklang bringen lassen. Dazu gehört beispielsweise das Phänomen der Eigengruppenfavorisierung. Es beschreibt die generell beobachtbare Tendenz, die Gruppe, der man sich zugehörig fühlt (aus welchen Gründen auch immer), in einem positiveren Licht zu sehen als Fremdgruppen. Wenn ältere Menschen also mit bestimmten negativen Stereotypen konfrontiert werden, neigen diese eher dazu, die eigene Wahrnehmung in einem diesen Stereotypen widersprechenden Licht zu sehen. Ebenso zeigen sie die Tendenz, die Diskrepanz zwischen dem tatsächlichen und dem erlebten Alter zugunsten des erlebten Alters zu interpretieren. Während die Anderen in diesem Zusammenhang eher aus einer defizitären Perspektive wahrgenommen werden, steht für die eigene Wahrnehmung das Kompetenzmodell im Vordergrund (vgl. Mayer 2009, S. 117). Was Heckhausen und Brim (1997) als „false consensus-Effekt" beschrieben haben, läuft dem Dritte-Person-Effekt eher zuwider. Hier wird angenommen, dass die eigenen Probleme als die typischen Probleme der jeweiligen Altersgruppe eingestuft werden. Was also selbst als Defizit erlebt wird, wird auch Anderen als Problem unterstellt. Schließlich zeigen Längsschnittuntersuchungen, dass die persönliche Einstellung zum eigenen Alter und zum Altern einer self-fulfilling-prophecy gleichkommt. Eine positive Sicht des Alters geht mit einem zeitverzögerten Effekt einer allgemein positiveren Einschätzung des allgemeinen Altersbilds einer Gesellschaft einher, während eine negative Sicht des eigenen Alters beziehungsweise Alterns ebenfalls einen entsprechenden zeitverzögerten Effekt nach sich zieht (vgl. Rothermund/Brandtstädter 2003). Daher darf mit gutem Recht gefragt werden, wie stabil diese Attributionen sind, wie lange man sich also einem Konflikt zwischen Wirklichkeit und Illusion entziehen kann.

Die Altersforschung kommt zu der Übereinstimmung, dass ältere Menschen generell die Ansicht vertreten, jünger auszusehen, fitter und geistig frischer zu sein als ihre Altersgenossen. Wahr ist, dass dank gesteigerter Aktivität und Vitalität, dank Anti-Aging-Kosmetik und Schönheitschirurgie alte Menschen heute nicht nur jünger wirken, sondern auch jünger aussehen als in vergangenen Zeiten. Auch beim äußeren Erscheinungsbild geht es weniger darum, wie man aussehen möchte, sondern in erster Linie um das Entsprechen gesellschaftlicher Vorgaben und damit um das „Nicht-Abweichen" vom vorherrschenden Idealtyp. Das Ideal entspricht derzeit dem Erscheinungsbild eines jungen Menschen mit einem alterslosen Körper. Körperliche Zeichen für das Altern wie

Falten, Runzeln, Altersflecken, eine gebückte Haltung oder dünnes Haar, müssen demnach als physische Merkmale ausgewiesen werden, durch die eine Person von den Idealstandards einer Gesellschaft abweicht. Sie können demnach mit Goffman (1967 [zuerst 1963], S. 59) als „Stigmasymbole" charakterisiert werden, als Zeichen, die bestimmte negativ getönte Informationen vermitteln beziehungsweise verkörpern und eben so beschaffen sind, dass sie kontinuierlich wahrgenommen werden. Schönheit ist ein sozialer und individueller Zeitmesser.

4.

Das Altern wie auch der vom Alter gezeichnete Körper als Kontrast zum Jugendlichkeitsideal erscheinen wenig erstrebenswert. Folglich ist es mehr als konsequent, dem jugendlichen Ideal in allen Belangen nachkommen zu wollen. Ziehe akzentuiert hierbei explizit die disziplinarische Aufforderung zur „Daueraufmerksamkeit für sich und Dauerarbeit an sich selbst" (1991, S. 41). Denn die Körpermodifikation ist ein Zeichen von Selbstdisziplin, die bewundert werden kann. Die Verantwortung für den eigenen Körper liegt allein beim Träger, also beim Individuum selbst. Ein Aspekt, den auch Bourdieu herausstellt, wenn er vom Körper als Kapital spricht (vgl. 1982 [zuerst 1979], S. 329, 345; siehe auch z. B. Featherstone 1991; Schroeter 2009). Es geht um die Visualisierung des „richtigen" Körpers nach außen, die zumindest vorspiegeln soll, „daß der Mensch sich selbst, seine Seele, seinen Körper im Griff hat. Perfektion ist Pflicht." (Tschirge/Grüber-Hrcán 1999, S. 69).

Die Selbstüberwachung wird auf diese Weise zu Verantwortung und Verpflichtung, da durch kulturelle Einverleibung und Unterwerfung des Naturkörpers dem Körper selbst keine Schuld am Aussehen zugeschrieben werden kann, sondern nur seinem „Besitzer". Es wird damit quasi versucht, jegliche impulsiven, spontanen und schwer kontrollierbaren Ausdrucksweisen zu unterdrücken. Willems und Kautt sprechen auch von Selbstdarstellungs- und

Inszenierungszwängen, von dem Druck, „sich als ‚Mensch' interessant und gefällig zu machen, sich zu optimieren und sich zu distinguieren." (Willems/Kautt 1999, S. 357)

Durch die Zuschreibung der Eigenverantwortung wird demzufolge suggeriert, dass die Selbstbeobachtung durch den Spiegel gesellschaftlicher Erwartungen und Idealvorstellungen beeinflusst wird. Abweichungen mögen dann individuelle Schuldgefühle auslösen. Unattraktivität resultiert aus der Vernachlässigung von Pflichten. Voraussetzung für eine überzeugende Darstellung ist, dass die eigene Diszipliniertheit auf der Körperebene sichtbar ist. Die Visualität der Körper gibt somit den Anstoß für die kontinuierliche Selbst-Überwachung/-Überprüfung körperlicher Merkmale und Veränderungen.[26] Alte Menschen stehen damit kontinuierlich vor der Herausforderung, eine Balance zwischen der gesellschaftlichen Erwartungshaltung und der persönlich favorisierten, subjektiven Lebensführung wie Körperpräsentation zu erlangen (vgl. Featherstone/Hepworth 2009 [zuerst 1991], S. 93).

Eine gesellschaftliche Entwicklung hin zu einem erhöhten Wohlstand, zur Ausweitung der freien Zeit, einem verlängerten Leben und speziell die Zusammenlegung der Ruhestandsplanung mit dem positiven (auch aktiven) Altern bewirkt dabei eine Ausweitung der Konsumkultur und damit auch den Einfluss der Bedeutsamkeit der Konsumwelt auf das Selbst (vgl. Featherstone/Hepworth 1995, S. 33). Mehr Zeit und mehr Geld bedeuten gleichzeitig mehr Körper-Zeit und Körper- beziehungsweise Selbst-Darstellungsmöglichkeiten, die genutzt werden können und genutzt werden wollen. Eine besondere Stellung nehmen damit Medien und Werbung ein, denn die Angebotspalette der Konsumwelt rückt den Körper und seine Modellierung zusätzlich in ein kommerzielles und konsumistisches Interesse, indem sie entsprechende Produkte und Angebote für Körpergestaltung, -umbau und -reparatur bereitstellt. Für die Bekämpfung von Alterszeichen hat sich ein eigenständiger Markt an Anti-Aging-Produkten herausgebildet.

26 Siehe hierzu auch die Ausführungen in Kapitel 8.

Bestehende Idealvorstellungen können mittels der angepriesenen Produkte verstärkt werden und bei bereits vorhandenen Schemata und Stereotypisierungen eine Schlüsselfunktion einnehmen. Zusätzlich besteht hier auch die Möglichkeit, neue Pseudo-Ideale publik zu machen. Die präsentierten Körperbilder geben dabei immer vor, wie „richtige", „gute" Männer- und Frauenkörper aktuell in jeder Phase ihres Lebens auszusehen haben. Gleichzeitig werden Informationen und Interpretationen über (Körper-)Symbole verbreitet, welche als Basis zum Aufbau von Körperkapital genutzt werden können. Es werden Zugehörigkeits- und Ausgrenzungscodes vorgeführt, wie Körber und Schaffar (vgl. 2003, S. 85 f.) nach einer empirischen Untersuchung mit Fokus auf medienpädagogische Fragen feststellten. Jede Form von Unzulänglichkeit findet eine soziale Rahmung und individuelle Beschwerdeinstanz. Der „Körperboom" wird dabei nicht alleine gelassen, sondern findet einen Markt mit vielen Lösungen vor (vgl. Hehlmann u. a. 2018, S. 246).

Das vorrangige Ziel des Anti-Aging, das Alter des Körpers zu „maskieren", also zu leugnen, zu vertuschen (z. B. Altersflecken, graue Haare), zu glätten, zu liften, durchzustylen oder zu ergänzen (z. B. Zähne, Haare) und vor allem jung und damit weiterhin schön auszusehen, misst dem faltenlosen Gesicht kontinuierlich mehr Wert bei als dem erworbenen Wissen, der Erfahrung und dem Alter mit seinen spezifischen Merkmalen. Es wird dadurch ein negatives Altersstereotyp verstärkt, was kontinuierlich bewirkt, dass der alternde Körper weiter gefürchtet und stigmatisiert wird (vgl. auch Schweda/Schicktanz 2021, S. 253 ff.). Die Inszenierung des eigenen Körpers muss immer als Gratwanderung angesehen werden. Das Sich-Schmücken, -Schminken, -Kleiden kann auf der einen Seite einen großen Spaß bedeuten und Freude machen. Demnach hat auch das Anschauen dekorierter und gestalteter Körper seinen Reiz. Auf der anderen Seite gibt es eine Schwelle, an der diese Inszenierung von der Lust zur Last wird und dann als Druck, Belastung und Zwang empfunden wird. Ab diesem Zeitpunkt kann das Streben nach (altersloser) Schönheit krank machen. In diesem Zusammenhang wird das Dorian-Gray-Syndrom diskutiert (vgl. bspw. Euler u. a. 2003; [⌛]).

Das Bildnis des Dorian Gray

„Ja, es würde einmal ein Tag kommen, an dem sein Gesicht verrunzelt und verwittert, seine Augen trübe und farblos, die Anmut seiner Gestalt gebrochen und entstellt wären. Das Scharlachrot würde aus seinen Lippen weichen und das Gold aus seinem Haar schwinden. Das Leben, das seine Seele formen sollte, würde seinen Körper verderben. Er würde abscheulich, widerwärtig und häßlich werden. […]

‚Wie traurig es ist!', murmelte Dorian Gray, der noch immer auf sein Porträt starrte. ‚Wie traurig es ist! Ich werde alt und häßlich und widerwärtig werden. Aber dieses Bild bleibt immer jung. Es wird niemals älter werden, als es an diesem bestimmten Tag im Juni ist … Wenn es doch nur umgekehrt wäre! Wenn ich stets jung bleiben könnte, und das Bild müßte altern! Dafür – dafür – würde ich alles hingeben! Ja, es gibt nichts in der Welt, was ich dafür nicht hingeben würde! Dafür würde ich sogar meine Seele hingeben!'"

Quelle: Wilde 2010 [zuerst 1891], S. 35.

Die vorliegenden Studien zur Darstellung älterer Menschen in den Medien und speziell in der Werbung zeigen zwar insgesamt kein einhelliges Bild, aber die deutliche Herausstellung eines positiven und gesunden Lebens als Ideal (vgl. Jäckel 2009; Hoppe u. a. 2016). Eine zunehmende Orientierung an Juvenilität als kulturellem Vorbild ist ohne Zweifel in den letzten Jahrzehnten zu beobachten. Bereits 1994 stellte die Frankfurter Allgemeine Zeitung fest, dass das Leitbild des aktiven Alten misstrauisch gegenüber Pensionären mache, die einfach nur Pensionär sein wollen. Juvenilität werde vermehrt gleichgesetzt mit einer „Ethik der Geschäftigkeit" (Geyer 1994, S. N5). Daraus folgt, dass verschiedene Lebensalter nicht mehr aus sich selbst heraus definiert werden, sondern als unterschiedliche Grade des Jung-Seins gelten. Die Annäherung an diesen Wandel fand in der Werbeindustrie eher zögerlich statt. Nur langsam löste sie sich von den Konventionen, vor allem von der Orientierung an der Zielgruppe der 14- bis 49-Jährigen (vgl. hierzu Gaßner 2006, S. 16). Bereits 1997 stellte beispielsweise der damalige Präsident des Gesamtverbandes Werbeagenturen, Lothar S. Leonhard, in einem Interview fest: „In unseren Planungsüberlegungen gibt es den

Terminus ‚Alte' nicht, es sei denn, es geht um spezifisch geriatrische Produkte der Pharmaindustrie oder um Finanzdienstleistungen. Bei Gebrauchsgütern reden wir von älteren Jahrgängen ab Fünfzig. Das ist nicht diskriminierend gemeint, sondern soll lediglich helfen, die Zielgruppen einzugrenzen. Ganz wichtig: Die so definierten älteren Menschen wollen um Himmels willen nicht als solche angesprochen werden. Gerade die Älteren, die noch aktiv sind, wollen als normal, auch als jugendlich angesprochen werden; genauso wie die Dreißigjährigen oder die Vierzigjährigen. Man bricht ja nicht, wenn man fünfzig geworden ist, total mit seinem Lebensstil. Dank besserer Gesundheit und größerer Vermögen sind viele ältere Menschen heute in der Lage, diesen Lebensabschnitt sehr vital zu gestalten." (Freitag 1997, S. 44)

Von einem schleichenden Wandel kann man in diesem Zusammenhang eher nicht sprechen. Die Zielgruppe der über 50-Jährigen wird heute adressiert (Bily 2019). Eine anschauliche Vorstellung vermittelt dabei die Metapher des Ergrauens. So wie man graue Haare nicht auf einen Schlag, sondern nach und nach bekommt, wandeln sich auch Altersbilder und sprachliche Inszenierungen von Alter und Altern in Werbeanzeigen. In einer ausführlichen Analyse hat dies Susanne Femers analysiert und die Kreativität in der Werbung insbesondere in Gestalt einer „Benennungseuphorie" (2007, S. 22) identifiziert. Zur Euphorie gehört aber auch die mittlerweile erkennbare Stabilität: Den Begriff „Master Consumer" findet man heute seltener, „Silver Surfer" ist spezifischer und auf die Onlinenutzung bezogen, „Best Ager" ist der umfassendere Begriff. Der zahlenmäßige Anstieg der über 50-Jährigen in Deutschland ist eben keine Illusion, sondern eine empirische Tatsache, die sich auch daran ablesen lässt, dass Deutschland in allen Statistiken weit vorne liegt, wenn es um den Altersmedian geht.[27]

27 Eurostat (2023): Population Structure Indicators at National Level. [https://ec.europa.eu/eurostat]. Der Altersmedian teilt eine Population in zwei gleichgroße Hälften. Unterhalb und oberhalb des Wertes finden sich jeweils 50 % der betrachteten Bevölkerung.

Die Eigengesetzlichkeiten der Werbung sorgen dafür, dass Werbung eben nicht ein Spiegelbild der Gesellschaft ist, sondern sich langsam von bewährten Strategien verabschiedet, Neues testet und damit einen Beitrag dazu leistet, die Maßstäbe bezüglich des Alters und des Alterns zu verändern. Werbung bleibt durch selektive Wahrnehmung gekennzeichnet und sie gibt gesellschaftliche Entwicklungen in der ihr eigenen Sprache und Symbolik wieder. Das Sinnbild der Juvenilität erfasst also eine längere Phase des Lebenszyklus und sorgt dabei gleichzeitig für ein Älterwerden von Jugendlichkeit. In dem bereits zitierten Essay von Claudius Seidl heißt es dazu treffend: „Wer vor 20 Jahren 20 war, formte das Bild seiner Zukunft nach dem Modell der 40-Jährigen, die er damals kannte, und wundert sich heute, dass er noch immer nicht so alt geworden ist. Wer in 20 Jahren 60 sein wird, orientiert sich am Modell der 60-Jährigen, die er jetzt kennt. Ob er dann tatsächlich so alt sein wird, das wissen wir in 20 Jahren. Fast alles spricht dagegen." (Seidl 2005, S. 8)

Die Zeitwahrnehmung im Lebenszyklus ist somit nicht frei von sozial erzeugten Erwartungen und Ansprüchen. Mehr Zeit für Glück, so Hans Braun, kann nachdenklich machen und dem Einzelnen eine diffuse Reflexionslast aufbürden, die im historischen Rückblick für die Mehrzahl der Menschen keine Relevanz besaß (vgl. Braun 2004, S. 10f.). Der Wunsch, Zukunft beherrschbar zu machen und eine Vielzahl von Interessen realisieren zu können, ist Ausdruck einer tiefen Besorgnis, die Selbstkontrolle im Sinne einer eigenständigen Lebensführung bewahren zu können. Die „geschenkten Jahre" (Hank 2011) werden eben nicht, wie es das Sprichwort „Einem geschenkten Gaul schaut man nicht ins Maul" nahelegt, als etwas akzeptiert, das nun einmal da ist. Eher führt diese Veränderung zu einem gesteigerten Bedürfnis nach Berechenbarkeit des Körpers (vgl. hierzu auch Hahn 2010, S. 133f.). Teil dieser Steigerungslogik ist daher auch ein intensiveres Erleben von Krankheit in der Moderne, weil das Gefühl des Selbstverschuldens und das Gefühl des Zeitverlusts steigen (vgl. hierzu Hoffmann 2011, S. 128). Für den persönlichen Zeithorizont sind Schlüsselereignisse dieser Art entscheidend, die auch durch sozialpsychologische Strategien, wie sie soeben beschrieben wurden, nicht aus der Welt geschafft werden können. Gerade hier werden die Grenzen der Selbsttäuschung evident. Ebenso schmerzt die Erfahrung, die Kontrolle über die Kontrolle zu verlieren. Philip Roth schrieb in seinem Roman „Exit Ghost“: „Als wäre der ständig drohende Schatten der Demütigung nicht in Wirklichkeit das, was einen mit allen anderen verbindet.“ (2009, S. 28) Da helfen also auch die durststillenden Pillen nicht, die der Händler Saint-Exupérys verkaufte: „ ‚Warum verkaufst du das?‘, sagte der kleine Prinz. ‚Das ist eine große Zeitersparnis‘, sagte der Händler. ‚Die Sachverständigen haben Berechnungen angestellt. Man erspart dreiundfünfzig Minuten in der Woche‘ ‚Und was macht man mit diesen dreiundfünfzig Minuten?‘ ‚Man macht damit, was man will …‘ ‚Wenn ich dreiundfünfzig Minuten übrig hätte‘, sagte der kleine Prinz, ‚würde ich ganz gemächlich zu einem Brunnen laufen …‘.“ (Saint-Exupéry 1956, S. 74)

Leseempfehlungen

Backes, Gertrud M.; Clemens, Wolfgang (2013): Lebensphase Alter. Eine Einführung in die sozialwissenschaftliche Alternsforschung. 4., überarbeitete und erweiterte Auflage. Weinheim, München.

Hank, Karsten u. a. (Hrsg.) (2023): Alternsforschung. Handbuch für Wissenschaft und Studium. 2., aktualisierte und erweiterte Auflage. Baden-Baden.

Revers, Wilhelm Josef (1949): Die Psychologie der Langeweile. Meisenheim am Glan.

Kapitel 6
„Lange nachdenken schadet nur“ – Über Entscheidungen und Aktivitäten

1.

In der Kürze mag manchmal die Würze liegen. Seit gut einem Jahrzehnt stehen drei Buchstaben für zahlreiche digitale Helfer im Alltag: App. Kaum jemand spricht noch von Applikationen. Auf mobilen Endgeräten sorgen sie für Spaß, Entscheidungshilfe, Zeitkontrolle in unterschiedlichsten Lebenslagen. Sie sind ein Navigationssystem durch die „Multioptionsgesellschaft“ (Gross 1994).

Entscheidungen zu treffen gehört zum Leben. Wenn es wenig zu wählen gibt, fallen Aufgaben dieser Art leichter. Denn „das Gute vom Schlechten zu unterscheiden ist viel einfacher, als das Gute vom Besten zu differenzieren.“ (Schwartz 2004, S. 160) In der Vergangenheit sei Optionsvielfalt der Ausnahmefall gewesen. Daher habe der Mensch das Wählen nicht wirklich gelernt. Evolutionäre Interpretationen wollen untermauern, dass Kinder in jungen Jahren bereits darunter leiden, das eine zu haben und gleichzeitig auf das andere zu verzichten. Während Babys einfach annehmen oder ablehnen und auch Kleinkinder mit Ja oder Nein antworten, werden Fünfjährigen Angebote gemacht, zum Beispiel verschiedene Getränke oder Aktivitäten. Barry Schwartz referiert Befunde aus entsprechenden Untersuchungen und verdeutlicht den Wandel mit den Erfahrungen einer Mutter: „Ich habe bemerkt, dass mein Sohn manchmal Schwierigkeiten hat, wenn er eine Wahl treffen soll, durch die die eine oder andere Sache ausgeschlossen wird. Ich habe das Gefühl, dass das mit einem Verlustgefühl zu tun hat. Dass eine Sache einer anderen vorzuziehen bedeutet, dass eine Sache verloren ist." (Schwartz 2004, S. 160) In Eugen Roths „Mensch und Zeit" heißt es noch: „Die Zeit, der Reichtum junger Jahre, wird ausgesprochne Mangelware – [...]." (Roth 1980, S. 12)

Gegen diese evolutionäre Argumentation spricht gleichwohl eine konsum- und wirtschaftssoziologische Perspektive, die an die Stelle vom einfachen Leben und einfachen Entscheidungen die Attraktivität des Komforts setzt. „Nein, ich gehöre nicht zu den Leuten, die lieber im 18. Jahrhundert gelebt hätten. Wenn man mich plötzlich dahin beförderte, würde mir zwar einiges bestimmt besser gefallen – die Architektur, das Mobiliar, die Literatur, Malerei und Musik [...] –, aber vieles würde mir doch fehlen: Wasserklos, Badewannen, Kopfschmerztabletten [...], Zentralheizung.", schrieb Sebastian Haffner 1985 (S. 312) und unterstrich damit nebenbei, dass es sich lohnt, zwischen Bedürfnissen und Ansprüchen zu unterscheiden. Die allgemeine Mehrung des Wohlstands befördert zugleich ein individuelles Aufstiegsstreben, das von immer neuen Öffnungsimpulsen (vgl. Habermas 1998, S. 126) begleitet wird. Diese gehen „von neuen Märkten, Kommunikationsmitteln, Verkehrswegen und kulturellen Vernetzungen aus [...]." (ebenda, S. 126)

Die Vielfalt der Wahlmöglichkeiten öffnet dabei den Menschen die Augen und die Märkte selbst sorgen durch eine gesteigerte Informationskonkurrenz zusätzlich für den Eindruck einer Vielfalt von Wahlmöglichkeiten. Der Einzelne kann sich also immer weniger darauf verlassen, dass andere für ihn Entscheidungen treffen, Selbstverpflichtungen nehmen zu und „das Risiko, Fehler zu machen. Aber es sind dann wenigstens die eigenen Fehler, aus denen sie etwas lernen können." (ebenda, S. 126 f.) Der Weg in diese Moderne wird zunächst vor allem durch eine Emanzipation aus den Schranken der Natur begleitet (vgl. Sombart 1960, S. 99). In zeitlicher und qualitativer Hinsicht entwickelten sich Freiräume, die für eine Steigerung der Lebensqualität eingesetzt werden konnten. Solange es ums Überleben ging, war für Selbstverwirklichungsansprüche wenig

Platz. In Bezug auf die Ernährung, die später noch eine größere Rolle spielen wird, hat Mennell hierzu zwei markante Aussagen formuliert: „Wenn die Nahrung knapp ist, wird der Mensch weniger wählerisch. […] Wenn die Leute genug zu essen haben, wird der ‚Geschmack' wichtig." (1988, S. 40) Aber trotz der vielfachen Betonung der auf dem Einzelnen lastenden Reflexionslast bleiben nicht nur Grenzen des Geschmacks, sondern auch Grenzen des Wählens. Zumindest sollte angesichts einer starken Betonung des Einzelnen der Hinweis auf das soziale Umfeld nicht fehlen, das in unterschiedlichem Ausmaß Anteil an Entscheidungsfindungen nehmen kann. Würde man alles dem voluntaristischen Belieben der Akteure überlassen, dann wären Effekte der Sozialisation, Effekte der sozialen Herkunft, Effekte der Gleichaltrigengruppe und so weiter ohne Bedeutung. Die Kontrollfähigkeit ist eine beliebte Selbstzuschreibung. Stets glaubt man, den subjektiv gemeinten Sinn einer Entscheidung zu kennen. Aber die Dinge, mit denen man sich umgibt, scheinen eine Ordnung zu enthalten, deren Ursache nicht immer, aber durchaus auch in ähnlichen Erfahrungswelten zu suchen ist. Das Handeln hat mehr Sinn als man denkt (vgl. Bourdieu 1987, S. 127).[28]

Aber bevor der Mensch etwas tut, trifft er mehr oder weniger bewusst solche Entscheidungen. Wer fahrlässig handelt, wird im Nachhinein beschuldigt, unüberlegt vorgegangen zu sein. Denken wurde daher auch als „Probehandeln" bezeichnet (vgl bspw. Freud 1943, S. 233). Der Homo oeconomicus, der den Wirtschafts- und Sozialwissenschaften als idealtypische Figur eines Entscheidungsfinders dient, erkennt somit, dass jede Entscheidungsfindung mit Kosten verbunden ist, dabei sind die Kosten einer Handlung „die Kosten der besten Alternative, auf die wir verzichten mussten, wenn wir die Wahl hatten." (McKenzie/Tullock 1984, S. 31) Je differenzierter die Märkte werden, desto intensiver wird das Bemühen um Markttransparenz erlebt. Eine von Leitbildern dominierte Sicht auf den Verbraucher vermittelt in Gestalt der sogenannten Konsumentensouveränität ein Bild von Akteuren, die im wahrsten Sinne des Wortes an ihrem Anspruch, keine Fehler

28 Siehe hierzu auch die Ausführungen in Kapitel 2.

begehen zu wollen, intensiv arbeiten. Das Informationsaxiom steht für vollständige Informiertheit, das Rationalitätsaxiom für Nutzenmaximierung (vgl. Kuhlmann 1990, S. 30). Diesem „Göttlichkeitsmodell" (Simon 1993, S. 29) wird daher in der Regel mit einem Verhaltensmodell begrenzter Rationalität begegnet, indem auch aus Zeitgründen Kompromissregeln für das Finden einer aus subjektiver Sicht guten Wahl praktiziert werden. Im Bemühen, dieses Ziel zu erreichen, trifft man selten auf neutrale Mitspieler, angefangen bei den Informationen, die Anbieter über ihre Produkte bereitstellen, bis hin zu Formen der Vermarktung, denen man zunächst mit einem Manipulationsverdacht gegenübertritt. Der unerfahrene Konsument wird mehr Lehrgeld bezahlen müssen als der erfahrene, wer sich auf bewährte Heuristiken verlassen kann, spart in jedem Falle Zeit, vielleicht auch Geld. Intuition und Verstand, so die Empfehlungen von Gigerenzer, sollten sich in einer guten Balance befinden, denn in Experimenten hätte sich gezeigt, „dass weniger Zeit und weniger Information zu besseren Entscheidungen führen können." (2007, S. 46)[29]

Jedenfalls sorgt eine Vermehrung des Angebots für einen signifikanten Anstieg der Informationskonkurrenz, der wiederum die Unsicherheit auf Seiten des Verbrauchers nicht reduziert. Im Gegenteil: Während er in der Vergangenheit verschiedene informelle Kommunikationsanlässe dazu nutzte, sich auch über Produkte und deren Qualitäten auszutauschen, eröffnen neue Informations- und Kommunikationstechnologien Formen der Beteiligung, die entweder von Verbrauchern selbst oder durch Anbieter initiiert worden sind. Damit ist eine Dynamik der Kommunikation über Produkte und Dienstleistungen in Gang gesetzt worden, die es in dieser Form in der Vergangenheit nicht gab. Es nehmen Felder zu, in denen diskutiert und beratschlagt, gezeigt und empfohlen, gestritten und unterhalten wird. Dies bedeutet keineswegs, dass sich alle in gleicher Weise daran beteiligen. Aber selbst dem nicht aktiv Beteiligten fällt es auf Dauer schwer, die Zunahme von solchen Informationen als

29 Das Zitat aus der Kapitelüberschrift stammt aus einem Interview mit der Zeitschrift Für Sie, 8/2008, S. 64–65.

etwas Belangloses einzustufen, vor allem, wenn ihm tatsächlich einmal guter Rat teuer ist. Die schweigende Mehrheit liest, hört und sieht vieles, geht aber nicht mit akademischen Ansprüchen an die Bewertung dieser Empfehlungen heran. Obwohl so viel in die „Erziehung" des souveränen Konsumenten investiert wird, wachsen parallel Märkte, die einen wachsenden Beratungsbedarf bedienen. Paradoxerweise steigt also mit dem Zuwachs an vermeintlichem Wissen zugleich auch die Verunsicherung. Je größer die Zahl an medizinischen Studien, je breiter das Regal der Ernährungsratgeber, je umfangreicher die Testberichte über die Qualität von Automobilen und so weiter, desto größer die Gefahr, mit Widersprüchlichkeiten konfrontiert zu werden. Um bei derart gestiegener Komplexität überhaupt noch Entscheidungen treffen zu können, wird verstärkt nach einfachen Lösungen gesucht, beispielsweise in Form von Zertifikaten oder Siegeln, die komplexe Sacherhalte wieder auf die Ebene einfacher Empfehlungen bringen sollen. Der Verbraucher lehnt die Tyrannei der kleinen Entscheidungen ab[30] und hofft auf „Rezeptwissen" im Sinne des Soziologen Alfred Schütz, der damit typische Lösungen für typische Situationen meinte (vgl. Schütz 1972 [zuerst 1946]). Dennoch wird Skeptizismus zu einer Tugend und gelegentlich auch zu einer Rechtfertigung der eigenen Daumenregeln.

2.

Zu Recht darf man nach diesem kurzen Überblick zu entscheidungstheoretischen Kontroversen die Frage stellen, ob es unter diesen Bedingungen denn überhaupt jemand geben kann, der Spaß am Einkaufen hat. Einkaufen ist heute ein Synonym für Alltagsroutinen geworden, Opaschowski hat den Begriff „Versorgungskauf" (2006,

30 Fred Hirsch hat in seinem Buch „Die sozialen Grenzen des Wachstums" ebenfalls von der „Tyrannei kleiner Entscheidungen" (1980, S. 58) gesprochen, meinte damit aber die unbeabsichtigten Konsequenzen von Einzelentscheidungen (siehe ausführlich dort S. 58 ff.).

S. 194) vorgeschlagen. Essen, Trinken, Hygiene, Kleidung – die Liste der Dinge, die mal alltäglich, mal weniger alltäglich wahrgenommen werden, ist mittlerweile lang geworden. Erlebniskauf gilt als Gegenpol auf einer Skala, die im Hinblick auf Konsumfreude viele Abstufungen zulässt. Wer unter Zeitdruck einkaufen muss, nimmt jede Ablenkung vom Einkaufszettel eher als Störung wahr, wer dagegen mit keinem konkreten Kaufanlass die Innenstädte durchläuft, mag eher bereit sein, sich hier und da auf Überraschungen einzulassen. Im Rahmen von Verbraucheranalysen taucht dieser Stimulus immer wieder auf, beispielsweise im Jahr 2011 in der Studie „Typologie der Wünsche". Eine Aussage lautete: „Zu einem Einkaufstag gehört für mich auch, Spaß zu haben und etwas zu erleben." Die Zustimmung zu diesem Item wurde auf einer sechsstufigen Skala gemessen, die ein annähernd normalverteiltes Ergebnis ergab. Vom niedrigsten Skalenpunkt bis zum höchsten Skalenpunkt verteilen sich die Prozentwerte wie folgt: 9,5 Prozent, 13,4 Prozent, 21,4 Prozent, 28,5 Prozent, 17,4 Prozent, 9,7 Prozent. Eine Differenzierung des Ergebnisses nach dem Geschlecht der Befragten zeigte hinsichtlich der Extremausprägungen dieser Skala ein eindeutiges Ergebnis: Männer wählten überdurchschnittlich (11,4 Prozent) den Skalenpunkt „trifft überhaupt nicht zu", während Frauen überdurchschnittlich den Skalenpunkt „trifft voll und ganz zu" mit 11,9 Prozent wählten. Ebenso fand in der VerbraucherAnalyse (VA) die Aussage „Ich kaufe häufig Dinge, die eigentlich nicht notwendig sind, nur um mir eine Freude zu machen" unter den weiblichen Befragten eine größere Zustimmung. In diesem Falle wurde mit einer vierstufigen Skala gearbeitet, die von „stimme voll und ganz zu" bis „stimme überhaupt nicht zu" reichte. Fasst man die beiden positiven Kategorien zusammen, ergibt sich für Frauen ein Wert von 40,8 Prozent, für Männer von 33,4 Prozent.[31] Dieses Ergebnis ist, gemessen an der Differenz, weniger deutlich als manche vermuten würden. Zumindest wirken vor dem Hintergrund dieser Befunde Aussagen wie „Men Buy, Women Shop" als deutliche Verkürzungen des tatsächlichen Kaufverhaltens. US-amerikanische Befunde bestätigen

31 Eigene Auszählungen auf der Basis der VA.

beispielsweise die längere Verweildauer von Frauen in Geschäften, weil sie dem Flanieren mehr abgewinnen können als Männer, die eher gezielt einen Laden betreten möchten, um ihn auch möglichst schnell wieder zu verlassen. Forscher der Wharton School der University of Pennsylvania zitierten eine Expertin mit den Worten: „It goes back to gatherers versus hunters. Women are gatherers. Men are hunters. Women walk into a store and scan. Men look for a specific aisle." (N.N. 2007, S. 3) Erneut wird also die Evolution bemüht, um vermeintlich augenfällige Präferenzen erklären zu können. Angesichts der veränderten Erwerbsbeteiligung von Frauen und des gestiegenen Qualifikationsniveaus wirken solche Beobachtungen wie zeitlos gültige Wesensunterschiede. Bei näherer Betrachtung wird sich auch hier erweisen, dass für Männer die hohe Wertschätzung des Berufs mit einer geringeren Wertschätzung des Einkaufens und Konsumierens einhergeht, während für Frauen, die beruflich erfolgreich sind, diese negative Korrelation eher nicht gilt. Sie sind offensichtlich auch hier eher in der Lage, beide Dinge miteinander zu kombinieren und würden hier wohl auch seltener von einer Doppelbelastung sprechen. Spaß entspricht aber alles in allem eher einer Situationsvariable, weniger einer Grundeinstellung. Der Wunsch nach effizientem Einkaufen, von dem beispielsweise eine Nielsen-Studie berichtet, schließt zudem das dabei auftretende Gefühl von Freude nicht aus. Beim Lebensmitteleinkauf will man natürlich nicht unnötig Zeit verbringen oder vergeuden. 52 % macht das auch durchaus Spaß.[32]

Der historische Rückblick zeigt, dass der Spaß-Faktor zunächst nicht im Fokus stand. Die Entstehung der Rolle der Konsumentin im Zuge des Aufkommens der modernen Konsumgesellschaft fokussiert nicht Kompetenz und Wissen, sondern Verführbarkeit und Schwäche als typische Kriterien des weiblichen Konsums. Diese Pathologisierung wird insbesondere in der Kaufhaus-Literatur deutlich, die Frauen als Opfer dieser verführerischen und käuflichen

---

32 Nielsen (2019): „Die Deutschen setzen auf effizientes Einkaufen – Nielsen App zeigt die Trends zu Verbrauchern, Handel und Werbung. [https://www.nielsen.com].

Orte darstellte (vgl. Schößler 2005). In den 1950er Jahren erkannte dagegen die amerikanische Werbeindustrie die Macht von „Mrs. Middle Majority“, die für Erfolg oder Misserfolg von Werbekampagnen eine große Rolle spielte (vgl. Packard 1958). Spätestens zu diesem Zeitpunkt musste man erkennen, dass die Macht des Verbrauchers vor allem weiblich ist. Das gilt vor allem für die Güter des täglichen Bedarfs, aber auch bei Entscheidungen, die langlebige Güter betreffen, ist die klassische Differenzierung nach instrumentellem (Männer) und expressivem (Frauen) Verhalten in Abhängigkeit von den Entscheidungsobjekten (z. B. Welche Automarke?) und nachgelagerten Subentscheidungen (z. B. Welche Farbe?) zu differenzieren (vgl. hierzu auch die Zusammenfassung bei Jäckel 2011, S. 375 ff.).

Dass Einkaufen und Konsumieren zu einem Zeitfaktor geworden sind, zeigt am deutlichsten die Ausweitung von Ladenöffnungszeiten. Gelegenheit, so könnte man die Entwicklungen der letzten Jahre zusammenfassen, macht hier Laune. Die Verfügbarkeit von Gütern und Dienstleitungen für Konsumenten ist zu einem signifikanten Merkmal des Stadtmarketing geworden. Auch im Umfeld religiöser Feste werden diese Schwerpunktsetzungen als ein weiterer Indikator für moderne Zeitkulturen gesehen, in denen selbst Feiertage ihrer ursprünglichen Zwecksetzung beraubt werden, zum Beispiel Car-Freitag statt Karfreitag. Beteiligte und Unbeteiligte bestärken sich zugleich gegenseitig in der Vermutung, dass immer mehr konsumiert wird und immer mehr Zeit in oder im Umfeld von Konsumorten verbracht wird. Die Gesellschaft täuscht sich quasi über sich selbst, weil ihr die Maßstäbe für die Beurteilung von „mehr“ oder „weniger“ fehlen. Was sie beobachtet, ist die ständige Präsenz von Einkaufs- oder einkaufsähnlichen Aktivitäten im Alltag. Was als Beitrag zum flexibleren Einbringen der Nachfrage gedacht war, entpuppt sich als ubiquitäres Phänomen, dessen Strukturen sich über frühere Traditionsbestände legen. Damit nicht genug: Man kann nicht nur zu anderen Zeiten einkaufen, sondern auch über andere Vertriebswege die Produkte erhalten. Wem diese Flexibilität noch nicht genug ist, kann seine Bestellungen elektronisch einreichen und von einem Lieferservice bringen lassen, oder sich in der weiten

Welt des Online-Shopping orientieren. Je stärker die Kaufkraft ist, desto häufiger ist man auch in der Lage, das Einkaufen generell zu delegieren oder zu Zeiträumen zu arrangieren, die zuvor vereinbart sind und auch außerhalb der üblichen Rahmenbedingungen (bspw. Ladenöffnungszeiten) stattfinden. Wer schließlich in den Regalen und Schaufenstern nicht das findet, was er eigentlich sucht, nutzt sogenannte Mass Customization-Plattformen, um seine individuellen Wünsche dem Hersteller mitzuteilen. Aus dieser Entwicklung sind mittlerweile Geschäftsmodelle hervorgegangen, die es den Verbrauchern ermöglichen, aktiv an der Gestaltung neuer Produkte oder Dienstleistungen teilzuhaben. Unter dem Stichwort Open Innovation oder Crowdsourcing werden Beteiligungsformen von Interessenten und/oder Konsumenten beschrieben, die ihre Ideen in den Gestaltungsprozess von Innovationen einbringen können. Die Idee des arbeitenden Kunden (vgl. Voß/Rieder 2005 und Voß 2020, S. 27 ff.) beschreibt einen Vorgang, der den Zusammenhang von Arbeitsteilung und Zeitempfinden zumindest partiell auf den Kopf zu stellen scheint: Man bringt sich in die Arbeitsprozesse anderer ein, die im Ergebnis einen Vorteil in der Zukunft bringen können. Die Trennung zwischen Produzent und Konsument weicht der Idee des Prosumenten, der Gefallen an der Gestaltung von Produkten findet, die nicht nur für ihn bestimmt sind (vgl. zu diesem Begriff auch Toffler 1980). Bevor man etwas ausprobiert oder testet, soll schon Einfluss auf den Komponentenkatalog genommen werden. Wenn die Produkte dann tatsächlich gekauft wurden, begnügen sich Konsumenten nicht damit, ihre Erfahrungen individuell zu verarbeiten, sondern beteiligen sich wiederum an einem Austausch über die Vor- und Nachteile dessen, was man in Anspruch genommen hat. Dieser Austausch kennt heute keine Grenzen mehr: Scoring, Ranking, Liking. Die Einschätzung aus dem Jahr 2008, wonach die Verbraucher zu einem „Volk von Testern" (Drösser 2008) geworden seien, trifft zu. War Produktbeurteilung in der Vergangenheit in erster Linie professionellen Organisationen vorbehalten, finden heute auf Bewertungsplattformen und in entsprechenden Foren das Für und Wider Kommentierung. Was anfänglich Reaktion auf einen gestiegenen Informationsbedarf gewesen sein mag, steigert sich schnell zu einem wachsenden Informationsangebot, da sich, einer Kettenreaktion ähnlich, ständig neue Inhalte hinzufügen. Wer einen neuen Diskussionsfaden in einem Forum eröffnet, eine Urlaubsreise kommentiert, einen Diätplan kritisiert oder lautstark Mängel an einem Produkt artikuliert, sorgt damit nicht notwendigerweise nur für Aufklärung, sondern zunächst einmal für eine Intensivierung des Austauschs konträrer Positionen. Der Verbraucher fühlt sich zum einen in die Lage versetzt, den Dingen einen eigenen Stempel aufzudrücken. Er sieht sich in seiner Marktmacht bestätigt, steigert aber auch die Kommunikation, die für Verwirrung sorgen kann. Die Trendforschung beschrieb diesen Prozess wie folgt: „Die Macht wandert von den Produzenten zu den Konsumenten, und von den Institutionen zu den Individuen, vom Zentrum der Macht zu den Netzwerken." (zit. nach Sander 2005, S. 28) Das Gefühl, mehr Einfluss nehmen zu können, wird zum anderen überlagert durch den Eindruck, dass die Zunahme der Teilhabe an diesen Diskussionen die Urteilsfindung nicht wirklich leichter macht. In Anlehnung an Sander kann man daher sagen, dass die Konsumenten zugleich mächtiger und verwirrter werden (vgl. Sander 2005, S. 28). Darin spiegelt sich zugleich eine Erkenntnis wider, die Richard Münch wie folgt zusammengefasst hat: „Die Menschen, die in der Moderne leben, werden sich niemals von der Entsorgung ihrer paradoxen Folgen befreien können." (Münch 1995, S. 34) Da sich die beschriebene Steigerungslogik durch ein Mehr an Beteiligung nicht wirklich lösen lässt, führen solche Formen der Partizipation auf Dauer eher zu Enttäuschungen und nicht zu einer Steigerung der persönlichen Zufriedenheit. Ein besonders sensibler Bereich ist die Ernährung, weil es hier in der Regel um mehr als die Beseitigung eines Mangelzustands geht. Welche Bedeutung der Zeit in diesem Bereich zukommt, soll im Folgenden etwas näher beschrieben werden.

3.

Hamsterkäufe sind ein Symptom von Zukunftsangst. Die Sorge um eine Verknappung lebensnotwendiger Güter führt zu Überreaktionen der Konsumenten. Sie stehen zugleich für eine egoistische Schutzfunktion. Der Anlass für solche Konsumausschläge führt vor Augen, dass Lebensmittel marktabhängig sind. Zunächst in größeren Städten wurde mit Urban Gardening ([⧗]) ein Signal zur Rückbesinnung auf die Selbstversorgung gesetzt. Die New York Times unterhält eine eigene Rubrik „Urban Agriculture". Aber die Industrialisierung der Ernährungsversorgung hat nun einmal zu signifikanten Veränderungen in den letzten beiden Jahrhunderten geführt. In der und für die Landwirtschaft leben heute nur noch wenige; wie abhängig man von der Ernährungsproduktion durch andere ist, wird vor allem in Krisen deutlich, weil der lange Prozess, der die Welt zu einer Art eigenem Gemüsegarten gemacht hat, im Alltag kaum Spuren hinterlässt. Früher, so ein Wirtschaftshistoriker, „gab es ein Brot für jeden Geschmack. Heute gibt es für jeden Geschmack ein Brot." (Voth 2010, S. 44)

„Es grünt so grün"

„Die Gewinner urbaner Krisen sind Pflanzen. Gräser, die sich wuchernd über einmal bebaute und jetzt brachliegende Flächen ausbreiten; Bäume, deren Wurzeln Asphalt wölben und deren Kronen Dächer von Ruinen durchstoßen; oder Tomaten, Gurken und Weizenfelder, von Menschen kultiviert, in urbanen Gärten, dort, wo früher einmal Stadt war. […] Über 60.000 Grundstücke sind in Downtown Detroit unbebaut, Brände und Abbruch rissen Lücken in Siedlungen und Häuserreihen. Initiativen wie The Greening of Detroit nutzen seit Jahren den frei gewordenen Raum, um Parks und Gärten anzulegen, die Detroits Innenstadt aus der Satellitenperspektive grün schimmern lassen."

Quelle: Sarreiter 2009, S. 12.

Die Soziologie der Ernährung hat sich daher insbesondere auch mit der Frage beschäftigt, wie sich eine Gesellschaft, die von der Selbstversorgung weitgehend entwöhnt ist, mit Lebensmitteln eben versorgt und in einem weiteren Sinne den Tisch deckt. Das Essen ist nun mal eine physiologische Notwendigkeit, die man nicht an andere delegieren kann.

Diese Zeit muss man aufbringen, aber die folgenden Beispiele werden zeigen, dass auch in dieser Hinsicht quantitative und qualitative Unterschiede zu beobachten sind. Die rechnerische Zeitersparnis, die sich durch die Umstellung von Selbst- auf Fremdversorgung ergeben hat, scheint enorm zu sein. Rosa und Lorenz sprechen von Konsum als Beschleunigungsform und meinen damit die Möglichkeit, Produkte zu kaufen und nicht selbst herzustellen (vgl. 2009, S. 14). Ein Blick in die jüngere Vergangenheit kann hier Hinweise geben: Vor dreißig Jahren, also etwa im Jahr 1980, betrug der durchschnittliche Zeitaufwand für die Zubereitung einer Mahlzeit in Industrienationen etwa eine Stunde. Mitte des vorvergangenen Jahrzehnts lag der Wert noch bei etwa 20 Minuten, für 2010 erwartete man auf der Basis einer Trendstudie eine weitere Reduzierung dieses Wertes auf gerade einmal zwölf Minuten (vgl. Frick 2006, S. 104). Die Ursachen für diese rückläufige Entwicklung sind vielfältig und die in diesem Durchschnittswert verborgenen Unterschiede sollten nicht außer Acht gelassen werden. Die Zeitbudgetstudie des Statistischen Bundesamts hat sowohl in den Jahren 1991/92 als auch in den Jahren 2001/02 den Zeitaufwand für die Mahlzeitenzubereitung detailliert ermittelt. Beköstigungsarbeit in diesem Sinne wird überwiegend von Frauen geleistet, der Durchschnittswert lag bei einer Stunde und sechs Minuten pro Tag. Der Beteiligungsgrad von Männern sank von 60,1 Prozent auf 54 Prozent in den verglichenen Zeiträumen. Damit lag der Wert für Männer nach den Befunden dieser Tagebuchstudie bei 23 Minuten. Das ist zwar mehr als die eben angedeuteten zwölf Minuten, aber auch hier gilt es, die Verzerrungen zu berücksichtigen, die auf die jeweiligen Messverfahren zurückgeführt werden können. Eindeutig ist jedoch, dass das Phänomen rückläufig ist. Eine von dem Unternehmen Nestlé in Auftrag gegebene Studie kam ebenfalls zu dem Ergebnis, dass Kochen in erster Linie Frauensache ist. 67 Prozent der berufstätigen Frauen kochen nach dieser Untersuchung selbst, aber nur 20 Prozent der Männer. Wenn Frauen nur in Teilzeit beschäftigt sind, stieg der entsprechende Wert auf 74 Prozent, bei den ganztags beschäftigten Frauen liegt er bei 59 Prozent (vgl. Nestlé-Studie 2009, S. 10). Die zunehmende Erwerbsbeteiligung von Frauen hinterlässt also auch hier Spuren, die sich auch darin dokumentieren, dass der durchschnittliche Wert für Beköstigung bei den Männern zwischen 1991/92 und 2001/02 nur um durchschnittlich eine Minute zurückgegangen ist (von 24 auf 23 Minuten), dagegen bei den Frauen von 85 auf 66 Minuten, also um 19 Minuten. Auch die Ergebnisse der Nationalen Verzehrsstudie II bestätigten den Fortbestand eines alten Arbeitsteilungsmusters, das sich auch in der Selbsteinschätzung der jeweiligen Kochkenntnisse niederschlägt. Frauen bezeichnen ihre Kochkenntnisse zu etwa zwei Dritteln als sehr gut bis gut und weitere fast dreißig Prozent betrachten ihre Kenntnisse als durchschnittlich, bei den Männern beträgt er für sehr gut/gut knapp über dreißig Prozent und der Wert für die Kategorie durchschnittlich entspricht fast dem Wert, der auch für die Frauen ermittelt wurde (vgl. NVS II 2008, S. 106). Die Unterschiede setzen sich fort, wenn einzelne Aspekte des Ernährungsverhaltens betrachtet werden: Männer bevorzugen häufiger deftige Hausmannskost (35 Prozent, Vergleichswert für Frauen: 23 Prozent), sie beschäftigen sich seltener mit der eigenen Ernährung (34 Prozent gegenüber 57 Prozent) und diese ist auch weniger abwechslungsreich: nur 21 Prozent achten darauf im Vergleich zu 40 Prozent der Frauen (vgl. Nestlé-Studie 2009, S. 11). Allerdings leiden gerade die Frauen vermehrt unter einem empfundenen Ernährungsdefizit. Sie sind sich der Wichtigkeit einer gesunden Ernährung zwar bewusst und rechnen dieser einen hohen Stellenwert zu, werden unter anderem durch lange Arbeitszeiten (beruflich und häuslich) aber an der Umsetzung gehindert. Oft bestimmen eher das beruflich vorgegebene Zeitfenster und die überhaupt bestehenden Möglichkeiten der Nahrungsaufnahme das Essverhalten (vgl. Nestlé-Studie 2011, S. 5 ff.). Das Alter

(Jung vs. Alt) und die Lebenssituation (alleine oder zusammenlebend) spielen, so der Ernährungsreport, dabei eine wichtige Rolle (vgl. Bundesministerium für Ernährung und Landwirtschaft 2023, S. 4).

Ein Blick auf die Anbieterseite zeigt, dass das Thema Zubereitung vermehrt über den Faktor Zeit beworben wird. Im Fast Food-Begriff ist dieser Anreiz ja bereits seit langem angelegt. 2017 ermittelte eine weitere Nestlé-Studie eine durchschnittliche Vorbereitungszeit für das Essen von 15 Minuten.[33] Bereits vor der Corona-Pandemie bedeutete Lieferservice mehr als die Bereitstellung eines Fertiggerichts, das es nur noch zu konsumieren galt. Zubereitungshinweise und portionierte Mengen erreichten die Haushalte. Wie beim Einkaufen von Lebensmitteln wird der Spaßfaktor durch Zeitgewinn gesteigert. Ein Durchschnittswert schließt nicht aus, dass man gerne mit Freunden isst und Zeit dort keine Rolle spielt. Zur Beschleunigungserfahrung in größeren Städten gehört jedenfalls heute die Konkurrenz der rasenden Lieferanten.

Wer des Weiteren die Zeit betrachtet, die dem Demonstrieren von Kochfertigkeiten und der Zubereitung von in der Regel delikaten Mahlzeiten, vor allem in den audiovisuellen Medien, zuteilwird, beobachtet einen interessanten Effekt: Je weiter sich der Prozess der Entwöhnung von klassischen Fertigkeiten fortsetzt, um so außeralltäglicher werden Kenntnisse und Fähigkeiten, die früher in viel stärkerem Maße zum Alltagswissen gehörten. Obwohl die Technisierung der Haushalte den Aufwand für Hausarbeit hätte deutlich reduzieren müssen, wird auch hier allenthalben über fehlende Zeit geklagt. Daher werden Tätigkeiten, die früher selbstverständlich waren, heute vermehrt zu Einzelereignissen und im Zuge dessen in einem übersteigerten Sinne erlebt. Ergebnisse der Allensbacher Werbeträgeranalyse (AWA) zeigen, dass viele Verbraucher aus Zeitgründen Mühe haben, eine vernünftige Ernährung sicher zu stellen (vgl. hier die Ergebnisse der AWA 2009 und AWA 2023). Haushalte, in denen beide erwerbstätig sind, investieren parallel aber überdurchschnittlich viel Geld in die Perfektionierung

---

33 Nestlé (2017): „Nestlé Studie: So kocht Deutschland". [https://www.nestle.de].

ihres Haushalts, insbesondere der Küche. Das Engelsche Gesetz[34] aus dem 19. Jahrhundert, adaptiert auf dieses Phänomen, müsste daher lauten: Der Anteil der Ausgaben für die Zubereitung von Mahlzeiten ist umso höher, je mehr der Haushalt verdient. Sullivan und Gershuny haben in diesem Zusammenhang von einer „cookery contradiction" gesprochen, weil die Investitionen in die Technik nicht von einer entsprechend intensiven Nutzung begleitet werden (vgl. 2004, S. 94).

Kaufmann hat in seiner Studie über das leidenschaftliche Kochen die interessante Beobachtung gemacht, dass gerade Männer das Kochen für sich neu entdecken und über den Status eines „Handlangers" (2006, S. 290 ff.) hinauskommen. Sie geben sich gerne als „moderne Helden" in einem Bereich, der für Frauen eben schon lange zum Alltag gehört hat. Der Eintritt in die kulinarische Welt wird von Männern als etwas betrachtet, das ihnen neues Prestige und eine neue Form der Selbstverwirklichung vermittelt. Mit den Worten von Kaufmann: „Die Frauen haben schon immer gekocht, weil sie es mussten; die Männer entdecken das Kochen im Zeitalter der individuellen Autonomie, weil es ihnen Spaß macht, sie dabei kreativ sein können und es für sie eine persönliche Herausforderung ist." (ebenda, S. 296) Typologien des Kochens gehören daher mittlerweile in das Portfolio der Marktforschung. Von Convenience bis Genießen, von Optimierern bis zu Technikverliebten reicht das Spektrum.[35]

34 Das Engelsche Gesetz (nach dem Statistiker Ernst Engel benannt) besagt, dass der Einkommensanteil, den ein Privathaushalt für die Ernährung ausgibt, mit steigendem Einkommen sinkt.

35 Walther, Stephanie (2023): Kochende Männer zwischen „Convenience Lover" und „anspruchsvollem Genießer" – like to KNOW Foodstudie nimmt Männer in der Küche unter die Lupe. [https://liketoknow.de].

4.

Obwohl die Beköstigungszeit rückläufig ist, nimmt die Zeit, die man sich für das Essen nimmt, dennoch zu. Nach den Ergebnissen der ersten Zeitbudgetstudie für Deutschland hat die Zeit, die sich die Deutschen für das tägliche Essen nehmen, in einem Zeitraum von zehn Jahren um einundzwanzig Minuten zugenommen, so dass die durchschnittliche Zeit pro Tag sich im Jahr 2001/02 auf eine Stunde und dreiundvierzig Minuten belief. Obwohl die häusliche Ernährungsversorgung insgesamt nach wie vor dominiert, sorgte das Essen außer Haus für Zuwächse (vgl. hierzu auch Meier u. a. 2004, S. 115 ff.). Täglich mindestens einmal außer Haus essen traf 1991/92 auf 17,9 Prozent zu, zehn Jahre später waren es bereits 26,1 Prozent. Ein weiterer Anstieg wurde seinerzeit erwartet. Die Corona-Pandemie hat diesen Trend unterbrochen. Aber für das Jahr 2023 ermittelte der Ernährungsreport, dass fast drei Viertel der erwachsenen Bevölkerung mindestens einmal im Monat eine Gaststätte/Restaurant besuchen, vier von zehn ordern mindestens einmal im Monat bei einem Lieferservice (2023, S. 22).

Insbesondere junge Erwachsene essen überdurchschnittlich oft außer Haus. Ebenso korreliert das außer Haus-Essen mit dem Einkommen: Je mehr man verdient, desto häufiger wird auch diese Dienstleistung außerhalb der eigenen vier Wände wahrgenommen. Die Veränderung der modernen Zeitstrukturen hat auch dazu geführt, dass der Schwerpunkt des Essens, ebenso des gemeinsamen Essens, nicht mehr der Mittag ist, sondern in stärkerem Maße der Abend, vor allem in Familienhaushalten mit Kindern (vgl. Meier u. a. 2004, S. 11 ff.). Was nun als Ursache und was als Wirkung bezeichnet werden kann: Es scheint sich wohl auch hier um zirkuläre Effekte zu handeln, weil im Zuge der stärkeren Inanspruchnahme außerhäuslicher Verpflegungs- und Dienstleistungseinrichtungen dieser Bereich selbstverständlich gewachsen ist, und damit das Gefühl, durch die Verwendung von Fertig- und Convenience-Produkten weitere Zeit zu sparen, ebenfalls verstärkt wird: das eine liefert dem anderen die Rechtfertigung. Für das beschleunigte Konsumieren (vgl. hierzu auch Rosa/Lorenz 2009, S. 14) hat sich der bereits genannte Begriff

Fast Food etabliert, der sich sowohl auf die schnelle Herstellung als auch auf den schnellen Konsum beziehen lässt. George Ritzer hat in seinem Buch über die „McDonaldisierung" der Gesellschaft sogar die These vertreten, dass die entsprechenden Restaurants nicht dazu einladen, lange zu verweilen (Ritzer 2006, S. 34). Ein „plaisir de manger" wird sich hier also ebenso wenig einstellen wie ein „plaisir de la table". In diesen beiden Phänomenen sieht Alois Hahn das besondere Glück des Gourmets, der das Essen eben nicht nur als eine physiologische Notwendigkeit, sondern als besonderen Anlass des Genießens und als Anlass für darauf bezogene oder damit verbundene Kommunikation betrachtet. Zu letzterem bemerkt Hahn: „Manche Leute können sich gar nicht vorstellen, dass ihnen das Essen allein überhaupt schmecken würde, wenn sie es einsam verzehren müssten, selbst wenn ihnen erlesene Genüsse geboten würden." (2004, S. 166) Dem Anpassungsvermögen dieses Beköstigungssektors ist zu verdanken, dass es nunmehr auch die etwas schnellere Möglichkeit gibt, Speisen, die das Attribut „Gourmet" tragen, rascher zu erhalten als in einem Drei-Sterne-Restaurant, wo das Warten eben auch Teil des Ereignisses ist. Neue Restaurant-Konzepte kopieren beispielsweise das Show-Cooking, das parallel auch medial beworben wird. Self-Service-Konzepte binden den Konsumenten in diese Strategien ein und bestärken ihn auch nebenbei in dem Gefühl, beim Konsumieren Zeit und Geld zu sparen.

Gegen das Schnelle und für das Ursprüngliche und im geografischen Sinne Naheliegende ist auch die Slow Food-Bewegung angetreten, die ihren Ursprung in dem Protest gegen die Öffnung einer McDonald's-Filiale an der Spanischen Treppe in Rom im Jahr 1986 hatte. Sie agiert seitdem als Fürsprecher einer Ernährungsweise, die sich auf Traditionen besinnt und einem Bedürfnis, das nun einmal regelmäßig befriedigt werden muss, das Tempo zukommen zu lassen, das es verdient. Slow Food wirbt für kulturelle Vielfalt, für bewussten Konsum und ein kritisches Verbraucherverhalten, das Wert auf die Qualität der Produkte legt. Genuss und Verantwortung sollen auf diese Weise miteinander verbunden werden. Slow Food ist über lange Zeit als Ausdruck einer Feinschmecker-Bewegung wahrgenommen worden, verbunden mit einer Selbstverpflichtung, die Zeit und Geld in Anspruch nimmt [⌛]. Dieser Kern ist erweitert worden. „Food Activism“ agiert umfassender und kennt viele Spielarten (vgl. Siniscalchi 2023). Slow Food wird in diesem Zusammenhang zu einer Unterkategorie von Slow Living. Dieser Begriff hat den Gedanken von Slow Food erweitert und umfasst „the whole way of life“.

Slow Food – ein Interview mit Carlo Petrini

„F.A.S: Die Ursprünge der Slow-Food Bewegung gehen auf den Protest gegen eine McDonald's Filiale 1986 an der Spanischen Treppe in Rom zurück. Ist der amerikanische Konzern immer noch der größte Gegner?

PETRINI: Nein. Es geht längst um das gesamte Ernährungssystem. Die intensiven Produktionsmethoden, die die Fruchtbarkeit des Bodens zerstören, das Wasser vergiften, die Lebensmittel nur als Handelsware betrachten – das steht im Mittelpunkt unseres Kampfes. McDonald's ist nur einer der Verursacher.

F.A.S: Dabei gehen die ja inzwischen als PR-Aktion mit frischem Gemüse auf die Wochenmärkte und spielen die Guten…

PETRINI: Ja, das ist interessant und ein Zeichen dafür, dass auch sie erkennen, dass ihr System nicht funktioniert.

F.A.S: Und Sie meinen, dass sich etwas ändern wird? Ist es überhaupt möglich, die Welt in kleinen Strukturen zu ernähren?

PETRINI: Nichts muss entweder ganz weiß oder ganz schwarz sein! Aber im Moment ist es vollkommen schwarz. Ich sage nicht, dass wir alles umkrempeln müssen. Aber ein wenig, ja, das ist möglich, und es passiert bereits. Ich bin gerade in den USA gewesen, und da ist unglaublich viel in Bewegung bei den Bauernmärkten: Vor zehn Jahren gab es etwa 100, heute sind es 10.000! Natürlich ist das nicht alles, gibt es immer noch die großen Supermärkte, aber immerhin. Es ist wichtig, den Kontakt zwischen den Bauern und Konsumenten wieder aufzubauen. Und das Interessanteste ist, dass die jungen Menschen diese Veränderungen bewirken, auf politischer und sozialer Ebene, aber auch als eine Frage des Lebensstils. Slow Food ist als Feinschmecker-Bewegung entstanden.“

Quelle: Heinzelmann 2010, S. 60.

Damit steht am Ende dieses Kapitels eine sehr grundlegende Entscheidung, die mit einer grundsätzlichen Neubestimmung von Zeit und Handeln einhergeht. Der amerikanische Soziologe George Caspar Homans hat einmal die kluge Beobachtung gemacht: „Immer haben die Leute ihr Verhalten erklärt, indem sie darauf hinwiesen, was es ihnen bringt oder was es sie kostet." (Homans 1972, S. 11) Das muss nicht in eine tayloristische Organisation des Alltags münden. Lebensphilosophien unterscheiden sich gerade auch im Grad der Verbindlichkeit, die eingefordert wird. Vielleicht käme daher der Slow Food-Anhänger auf die Idee, den Fast Food-Nutzer zu fragen, ob er das Gedicht „Mensch und Zeit" von Eugen Roth schon einmal gelesen habe. Darin steht nämlich auch: „Was waren uns're kleinen Freuden? Nichts als ein wenig Zeit – vergeuden." (Roth 1980, S. 12)

Leseempfehlungen

Rosa, Hartmut; Lorenz, Stephan (2009): Schneller kaufen! Zum Verhältnis von Konsum und Beschleunigung. In: Berliner Debatte Initial 20, Heft 1, S. 10–18.

Schwartz, Barry (2004): Anleitung zur Unzufriedenheit. Warum weniger glücklicher macht. [Aus d. Amerik.] Berlin.

Simon, Herbert A. (1993): Homo rationalis. Die Vernunft im menschlichen Leben. [Aus d. Amerik.]. Frankfurt am Main/New York.

Kapitel 7
„Immer mit der Ruhe?" – Symptome der Tempogesellschaft

1.

In der Mediengeschichte wird gerne von einer Zeit vor und nach etwas gesprochen: vor dem Buchdruckzeitalter und danach, vor dem Fernsehzeitalter und danach. Einer der jüngsten Vorschläge unterscheidet die Zeit vor und nach dem Smartphone: „Kinder und Jugendliche sind derzeit Teil eines großen Experiments. Die nach 2010 Geborenen verbringen ihre Freizeit komplett anders als vorherige Generationen. Sie treiben weniger Sport, treffen seltener Freunde und sind stattdessen praktisch rund um die Uhr online." (Kuroczik 2023, S. 56) Die moderne Zeit ist somit häufig Bildschirmzeit. Ein Blick in medien- und kommunikationswissenschaftliche Fachzeitschriften genügt: Die Themenschwerpunkte verlagern sich in die Welt der sozialen Medien. Das Internet und die mobile Welt eröffnen neue Fragestellungen. Diese wiederum wirken sich auf die Methodenwahl und das Forschungsdesign aus. Viele Daten entstehen während der Nutzung.

Wo neue Wege beschritten werden, entstehen auch neue Begriffe. „Smartphone Vigilance" ist ein Beispiel. Gemeint ist die Aufmerksamkeit oder Wachsamkeit, die einem Telefon, das gleichzeitig auch Recherche-, Austausch- und Abspielfunktionen bereithält, entgegengebracht wird. Wer während einer anderen Tätigkeit das Gerät neben sich liegen hat, neigt dazu, immer aktuell sein zu wollen, ohne spezifischen Grund nachzusehen, ob sich jemand gemeldet hat.

Offenbar gehen unterschiedliche „Belohnungsreize" (ebenda) von dem Gerät aus. Darauf zu verzichten fällt schwer, insbesondere der jungen Generation. Der Vigilance-Faktor wurde beispielsweise in einem kontrollierten Experiment geprüft. Unter dem Titel „Hard to resist?" wurden Ergebnisse präsentiert, die aus einer Variation von Smartphone-Präsenz (direkt neben sich oder weiter entfernt) und eingehender Stimuli resultierte (vgl. Johannes et al. 2018). Im Mittelpunkt der Studie stand die empfundene Ablenkung.

Diese moderne „alertness" ist ein weiteres Symptom der Tempogesellschaft. Ihr Vorhandensein wird heute bevorzugt an den Folgen abgelesen, die das Internet und mobile Kommunikationstechnologien ausgelöst haben. Hinzu kommt selbstverständlich die Möglichkeit der schnellen und flexiblen Raumüberwindung. In beiden Fällen greift die Metapher des kanadischen Kommunikationswissenschaftlers Marshall McLuhan vom globalen Dorf. Aber das meint zunächst einmal Erfahrbarkeit von zuvor entfernten Begebenheiten und Erreichbarkeit von Regionen, die auf der eigenen Landkarte bis dahin noch gar nicht präsent waren. Über die Frage, wann die Geschäftigkeit in die Welt gekommen ist, kann man sich trefflich streiten. Das Zeitempfinden von verschiedenen Kulturkreisen wird in historischer Perspektive wohl kaum einheitlich beschrieben werden können. Aber hinsichtlich der Dominanz bestimmter Zeitrhythmen dürfte in der Gegenwart die Konkurrenz von Kolibris und Schnecken zugenommen haben. Im Jahr 1998 konnte man in einem Beitrag lesen: „Wie die Zeitrhythmen in den unterschiedlichen Kulturen, so unterscheiden sich auch die individuellen Zeitrhythmen von Mensch zu Mensch. Es gibt „Kolibris", von ihren Mitmenschen gerne als „Hektiker" beschimpft, und es gibt „Schnecken", die die Geduld eines schnelleren Menschen arg strapazieren können." (Roming 1998, S. 23) Seit die Menschen Handel treiben, hatten sie ein Interesse an der Überwindung der Widerstandskraft des Raums (vgl. zu dieser Formulierung Borscheid 2004, S. 28). Ebenso litten Wissenschaftler und Erfinder unter der Macht der Traditionen, die sie in ihren Freiräumen beschränkten und Prozesse der Kreativität verlangsamten. Im ersten Kapitel dieses Buches ist die Veränderung des Zeitempfindens im Zuge des Aufkommens der modernen Gesellschaft bereits ausführlich beschrieben worden. Dabei wurde die Bedeutung der arbeitsteiligen Organisation von Prozessen der Gütererzeugung besonders hervorgehoben. Diese Beschleunigung wird in erster Linie durch das Leitprinzip „Zeit ist Geld“ angetrieben. Aber die Umstellung von langsam auf schnell schlägt sich nicht nur in dem Tempo des Arbeitslebens nieder, sondern strahlt in andere Bereiche aus. An die Diskussion um die harried leisure class und davon ausgehende Nachahmungseffekte ist ebenso zu erinnern wie an die Demonstration von Zeitknappheit. Zu den Symptomen einer unruhigen Gesellschaft gehört eben auch die Ungeduld.

Im Jahr 1930 schrieb Kurt Tucholsky einen amüsanten Beitrag über das Telefonieren, in dem unter anderem steht: „Es gibt nämlich eine Geschäftigkeit, die aus der Reizbarkeit kommt, aus dem Unvermögen der unausgeruhten Nerven, nicht zu reagieren; sie müssen reagieren, darin besteht eben ihre Müdigkeit, nicht ruhen zu können. Es muß etwas geschehn. Und da greift dann die Hand zum Telefon.“ (1931 [zuerst 1930], S. 285) Die Skepsis gegenüber einem invasiven Medium, wie Flichy für die Frühphase der Entwicklung des Telefons schrieb (vgl. Flichy 1994, S. 142 ff.), verschwand zwar nicht binnen eines halben Jahrhunderts, aber aus einem ursprünglich als „scientific toy“ (Casson 1910, S. 42) eingestuften Medium wurde mehr und mehr ein Geschäfts- und Massenmedium. Auch die anfängliche Unbeholfenheit, was denn mit dieser neuen Technologie eigentlich Sinnvolles getan werden könne, wurde sukzessive durch Erfahrungswissen überlagert. Als Alexander Graham Bell am 25. Juni 1876 die Gelegenheit hatte, seiner kaiserlichen Majestät, Dom Pedro von Brasilien, seine geheimnisvolle Erfindung vorzuführen, blickten alle gebannt auf die Versuchsapparatur und die in einer Distanz von neunzig Metern positionierten Hauptprotagonisten: „Dom Pedro starrte gebannt auf einen kleinen Metallzylinder auf dem Tisch vor seinem Sessel; unterdessen versetzte der junge Mann seine Erfindung [...] in Schwingungen. ‚Sein oder nicht sein, das ist hier die Frage!‘, deklamierte der Erfinder in ein trichterförmiges Objekt auf seiner Seite der Apparatur. ‚Mein Gott, es redet!‘, erscholl plötzlich die Stimme des Kaisers.“ (Broschart 2001, S. 23)

Als der deutsche Erfinder Johann Philipp Reis seine Apparatur der Öffentlichkeit vorstellte, nutzte er zur Demonstration den berühmten Satz: „Das Pferd frisst keinen Gurkensalat."[36] Man mag darin eine Unbeholfenheit des Augenblicks sehen, die im Grunde genommen bis heute beobachtet werden kann, wenn für die betreffenden Akteure nicht unmittelbar eine Zweck-Mittel-Beziehung erkennbar ist. Die Geschichte des Telefons lässt sich daher als ein Prozess der gewollten und ungewollten Integration in Kommunikationsvorgänge beschreiben. Anfänglich musste man um Verbindung bitten und rekrutierte für die Telefonvermittlung vor allem Frauen, um die Chance gelingender Kommunikation zu erhöhen. Der Reichspost-Unterstaatssekretär Fischer begründete diesen Antrag im Jahr 1894 im Reichstag damit, dass „der Teilnehmer friedlich wird, wenn ihm aus dem Telephon eine Frauenstimme entgegen tönt." (Wagner 1913, zit. nach Holtgrewe 2006, S. 212) Im Zuge der Anonymisierung dieses technischen Vorgangs wurde den Menschen wohl auch weniger und weniger bewusst, dass sie tatsächlich telefonierten. Als die Telefone schließlich laufen lernten, wurde eine Art von Privatheit in der Öffentlichkeit geboren, die Diskretion zumindest halbiert, weil dem Sprecher offensichtlich wenig an der Wahrung von Geheimnissen liegt. Zugleich stören sie durch ihre Art der Fortbewegung den Rhythmus der anderen. Gunter Gebauer hat dies einmal wie folgt beschrieben: „Immer mehr Menschen leben in einer anderen Zeit. Man erkennt sie daran, dass sie ihren Bewegungsrhythmus verlieren, nur zögernd vorwärts kommen, mit unkoordinierten Schritten, plötzlich in einer Ecke stehen bleiben, den Kopf leicht geneigt, den Blick nach oben, eine Hand an den Kopf gedrückt, während der freie Arm mit fahrigen Gesten vor dem Körper hin- und herstreicht. Sie gehören nicht mehr zum Strom der Passanten, in dem sie treiben, sie nehmen ihre Umgebung nicht mehr wahr, sehen niemanden an, merken nicht, welches Hindernis sie darstellen." (Gebauer 2001, S. 1) Wer schnell

36 Das englische Wort „Hello" hat sich beispielweise auch erst durch seine Verwendung als knappe Begrüßungsformel am Telefon durchgesetzt und verbreitet (vgl. Koenigsberg 1990).

einmal telefonieren möchte, stört also unter Umständen in mehrfacher Hinsicht: seine unmittelbare Umgebung, den Empfänger und seinen eigenen Rhythmus. So wichtig scheinen auch belanglose Dinge geworden zu sein, dass sie an vielen öffentlichen Orten bei Gelegenheit mitgeteilt werden müssen. Der Mensch entwickelt sich sozusagen zu einem privaten Nachrichtensender, der immer wieder Neuigkeiten zu berichten hat. Aus dieser Perspektive erweist sich das Telefonieren als ein Sonderfall der allgemeinen Nachrichtenentwicklung. Genau mit entgegengesetzten Intentionen lassen sich vor allem Smartphones aber auch dazu einsetzen, die temporäre Unerwünschtheit von Kontakten und Interaktionen zu kommunizieren. Der gebannte Blick auf das Display ermöglicht teilweise sogar ein leichteres Durchwandern des Stroms von Menschen, wenn diese von sich aus Platz machen, weil sie davon ausgehen, dass der Smartphone-User nichts vor sich wahrnimmt – außer seinem Gerät.[37]

2.

Zu den interessanten Beobachtungen der Mediengeschichte gehört ohne Zweifel, dass mit dem Aufkommen einer kontinuierlicheren Berichterstattung über Angelegenheiten von allgemeiner Bedeutung die Bevölkerung sozusagen auf den Geschmack kam. Das zeigt sich vor allem mit dem Aufkommen publizistischer Massenmedien, von denen die Presse das älteste darstellt [⌛]. Die zunehmende Ausweitung des Themenspektrums (= Universalität), eine Steigerung der allgemeinen Zugänglichkeit dieser Informationen (= Publizität), Gegenwartsbezug und Relevanz (= Aktualität) und eine immer enger gefasste Vorstellung von Regelmäßigkeit (= Periodizität) definieren nach Wilke die Merkmale der Zeitung (vgl. Wilke 2009, S. 501). Nach Emil Dovifat, Mitbegründer der Publizistikwissenschaft in Deutschland, lässt sich die Zielsetzung der Zeitung unter anderem wie folgt definieren: Sie „vermittelt jüngstes Gegenwartsgeschehen in kürzester regelmäßiger Folge der breitesten Öffentlichkeit."

37 Siehe hierzu auch die Ausführungen in Kapitel 4.

(Dovifat 1931, S. 6) Für Hegel war daher „das Zeitungslesen des Morgens früh [..] eine Art von realistischem Morgensegen." (zit. nach Löwith 1986, S. 60)

Über Neuigkeiten in der Politik – Ein Brief von Hegel an Major von Knebel aus dem Jahr 1807

„Sie wissen auch, daß ich immer einen Hang zur Politik hatte. Dieser hat sich aber beim Zeitungsschreiben vielmehr geschwächt, als daß er dadurch Nahrung gefunden hätte. Denn ich habe hierbei die politischen Neuigkeiten aus einem andern Gesichtspunkte anzusehen als der Leser; diesem ist der Inhalt die Hauptsache, mir gilt eine Neuigkeit als Artikel, daß er das Blatt füllt. Die Verminderung des Genusses, den die Befriedigung der politischen Neugierde gewährt, wird jedoch durch anderes ersetzt, das eine ist der Ertrag, – ich habe mich durch Erfahrung von der Wahrheit des Spruches in der Bibel überzeugt und ihn zu meinem Leitstern gemacht: Trachtet man am ersten nach Nahrung und Kleidung, so wird euch das Reich Gottes von selbst zufallen; – das andre ist, daß der Zeitungsschreiber selbst ein Gegenstand der Neugierde und fast des Neides ist, indem jedermann das zu wissen wünscht, was dieser noch in petto behalte, was, wie man versichert, das Beste sein soll; – unter uns gesagt, weiß ich jedoch niemals mehr, als in meiner Zeitung steht und sehr oft dies nicht einmal. – Ganz leer an geheimen politischen Neuigkeiten will ich Sie jedoch nicht ausgehen lassen, ich kann Ihnen also sub rosa sagen, daß Lucian Bonaparte König von Portugal und Spanien und Berthier König der Schweiz wird; – der Krieg zwischen Bayern und Oesterreich ist ohnehin eine bekannte Sache."

Quelle: zit. nach Hoffmeister 1952, S. 186f.

Während die reitenden Boten noch geografische Hindernisse, natürliche Einflüsse wie Sturm und Regen, Faktoren wie Müdigkeit von Ross und Reiter, beachten mussten, während im 15. Jahrhundert der damalige Briefverkehr, zum Beispiel zwischen Lübeck und Brügge, je nach Witterungsbedingungen im Sommer elf bis 20 und im Winter 13 bis 24 Tage umfasste (vgl. Borscheid 2004, S. 27), während mit der Zeitung „Relation" im Jahr 1605 ein zunächst einmal wöchentlich erscheinendes Periodikum verfügbar war und in den ersten Jahren der Vereinigten Staaten von Amerika

Nachrichten an der Ostküste ebenfalls bis zu 14 Tage zwischen Boston und Philadelphia unterwegs waren, bis sie dort dann in der Zeitung veröffentlicht wurden (vgl. Neuman 1991, S. 61), wird heute jede Unterbrechung des kontinuierlichen Nachrichtenflusses als ein Defizit erlebt. Aufmerksamkeit wird nicht durch die Wiederholung des Immergleichen herbeigeführt, sondern durch die Bindung an einen bestimmten Rhythmus. Die Wahrung von Diskontinuität verschafft dem Ziel der Periodizität und Aktualität seine eigentliche Konstanz. Luhmann war der Auffassung, dass Presse und Funk von Diskontinuität leben, „von Tagesereignissen, aber auch von Meldungen, die den Neuigkeitswert von Meinungen, Moden und Miseren unterstreichen. Das bringt sie in einen eigentümlichen Kontrast zum hohen Anteil an Repetition, der das Alltagsleben der meisten auszeichnet." (Luhmann 1990, S. 171) Dieser Rhythmus wird als Erwartungshaltung anderen Funktionssystemen auferlegt, etwa dann, wenn sich ein von politischen Parteien angekündigter Perspektivenwechsel nicht umgehend einstellt. Während Max Weber in seiner Rede „Politik als Beruf" (Weber 1919) noch von dem „Bohren dicker Bretter" als Sinnbild des mühsamen Ringens um gute Entscheidungen sprach, wird nunmehr seitens des Journalismus ungeduldig Handeln eingefordert [⌛].

Zeitperspektiven der Politik

„Das Schneckentempo ist das normale Tempo jeder Demokratie."
(Helmut Schmidt)

„A statesman is a politician who's been dead for 10 or 15 years."
(Harry S. Truman)

„[…] necessity of upholding the primacy of Parliament debating the affairs of the nation." (Winston Churchill)

Diese Differenz von Lebensrhythmik und Nachrichtenrhythmik ist das Lebenselixier der Nachrichtenerstellung. Zugleich wird dadurch ein Zweifel an Gewissheit genährt, der mehr und mehr auch zu einer Beschäftigung mit Vorläufigem führt. Der Philosoph Hermann Lübbe sieht in diesen Entwicklungen eine Ursache für die Vorstellung vieler Menschen, in eine veraltete Welt zurückzublicken. Dadurch, dass die Dinge sich scheinbar immer häufiger ändern, entsteht das Gefühl einer relativ kurzen Konstanz der Lebensverhältnisse und ein damit verbundener Vertrautheitsschwund. Er bezeichnet dieses Zeitbewusstsein auch als „Gegenwartsschrumpfung" (Lübbe 1995, S. 53 f.). Dieser Zustand ist zu einem populären Thema der Medienkritik geworden. Als Bernard Berelson den New Yorker Zeitungsstreik aus dem Jahr 1945 analysierte, konnte er die Beobachtung bestätigen, dass ein Medium nicht nur der Befriedigung bestimmter Informationsbedürfnisse dient, sondern auch ein fester Bestandteil des Alltagshandelns geworden war. Dieser durch Dritte auferlegte Verzicht wurde als markanter Eingriff in Gewohnheiten wahrgenommen (vgl. Berelson 1949). Als der amerikanische Publizist Walter Lippmann sich in den zwanziger Jahren des vergangenen Jahrhunderts mit den Gesetzmäßigkeiten der öffentlichen Meinung auseinandersetzte, schrieb er in seinem Kapitel „Der treue Leser" eine in diesem Zusammenhang aufschlussreiche Beobachtung nieder: „Obwohl sich alles um die Beständigkeit des Lesers dreht, existiert nicht einmal eine vage Tradition, um dem Leser diese Tatsache ins Gedächtnis zu rufen. Seine Treue hängt von seinen Gewohnheiten oder davon ab, wie er sich gerade aufgelegt fühlt. Und seine Gewohnheiten sind nicht einfach von der Güte der Nachrichten abhängig, sondern öfter von einer Anzahl undeutlicher Elemente, die bewusst zu machen wir uns in unserer zufälligen Beziehung zur Presse kaum bemühen." (Lippmann 1990 [zuerst 1922], S. 224) Mit anderen Worten: Die Zeit, die wir für die Lektüre der Tageszeitung oder anderer Nachrichtenerzeugnisse aufbringen, muss nicht immer im Sinne eines zielgerichteten Handelns interpretiert werden. Aber wenn die Routine unterbrochen wird, kommt es im Gegenzug zu sehr zielgerichteten Protesten. Aus dem „realistischen Morgensegen" Hegels ist schon seit einiger Zeit ein Dauerregen geworden, oder, um mit Lazarsfeld und Merton zu sprechen, eine Berieselung. In ihrem zu den Klassikern der Kommunikationsforschung zählenden Beitrag über die narkotisierende Wirkung der Massenmedien schrieben sie: „Die Berieselung mit einer Flut von Informationen kann den durchschnittlichen Leser oder Zuschauer eher narkotisieren als seine Energien mobilisieren. Da ein zunehmender Anteil der Zeit auf das Lesen und Rundfunkhören verwandt wird, steht ein abnehmender Anteil von Zeit für organisiertes gesellschaftliches Handeln zur Verfügung." (1973 [zuerst 1948], S. 485) Noch deutlicher äußerte sich der Medienkritiker Neil Postman: „Von der Telegraphie und der Fotographie im 19. Jahrhundert bis zum Silicon-Chip im 20. Jahrhundert hat alles zur Verstärkung des Informationsgetöses beigetragen, bis es so weit gekommen ist, dass die Information für den gewöhnlichen Menschen keinerlei Beziehung mehr zur Lösung von Problemen besitzt. Die Verbindung zwischen Information und Handeln ist gekappt […]." (Postman 1992, S. 62)

Die Medienentwicklung der letzten Jahrzehnte gibt kaum Anlass dazu, die seinerzeit formulierten Besorgnisse ad acta zu legen. Aber es sind auch neue Formen des Engagements hinzugetreten, die sich nicht im Sinne eines bloß passiven Konsumierens von Informationen – was aus kognitionspsychologischer Sicht ohnehin nicht denkbar ist – einstufen lassen. Adornos Antwort auf die Frage „Kann das Publikum wollen?" lautete in den 1960er Jahren noch: „Auf die sogenannte Einbahnstruktur der Massenmedien ist immer wieder hingewiesen worden; man weiß auch, dass das Publikum allerhand Möglichkeiten hat, ihr entgegenzuwirken: Briefe zu schreiben, zu telefonieren, wohl auch selber, mehr oder minder symbolisch, an Sendungen aktiv sich zu beteiligen. All das hält sich in engen Grenzen." (Adorno 1986 [zuerst 1963], S. 342) Inklusionsstrategien gibt es mittlerweile viele und die gestiegene Anzahl von Partizipationsmöglichkeiten, vor allem über neue Informations- und Kommunikationstechnologien, lässt dem Verhältnis von Agieren und Reagieren und damit der Frage nach dem Aktivitätsgrad des Publikums eine neue Bedeutung zukommen. Jedenfalls sind die neuen Generationen von Medientechnologien mehr und mehr auch auf Beteiligung angelegt. Die Fernbedienung war anfänglich eine Möglichkeit, aus begrenzten Angeboten bequem zu wählen. Mit der Deregulierung des Rundfunksektors nahmen die Wahlmöglichkeiten zu und mit den Wahlmöglichkeiten auch die Umschaltfrequenzen. Damit Zuschauer dranbleiben, wurden die

Programme selbst beschleunigt, zum Beispiel durch den Verzicht auf Ansager, durch Zwischenschaltung von Programmtrailern (vgl. Ettenhuber 2010), aber auch durch neue Dramaturgien, die den Zuschauer im wahrsten Sinne des Wortes auf Touren bringen sollen, indem mehrere Erzählstränge parallel stattfinden. Johnson sieht darin eine neue Form von Teilhabe, die das moderne Fernsehen ausmacht (vgl. Johnson 2006).

3.

Damit werden Medienangebote auch in wachsendem Maße zu einem Zeitfaktor im Alltag, sei es aus beruflichen oder privaten Gründen. Selbst diese Differenzierung hilft nur noch begrenzt weiter, weil mehrere empirische Studien gezeigt haben, dass die Mobilität der Technologien ein Schließen vormals noch verbliebener und somit offener Zeitfenster begünstigt. Die Omnipräsenz dieser Medien im Alltag führt zu einer Vormachtstellung des Handelns über das Nicht-Handeln, zur, so eine häufige geäußerte Befürchtung, Dominanz des Tuns über das Nachdenken (vgl. hierzu Flasspöhler 2011).

Die Innovationsdichte im Bereich Information und Kommunikation hat zu einem vergleichsweise raschen Wandel von Bewertungsstandards geführt. E-Mail, Nachrichtendienste, Austauschplattformen – gemessen an der Verbreitung dieser Neuerungen scheint die Welt voller Überraschungen zu sein, weil die typische anfängliche Reaktion meistens sinngemäß lautete: „Was geht mich das eigentlich an?“ Die Nutzer erwarten mittlerweile solche Überraschungen und sind enttäuscht, wenn auf Pressekonferenzen von großen Technologieherstellern nichts wirklich Neues präsentiert wird. In der Summe haben diese Innovationen ein weites Feld von Gelegenheitsstrukturen geschaffen, die eine höhere Frequenz von Aktivitäten pro Zeiteinheit mit sich bringen. Gille und Marbach haben auf der Basis der Zeitbudgetstudie des Statistischen Bundesamts einen Indikator entwickelt, den sie mit dem Begriff „Turbulenz“ bezeichneten. Dieser ergibt sich aus der Zahl der verschiedenen Aktivitäten im Verlauf eines Tages sowie aus dem Ausmaß des Wechsels zwischen diesen verschiedenen Tätigkeiten, ergänzt durch das Kriterium der Dichte, das sich aus der Anzahl von Parallelaktivitäten ergibt, also der Angabe von Haupt- und Nebenaktivitäten (vgl. hierzu ausführlich Gille/Marbach 2004, S. 103 ff.). Hintergrund dieser Studie war eigentlich die Messung der Doppelbelastung in Haushalten. Aber der Gedanke der Turbulenz ließe sich ohne Zweifel auch auf andere Bereiche übertragen und man müsste zu dem Ergebnis kommen, dass es neben selbst erzeugten Turbulenzen vermehrt auch solche gibt, die aus dem Eingebundensein in soziale Netzwerke resultieren. Ein amerikanischer Universitätsprofessor, der sich zunächst gegen kommunikationstechnische Neuerungen an seiner Universität zu wehren versuchte, musste nach und nach seine Technikdistanz, auch aufgrund des Drucks seines Umfelds, aufgeben und wagte schließlich den Sprung in die Welt der elektronischen Kommunikation. Wenig später ertappte er sich dabei, dass er auf die Ankunft neuer E-Mails wartete und sich, weil er wissen wollte, ob es denn etwas Neues gibt, selbst in seinem Arbeitsablauf unterbrach (vgl. hierzu Gumbrecht 2000, S. 34 f.). Dieses Beispiel zeigt ein in Arbeit und Freizeit immer häufiger zu beobachtendes Phänomen: Wie von unsichtbarer Hand gesteuert werden die Blicke von Dingen abgelenkt, die eigentlich gerade zu erledigen sind: die Durchsicht wichtiger Unterlagen, die Lektüre eines Artikels, die Kalkulation eines Angebots, die Konzeption eines Vortrags und so weiter. Pausen werden dadurch nicht zu wirklichen Pausen, sondern werden mit anderen Aktivitäten gefüllt. Robinson und Martin konnten für die Vereinigten Staaten zeigen, dass im Zeitraum von 1965–2003 die durchschnittliche Zeit, die sich Beschäftigte während der Arbeit für kleine Unterbrechungen nehmen, signifikant zurückgegangen ist, und zwar in allen Altersgruppen, ebenso bei Männern und Frauen (vgl. Robinson/Martin 2009, S. 51). Aus volkswirtschaftlicher Perspektive wird darin überraschenderweise eine enorme Vergeudung von Zeit gesehen. Jedenfalls haben in den vergangenen Jahren Berechnungen zugenommen, die den volkswirtschaftlichen Schaden durch Unterbrechungen am Arbeitsplatz beziffern wollten. Zu Beginn des neuen Jahrtausends ermittelte eine New Yorker

Technologiefirma einen Wert von 588 Milliarden Dollar (vgl. von Rutenberg 2006, S. 73). Dieser Wertschöpfungsverlust findet anhaltendes Interesse. Im Rahmen der Studie „Next Innovation Work 2022“ wurden die Kosten von überflüssigen Meetings und Arbeitsunterbrechungen auf 114 Milliarden Euro pro Jahr geschätzt (Next Work Innovation 2022). Begriffe wie Fragmentierung des Arbeitsalltags und Stresserleben legen nahe, dass die Qualität dieser Pausen eher negativ eingestuft wird. Angesichts des Volumens müsste doch eine Art von Regulierung zu erwarten sein. So beeindruckend die Werte sind: Wie soll man die Qualität dieser Pausen, Gespräche auf dem Flur [⌛], verträumten Blicke aus dem Fenster und mehr oder weniger gezielte Internetrecherchen gegeneinander aufrechnen?

„Corridor moments“

„How often have you had a ‘corridor moment’? You are walking down a corridor in your office and a colleague coming towards you stops to ask what you think of the news about a competitor. You reply that you’ve not seen the article yet but you will have a look at it when you get back to your desk. Of course when you do get back to your desk you find that you have another fifty emails to deal with and you never do get around to looking up the article. Perhaps a commercial opportunity lost forever?

The solution was in your pocket all the time. Few of us walk around a laboratory, an office or a library with a laptop pc, but we will normally be carrying our mobile phone. The American Chemical Society (ACS) now provides access to its journals on the ACS Mobile service. The objective is ‘to make a scientist’s daily commute, business travel, or time away from the desk or laboratory a more rewarding and productive experience’.“

Quelle: White 2010, S. 242

Zahlen dieser Größenordnung wecken unsere Aufmerksamkeit, ändern aber offensichtlich dennoch wenig an dem Grundsachverhalt. Die Organisation von Kommunikationsabläufen, die Mediennutzung zweiter Ordnung, die sich nur noch mit dem Sortieren, Löschen, Umgruppieren und so weiter von unterschiedlich relevanten Inhalten beschäftigt, nimmt zu. Das Prüfen, Bewerten, Verlinken und sogar die Wartung der Software nimmt einen eigenständigen Platz im Zeitbudget ein, zu Ungunsten/auf Kosten der Mediennutzung erster Ordnung, also dem tatsächlichen Lesen, Hören und ähnlicher klassischer Rezeption (vgl. zu den Begriffen auch Jäckel 2011, S. 375 f.). Ein Pionier aus der Welt der Internetplattformen meinte vor geraumer Zeit in einem Interview: „Die Leute organisieren ihren Alltag damit. Es ist noch gar nicht absehbar, was passiert, wenn das jetzt auch mobil erreichbar ist." (Hornig 2007, S. 70) Die Situation ist eingetreten. Das „It is hard to concentrate on one thing" hat also mehrere Ursachen. Von Rutenberg schrieb: „Nie gab es so viele Unterbrechungen wie heute, […]. Seit alle allen jederzeit etwas mitteilen können, tun sie es auch." (2006, S. 73) Die Zunahme dieser potenziellen Kommunikationsanlässe wird begleitet von der Erwartung, auf diese auch in einem angemessenen Zeitraum zu reagieren (vgl. Fischer/Riedl 2017). Wenn Kunden eine zeitnahe Antwort erwarten, denken sie nach wie vor in sehr überschaubaren Zeiträumen. In der Regel bedeutet dies: am selben Tag und möglichst unverzüglich. Jeder kennt aus dem eigenen Alltag positive Rückmeldungen auf schnelle Antworten. Zugleich passt sich die Erwartung an die stets dominierende Semantik der Überlastung an.

Die zunehmende Vernetzung sorgt vor allem aber für eine sich deutlich verändernde Taktung des (Arbeits-)Alltags. Mit der Zunahme von Videokonferenzen nimmt die Zahl und die schnelle Aufeinanderfolge von Meetings zu. Dafür entstehen eigene Ordnungs- und Organisationssysteme: Dokumentenmanagement, File-Transfer-Optionen, Sicherheitsstandards, Backup-Software. Stäheli spricht von neuen Temporalstrukturen [⌛].

Neue Temporalstrukturen

„Wenn von Netzwerkgesellschaft gesprochen wird, stehen immer auch Organisationen und insbesondere Unternehmen der Wissensökonomie im Vordergrund. [...] Es ist daher bemerkenswert, dass das Ethos der Konnektivität gerade an dem Ort, an dem dieses besonders emphatisch in die Praxis umgesetzt wurde, mittlerweile offen kritisiert wird und Forderungen nach der Entnetzung von Organisationen laut werden. [...]

Entnetzung als Temporaltechnologie bedeutet hier, die zeitliche Abfolge und Struktur von Meetings zu verändern. Dazu ist es allerdings nötig, überhaupt erst ein Wissen über die wuchernde Sitzungskultur eines Unternehmens zu gewinnen. Ein ganzer Markt von Anbietern von Software zur Personalanalyse hat sich inzwischen etabliert, mit deren Hilfe die zeitliche Organisation von Unternehmensnetzwerktätigkeiten abgebildet werden kann."

Quelle: Stäheli 2021, S. 322/341

Zu den Paradoxien der Tempogesellschaft gehört also, dass alles schneller gehen soll und immer häufiger gewartet werden muss. Das Prinzip „first things first"[38] wird daher heute häufig auf die Probe gestellt. Dies war wohl auch der Anlass für die Kreation des „homo simultans", der nach Geißler wie folgt beschrieben werden kann: „Das Nebenhertun prägt unser Leben inzwischen so selbstverständlich, dass es uns kaum noch auffällt. Nie zuvor war es so augenfällig, dass der Mensch nicht nur ein tätiges, sondern auch ein nebentätiges Wesen ist: ein homo simultans. Jetzt ist die Mehrfachtätigkeit zum Epochenmerkmal geworden. Wir werden zu Simultanten." (Geißler 2003, S. 47) Aber es ist eine Mischung aus Selbst- und Fremderwartungen, die diesen Eindruck bestärkt. Untersuchungen zum Kommunikationsablauf in Organisationen haben den so genannten „Sandwich"-Effekt identifiziert. Er ist das Resultat einer Beschäftigung der mittleren hierarchischen Ebene mit Anfragen von oben und unten. Weitergeleitete Nachrichten treffen vor allem dort ein und führen zu einem höheren Kommunikationsvolumen, das als

38 Siehe hierzu auch die Ausführungen in Kapitel 1.

Belastung empfunden wird (vgl. hierzu Jäckel/Würfel 2004, S. 66 ff.). Darüber hinaus ist die Einführung der E-Mail-Kommunikation in Unternehmen auch als Chance des Überspringens von Hierarchiestufen diskutiert worden. Picot und Reichwald haben dafür schon relativ früh den Begriff „Bypassing“ verwandt (1984, S. 144). Man gewinnt sozusagen Zeit, weil man die Vorzimmerblockade oder andere hierarchische Barrieren überwinden kann. Was für die einen als Zeitgewinn erscheint, erweist sich für jene, die nun leichter erreichbar sind, als Zeitfresser. Die eingangs dieses Kapitels erwähnte Studie „Hard to resist?“ verdeutlicht die Diffusion dieser „Barrierefreiheit“ auf einer Vielzahl von Kommunikationskanälen. Privat, im Wirtschafts- und im öffentlichen Leben wird Zeitgewinn und Zeitverlust erlebt. Zu dem Warten auf (Amts-)Fluren gesellen sich lange Schleifen in Hotlines.

4.

Diese Beispiele zeigen, dass also auch in der Informationsgesellschaft die zunehmende Produktion von Informationen Knappheiten nicht beseitigen kann. Ein Mehr an Information erfordert ein Mehr an Selektionsleistung [⌛]. Nach Daniel Bell betrieb die güterproduzierende Gesellschaft ein Spiel gegen die Natur, ohne dabei durch bestimmte Formen des Wirtschaftens die Knappheit aus der Welt zu schaffen. Nunmehr beobachtet man ein Spiel zwischen Personen, weil der Anstieg von Interaktionen und ein gestiegenes Bedürfnis nach Partizipation neue Grenzen aufzeigt: „So löst das erhöhte Mitspracherecht paradoxerweise meist nur das Gefühl einer größeren Frustration aus.“ (Bell 1976, S. 355) Das Spiel zwischen Personen wird zu einem Spiel ohne Grenzen, das aus sich heraus keine „Bremsfunktion“ entwickelt.

Wachsende Dichte

„Erstens nimmt mit der wachsenden Dichte expandierender Netze die moderne Zivilisation über große Räume hinweg und schließlich global Züge einer Einheitszivilisation an [...]

Zweitens provozieren netzverdichtungsabhängige zivilisatorische Angleichungsvorgänge Bewegungen reflexiver Verstärkung kultureller Herkunftsprägungen [...]

Drittens bewirkt Netzverdichtung Dezentralisierung – kulturell und politisch. Die technische Ablösung der Informationsnetze von den Verkehrsnetzen beschleunigt diesen Vorgang [...]

Viertens erhöht sich in Zivilisationen verdichteter Netze der Zwang zur Selbstorganisation kleiner Kommunitäten [...]

Schließlich sei, fünftens, als eine weitere kulturelle und zugleich politisch bedeutsame Wirkung industriegesellschaftlicher Netzverdichtung noch der Zerfall der sogenannten Massengesellschaft angedeutet."

Quelle: Lübbe 1996, S. 135ff.

Das Axiom „Man kann nicht nicht kommunizieren" (Watzlawick u.a. 1969, S. 53) erweist sich nunmehr als Vorwegnahme einer Situation, die Harold Brodkey mit der Frage „Who am I in the web of jealousy that trembles at every human movement?" zusammenfasste (zit. nach Baecker 2007, S. 226). Die Antworten auf diese Frage fallen sehr unterschiedlich aus, weil die Beobachtungsperspektiven der technologischen Entwicklung weit von Einheitlichkeit entfernt sind. Das zeigt vor allem die Diskussion von Generationenunterschieden in der Nutzung neuer Technologien (vgl. zum Folgenden auch Jäckel 2010). Der Diskurs wird auch hier maßgeblich von der Dynamik und dem Tempo dieser Entwicklung dominiert. Als Frank Schirrmacher im Jahr 2009 in seinem Buch „Payback" einem zunehmenden Erschöpfungszustand angesichts einer Überkommunikation Ausdruck verlieh, antworteten ihm Repräsentanten der sogenannten „digitalen Bohème", dass er das Potenzial der neuen Mediengenerationen unterschätze. Zwar sei die Informationsmenge angewachsen, doch unbezwingbar war sie für den Einzelnen schon immer. Sascha Lobo führte als Beispiel die Bibliothek von Alexandria an, deren Inhalt kein Mensch im Laufe seines Lebens hätte bewältigen können. Es gehe mithin weniger um die schiere Quantität, sondern um die Möglichkeiten der Bearbeitung und Durchsicht, die mittels neuer Technologien deutlich verbessert wären. Auch die Schriftkultur habe in neuer Form hier eine Renaissance unter Jugendlichen erfahren (vgl. Lobo 2009, S. 142 ff.). Eine von Schirrmachers Thesen lautete: „Unsere Köpfe sind die Plattformen eines Überlebenskampfes von Informationen, Ideen und Gedanken geworden, und je stärker wir unsere eigenen Gedanken in das Netz einspeisen, desto stärker werden wir selbst in den Kampf mit einbezogen." (Schirrmacher 2009, S. 19) Die „Tragödie der Kultur", die Georg Simmel anschaulich beschrieb, wiederholt sich im Informationszeitalter. Daten und Informationen scheinen immer entweder in zu geringer oder zu großer Zahl verfügbar zu sein – niemals jedoch in der richtigen Dosis. Daher fällt es schwer, sich in einer solchen Umwelt wirklich heimisch zu fühlen. Maryanne Wolf bemerkte hierzu in einem Interview: „Ich erkannte, dass ich noch das alte klassische Gehirn bin und meine Kinder schon digitale Gehirne besitzen. Es ist wie ein Generationenbruch, eine Art Fremdheit." (Thiel 2009, S. Z6)

Die Generationen-Debatte erfährt hier eine interessante Zuspitzung. Am markantesten ist in diesem Zusammenhang wohl der Begriff „Digital Natives" (vgl. Palfrey/Gasser 2008, S. 4). Dieser Begriff vermittelt in besonderer Weise eine enge Verschmelzung zwischen dem Lebensalltag von Kindern und Jugendlichen, die im digitalen Zeitalter aufgewachsen sind, und den Medieninnovationen, die sie dabei permanent begleiten. Von „TV Natives" ist nie in prononcierter Form gesprochen worden. Rückblickend würde ein solcher Begriff wohl einer nachträglichen Überhöhung des Fernseheffekts gleichkommen. Jedenfalls assoziiert man mit diesem Begriff weitaus weniger ein bestimmtes Lebensgefühl und eine bestimmte Lebensweise. Wer in diesem Zusammenhang von neuen Medien spricht, verrät etwas über seinen Standort. Rathgeb vertrat die Auffassung, dass viele Jugendliche diesen Begriff nicht nachvollziehen können, weil das, was als neu eingestuft wird, für sie als selbstverständlich gilt (vgl. 2009, S. 25).

Zu dieser Einschätzung passt ein Kommentar, der ebenfalls im Jahr 2009 anlässlich einer Umfrage des Pew Research Institute in den Vereinigten Staaten erfolgte: „Technology is just a start of the old-young divide." (Tugend 2009, S. 5) Der Artikel beschrieb eine Kluft zwischen der älteren und der jüngeren Generation und bemühte dazu sowohl aktuelle Ergebnisse zur Nutzung neuer Informations- und Kommunikationstechnologien als auch Probleme, die sich aus überholten Führungsstilen in der Arbeitswelt ergaben. An mehreren Stellen wird der älteren Generation in diesem Artikel empfohlen, sich mit den neuen Verhältnissen zu arrangieren, „[…] technologically and in other ways" (ebenda). Oder auch: „Be open rather than sceptical." (ebenda) Die Überzeugungskraft solcher Vergleiche hängt gleichwohl von der Bezugsgröße ab. Wenn, wie in dieser Studie, die 18- bis 30-jährigen Amerikaner zu 75 Prozent das Internet täglich nutzen, aber nur 40 Prozent der 65- bis 74-Jährigen, kommt die junge Generation in diesem Vergleich gut weg. Würde man die 30- bis 40-Jährigen dagegen mit den Zehn- bis 20-Jährigen vergleichen, würde auch dieser Kohortenvergleich Differenzen hervorbringen, obwohl der Abstand zwischen den Älteren und Jüngeren in diesem Falle wesentlich geringer wäre. Der Unterschied zwischen Alt und Jung ist zwar nach wie vor ein markanter, aber er kann ohne Zweifel ergänzt werden durch Differenzen auf der Akzeptanz- und Aneignungsebene innerhalb der älteren (vgl. die Beiträge in Schorb u. a. 2009), aber eben auch innerhalb der jüngeren Generation. Angesichts der mittlerweile über Jahrzehnte geführten Diskussion darf zudem nicht überraschen, dass sich auch unter den Älteren Kompetenzunterschiede zeigen und das Tempo des Wandels unterschiedlich erlebt wird (vgl. Suden 2020). Autonomiegewinn und Autonomieverlust wird auch in der IT-Welt deutlich spürbar.

Für die Medienforschung ist evident, dass das Alter einen hohen Erklärungswert für die Art und Weise der Mediennutzung hat. Das zeigt sich im Falle der Nutzung klassischer tagesaktueller Medien wie Radio, Tageszeitung und Fernsehen. Aber ebenso zeigen sich eben die Generationenunterschiede, wenn Altersjahrgänge betrachtet werden (vgl. den Überblick bei Burgfeld-Meise/Meister 2020). Der Blick auf diese Alterskohorten zeigt beispielsweise, dass die heute jungen Generationen mit einem deutlich höheren täglichen Zeitbudget in die tägliche Mediennutzung einsteigen. Egger u. a. zeigen in ihrer Analyse von Langzeitdaten hierzu beispielsweise aber auch: „Ein Novum ist [...], dass die aktuell jüngste Kohorte der im Jahrzehnt ab 2000 Geborenen („Generation Z") – nicht zuletzt aufgrund extensiver Parallelnutzung von Internetanwendungen – die höchste Brutto-Mediennutzungsdauer aller Alterskohorten aufweist." (2021, S. 272) Dieser Befund steht exemplarisch für die sich hier vollziehende Dynamik und Konkurrenz.

Die zunächst eher defizitäre Interpretation der digitalen Spaltung ist längst einer verfeinerten Betrachtung unterschiedlicher Aneignungsformen neuer Medien gewichen, um zu verdeutlichen, wie sich die Veralltäglichung des Umgangs als ein neues soziokulturelles Phänomen dokumentiert. Sally McMillan und Margaret Morrison stellten in einer qualitativen Untersuchung der Internetnutzung fest, dass die ältere Generation zwar nach wie vor als eine Kohorte beschrieben wird, die das Potenzial der interaktiven Technologien nicht wirklich ausschöpfe und verstehe (McMillan/Morrison 2006, S. 88), zugleich wiesen sie aber auch auf Differenzen innerhalb der jüngeren Generation hin, beispielsweise zwischen Geschwistern. Sie fanden eine Vielzahl von Hinweisen, die sie in der Auffassung bestärkten, dass die jüngeren Geschwister bereits ihren älteren Geschwistern „davongelaufen" sind. Selbst geringe Altersdifferenzen sorgen also für Unterschiede auf der Verwendungsebene. Die Autoren empfahlen daher, mit möglichst kleinen Alterskategorien zu arbeiten. Auch Eszter Hargittai und Amanda Hinnant plädierten für eine verfeinerte Messung der Internetnutzung und führten mit einem „second-level digital divide" die Erweiterung der Beobachtungen auf Nutzungsdifferenzen innerhalb der jüngeren Alterskohorten ein. Ursprünglich war dieser Begriff aufgekommen, um die in der Anfangsphase der Internetausbreitung dominierende binäre Betrachtungsweise (Inklusion/Exklusion) durch differenzierte Modelle zu ersetzen (vgl. hierzu ausführlich Zillien 2009, S. 90 ff.).

Eine umfassende Sekundäranalyse der vorliegenden Studien bestätigt nicht nur Differenzen im Hinblick auf Geschlecht und Bildung, sondern eben auch die Notwendigkeit einer Zurückweisung homogener Nutzungsformern innerhalb von Altersgruppen. Das wird auch im Rahmen einer umfassenden Sekundäranalyse bestätigt, die zugleich auf eine weitere Ebene – einen third-level digital divide – hinweist. Neben dem Zugang und der Nutzung wird hiermit der Blick auf „beneficial outcomes" gelenkt (vgl. Lythreatis et al. 2022).

Angesichts des permanenten Hinzukommens neuer Nutzungsoptionen entwickeln sich in immer engerer Aufeinanderfolge Formen von mehr oder weniger virtuosem Umgang mit diesen Angeboten, die jene, die gerade einmal davon überzeugt waren, einigermaßen den Überblick gewonnen zu haben, nur in Erstaunen versetzen können. Hartmut Rosa hat dies in zugespitzter Form im Rahmen seiner Beschleunigungsanalysen wie folgt formuliert: „[…] dass das Tempo dieses Wandels sich von einer intergenerationalen Veränderungsgeschwindigkeit in der Frühmoderne über eine Phase annähernder Synchronisation mit der Generationenfolge in der ‚klassischen Moderne' zu einem in der Spätmoderne tendenziell intragenerational gewordenen Tempo gesteigert hat." (Rosa 2005, S. 178)

Abbildung 7.1 soll dies verdeutlichen: Während historischer Epochen mit geringer Innovationsdichte unterschieden sich die Lebenserfahrungen der Generationen kaum, gefolgt von einer Phase, in der sich die Erfahrungen aufeinander folgender Generationen überlappen bis hin zu Differenzen, die sich innerhalb von klassischen Kohorten-Vorstellungen beobachten lassen. Mit anderen Worten: Erst waren es die Enkel, die gegenüber ihren Großeltern eine Veränderung wahrnahmen, dann die Kinder gegenüber ihren Eltern und nun zum Beispiel die älteren Kinder gegenüber den jüngeren Kindern. Das Tempo wird also auch deutlich, wenn sich ältere Geschwister mit ihren jüngeren Geschwistern, Vorgesetzte mit ihren Mitarbeitern, Mitarbeiter mit Berufserfahrung mit Neueinsteigern, ältere mit jüngeren Studierendengenerationen und so weiter vergleichen. Die Frage lautet folglich, ab wann davon gesprochen werden kann, dass die Art und Weise der Mediennutzung sich in einer Längsschnittperspektive als eine andere erweist. Die Zunahme der „Sequenzen" in der Zeile „Spätmoderne" soll dies veranschaulichen.

Abbildung 7.1: Fortschreitende Beschleunigung des sozialen Wandels

	Generation der Kinder	Generation der Eltern	Generation der Großeltern
Frühmoderne			
Klassische Moderne			
Spätmoderne			

Quelle: Eigene Erstellung (unter Bezugnahme auf Rosa 2005, S. 178)

Zugleich neigt jede Kohorte dazu, sich mit den Verhältnissen zu arrangieren, und lässt sich dabei insbesondere von jenen Medien inspirieren, die in der prägenden Phase des Umgangs mit neuen Technologien dominant waren. Hier wird also die These vertreten, dass in verschiedenen Altersgenerationen unterschiedliche Wege in Entschleunigungsoasen gesucht werden. Frank Schirrmachers Forderung, eine Emanzipation von dem Erwartungsdruck einzuleiten, den neue IuK-Technologien auf den Menschen ausüben, muss nicht mit Kulturpessimismus gleichgesetzt werden. Eher zeigt sich darin eine fast natürliche Reaktion auf das Gefühl, nicht mehr Herr über die eigene Lebensgestaltung und Zeitverwendung zu sein. Jede Mediengeneration durchlebt eine Phase der Beschleunigung, der Konstanz und der Entschleunigung. Für die junge Generation ist ein sehr dynamisches Medienfeld normal geworden und diese Erfahrung führt mittelfristig zu feineren Nuancen im Umgang mit Neuem. Als Karl Mannheim sich mit dem Problem der Generationen befasste, stellte er fest: „Nicht das Faktum der in derselben chronologischen Zeit erfolgten Geburt, des zur selben Zeit Jung-, Erwachsen-, Altgewordenseins, konstituiert die gemeinsame

Lagerung im sozialen Raume, sondern erst die daraus entstehende Möglichkeit, an denselben Ereignissen, Lebensgehalten usw. zu partizipieren und noch mehr, von derselben Art der Bewusstseinsschichtung aus dies zu tun." (Mannheim 2010 [zuerst 1928], S. 146) Je älter man ist, desto häufiger wird das Neue mit dem Alten verglichen. Erfahrungswissen und Gewohnheiten sind hier starke Entscheidungsfaktoren. Vielleicht wird man zukünftig Generationen mit kürzeren Zeitspannen assoziieren und nicht mehr in den Kategorien Großeltern, Eltern und Kinder denken. Sekundäranalysen der Daten des Sozio-Ökonomischen Panels zeigen, dass dem Geburtsjahr eine geringe Erklärungskraft, zumindest auf der Ebene von Einstellungen, zukommt (vgl. Schröder 2018).

5.

Im Nachhinein wird man diese Beschleunigungsphänomene als einen Epochensprung interpretieren, als eine weitere Stufe des Auseinanderdriftens von subjektiver und objektiver Kultur. Mit objektiver Kultur meinte Georg Simmel die Gesamtheit der durch Menschen geschaffenen materiellen und geistigen Dinge, mit der subjektiven Kultur hingegen das Bedürfnis, die Bereitschaft, aber auch die Möglichkeit des Menschen, sich diese Kulturerrungenschaften anzueignen und als Mittel der Selbstverwirklichung auszuschöpfen (vgl. Simmel 1983 [zuerst 1900]). So schrieb Walter Benjamin bereits über das Zeitalter der Weimarer Republik: „Eine Generation, die noch mit der Pferdebahn zur Schule gefahren war, stand unter freiem Himmel in einer Landschaft, in der nichts unverändert geblieben war als die Wolken und unter ihnen, in einem Kraftfeld zerstörender Ströme und Explosionen, der winzige, gebrechliche Menschenkörper." (zit. nach Borscheid 2004, S. 258) Einen wesentlichen Anteil an diesen Empfindungen wird dem Wandel des menschlichen Zusammenlebens zugeschrieben, vor allen Dingen dem Prozess der Urbanisierung, der in großem Maßstab seit Beginn des 19. Jahrhunderts eine kleinräumige Wahrnehmung des Alltags durch eine großräumige zu ersetzen beginnt. Während das Dorf noch klare Grenzen nach außen kannte, für ein hohes Maß sozialer Kontrolle und einen engen Zusammenhalt stand und damit dem Einzelnen vergleichsweise wenige Freiheiten ließ, stand die Stadt, vor allem die Großstadt, für die Lockerung dieser inneren Einheit und für größere persönliche Freiheiten. Eine Anhäufung so vieler Menschen mit so unterschiedlichen Aufgaben und Interessen verlangt nach Disziplin, nach Berechenbarkeit, Exaktheit und Pünktlichkeit. Anderenfalls würde auch hier das Tempo des Lebens durch fehlende Koordinationsmechanismen im wahrsten Sinne des Wortes ausgebremst werden. Während im vormodernen Zeitalter die aufgabenorientierte Tätigkeit den Alltag strukturierte, verlangt die „Technik des großstädtischen Lebens“ (Simmel 1995 [zuerst 1903], S. 120) ein festes und übersubjektives Zeitschema, in das sich der Einzelne einzuordnen hat. In seinem Essay über die Großstädte und das Geistesleben schrieb Simmel: „Wenn alle Uhren in Berlin plötzlich in verschiedene Richtung falsch gehen würden [...], so wäre sein ganzes wirtschaftliches und sonstiges Verkehrsleben auf lange hinaus zerrüttet.“ (ebenda) Während im Dorf jeder jeden kannte und die Großstadt nun durch ein hohes Maß an Anonymität gekennzeichnet ist, muss der Mensch zu einem rechnenden Wesen werden. In der Großstadt werden daher qualitative Werte der Vergangenheit durch quantitative Werte ersetzt. Die Inhalte des Lebens und das Verhalten der Menschen verändern sich in der Großstadt: Sie wirken reservierter, die Nachbarn sind ihnen unbekannt oder aufgrund meist flüchtiger Begegnungen eher unvertraut. Die Bewusstseinsschichtung, von der Karl Mannheim sprach, äußert sich in einer Geringschätzung des Langsamen und in einer Priorisierung des Schnellen. Werner Sombart schrieb ebenfalls über die Weimarer Republik: „Man hält es für wichtig, wertvoll, notwendig, [...] rasch zu gehen und zu reisen, am liebsten zu fliegen; rasch zu produzieren, zu transportieren, zu konsumieren; rasch zu sprechen (Telegrammstil!), rasch zu schreiben (Kurzschrift!). Mit Vorliebe setzt man das Wort ‚Schnell‘ vor alle möglichen Vorgänge und Vornamen: Schnellzug, Schnelldampfer, Schnellpresse, Schnellbleiche, Schnellphotographie.“ (zit. nach Borscheid 2004, S. 9) Dadurch sind die Menschen in der Großstadt auch vielen und schnell wechselnden Eindrücken ausgesetzt, auf die sie nicht angemessen reagieren können und entsprechende Schutzmechanismen entwickeln. Simmel sieht vor allen Dingen in der Blasiertheit des Großstadtmenschen eine Antwort auf diese Überforderung, die das Gefühl des gegenseitigen Desinteresses steigert und zugleich ein Bedürfnis nach Individualität unterstützt. Die daraus resultierende Reserviertheit als Besonderheit des großstädtischen Lebens ist der hohen Frequenz und kürzeren Dauer von Kontakten und Begegnungen in solchen Ballungsräumen geschuldet. Diese wiederum zwingen letztendlich dazu, die „tendenziösesten Wunderlichkeiten" und die „Extravaganzen des Apartseins, der Kaprice, des Pretiösentums" (Simmel 1995 [zuerst 1903], S. 128) aufzubieten – nicht um ihrer selbst, sondern um des „Bemerklichwerdens" (ebenda) willen.

Das Bild des modernen Menschen, wie es Simmel Anfang des 20. Jahrhunderts beschrieb, hat angesichts der Bevölkerungs- und Siedlungsentwicklung wenig an Aktualität verloren. Selbst jene, die diese Erfahrungen nicht unmittelbar machen, werden sich der Differenz zu ihrer Lebenswelt bewusst. Nach Meyrowitz ist es vor allem den modernen Medien zu verdanken, dass ein Bewusstsein von einem generalisierten Anderswo entstanden ist. Sie versorgen uns „mit – vom jeweiligen Ort aus gesehen – externen Perspektiven […]. Dieses ‚generalisierte Anderswo' dient als Spiegel, in dem wir den eigenen Ort wahrnehmen und beurteilen. So kommt es, dass wir den Ort, an dem wir leben, nicht nur als die Gemeinschaft erleben, sondern als eine von vielen Gemeinschaften […]." (Meyrowitz 1998, S. 178)

Es gibt nicht nur einen Zusammenhang zwischen dem Reichtum eines Landes und dem dort zu beobachtenden Tempo des Lebens, sondern auch einen Zusammenhang zwischen der Wahrnehmung von Bevölkerungsdichte und dem Tempo, das wir in Alltagshandlungen an den Tag legen. In industrialisierten Kulturen wird Zeit intensiver wahrgenommen und in größeren Städten Zeit auch bewusster erlebt (vgl. Triandis 1994, S. 134). Hinzu kommen Unterschiede zwischen verschiedenen Kulturen, die in der empirischen Forschung insbesondere unter Bezugnahme auf folgende Indikatoren nachgewiesen wurden: Wie genau gehen die öffentlichen Uhren? Wie lange dauert es, bis man auf einem Postamt ein Paket aufgegeben hat? Wie lange benötigen Personen für eine vorher bestimmte Distanz (Gehgeschwindigkeit)? Wie hoch ist der Anteil der Menschen, die eine Armbanduhr tragen? Wie schnell sprechen die Menschen? Ein besonders origineller Indikator scheint in diesem Zusammenhang die Hupsekunde zu sein: Hier wurden die Beobachter aufgefordert, die Zeit zwischen dem Umspringen einer Ampel auf Grün und dem Drücken der Hupe durch den Hintermann zu messen (vgl. zu diesen Indikatoren die Zusammenfassung bei Levine 1998, S. 177 ff.).

Zum Tempo des Lebens gehört auch der Umgang mit Verspätungen. Wer dabei zunächst an Mobilität und Wartezeiten auf Bahnsteigen denkt, liegt gar nicht so falsch. Denn mit dem Begriff „Verspätungstoleranz“ werden Zeitfenster (je nach Verkehrstyp 6 bis 16 Minuten) beschrieben, die es auch dann noch erlauben, von Pünktlichkeit zu sprechen, wenn die fahrplanmäßige Ankunftszeit bereits überschritten ist (vgl. Burgdorf 2022). Das muss aber keineswegs deckungsgleich mit dem Empfinden des Fahrgasts sein. Geduld steht für eine mehr oder weniger kalkulierbare Dehnung der Zeit in die Zukunft.

Zum Blick auf die „Landkarte der Zeit“ (Levine 1998) gehört auch dieses Phänomen. Geduldige Menschen haben ein anderes Verhältnis zur Zeit als jene, die dauernd auf die Uhr schauen. Chilenische und amerikanische College-Studenten wurden im Rahmen einer Befragung mit verschiedenen Situationen konfrontiert, zu denen eine Einladung zum Abendessen, ein Termin beim Hausarzt und eine Verabredung zu einem gemeinsamen Kirchgang zählten. Der Wert für „Die Person kommt nicht mehr“ betrug bei den US-amerikanischen Studenten im Falle des Abendessens 62,25 Minuten, im Falle des Hausarztes 31,65 Minuten und im Falle des Kirchgangs 26,32 Minuten. Die Vergleichswerte für die chilenischen Studenten lauteten: 86,16 Minuten, 43,84 Minuten und 45,75 Minuten. Bezüglich der Aussage „Die Person ist zu spät“ ergab sich beim Abendessen für die Amerikaner ein Wert von 27,61 Minuten und beim Kirchgang von 15,45 Minuten. Die Vergleichswerte für die chilenischen Studenten lauteten wiederum 44,75 Minuten und 26,40 Minuten (vgl. hierzu Marin 2001, S. 71 f.). Die Amerikaner werden also früher ungehalten und haben eine andere Vorstellung von Pünktlichkeit als die Chilenen. Eine interkulturell angelegte Analyse im Hochschulwesen hat ebenfalls „time perception" als eine diskriminierende Variable identifiziert (vgl. Solvinc 2020, S. 29 ff.). Die Time Styles-Skala unterscheidet verschiedene Dimensionen, zum Beispiel Präferenz für organisierte Zeit, Zukunftsorientierung, Zuverlässigkeit (vgl. den Überblick bei Usunier/Valette-Florence 2007).

Wer also „Bin gleich da!" ruft, hofft ebenfalls auf eine Verspätungstoleranz, die nicht wirklich ausgehandelt wurde. Zeitdisziplin wird zudem in einer Welt, die viele parallel oder sukzessiv angeordnete Zeitvektoren kennt, vermehrt eingefordert. Eine verspätet begonnene Besprechung ist nicht beliebig ausdehnbar. Moderne Zeitdiebe operieren daher auch in Bereichen, in die sie selbst gar nicht involviert sind. Es bedarf dazu also nicht einmal der grauen Herren, die in Michael Endes Märchenroman „Momo" den Menschen die Zeit entwenden. Ebenso wird es als Zeitdiebstahl empfunden, wenn amtliche oder andere unaufschiebbare Verpflichtungen in Warteschlangen enden.

Der Entwicklungsstand einer Gesellschaft bestimmt also auch den Rhythmus des Lebens. Je entwickelter eine Gesellschaft ist, desto häufiger wird daher auch die Kritik an einer engen Zeittaktung geäußert und registriert. Dennoch kennt die moderne Gesellschaft neben den beschriebenen Steigerungsformen auch Orte und Situationen, in denen die Konvention einen bestimmten Zeitrhythmus erwartet. Wer beispielsweise einen Kirchenraum eilig durchläuft, wird zum Gespräch in den Kirchenbänken, wer eine Fußgängerzone durchläuft, dagegen nicht. Orte, die als angenehm erlebt werden, steigern die Verweildauer, Orte, die als unangenehm empfunden werden, werden auch wie Durchgangszonen behandelt. Allgemein lässt sich daher beobachten, dass es für Situationen und Orte bestimmte Regeln gibt. In einem Museum gilt Kontemplation, Ruhe und eine säkularisierte Form der Andacht als typische Verhaltensweise. Dies wird auch durch die Architektur des Raumes unterstützt und durch den Interaktionsrahmen, den Kunst und Betrachter schaffen. Dass ein angenehmes Ambiente die Verweildauer erhöht, wird selbstverständlich nicht nur durch eine museale Umgebung gefördert, auch Konsumorte haben sich in dieser Hinsicht angepasst. Eine eigene „Retail-Theater"-Forschung hat sich etabliert, die auf der Suche nach magischen Momenten in Kaufhäusern, Flagship Stores oder Supermärkten ist (vgl. Keim 1999, Hellmann 2023). Räume des Konsums sollen wider das Gefühl des Gedränges konzipiert sein, sie sollen Einkaufen zu einem Erlebnis machen und die Kunden dazu animieren, die eigentlich geplante Einkaufszeit zu überschreiten (vgl. Triantafillidou et al. 2017). Ahlbom u. a. (2023) konnten Unterschiede zwischen Werktagen und den Wochenenden ausmachen. Dabei spielte eine Rolle, ob die Konsumenten während des Einkaufs nach der Arbeit erschöpft waren oder nicht. Alles in allem kommen auch hier viele zusätzliche Einflussvariablen ins Spiel. Evident scheint zu sein, dass eine verlangsamte Hintergrundmusik zu einer Verlangsamung der Einkaufsgeschwindigkeit führt (vgl. Kroeber-Riel/Gröppel-Klein 2019, S. 141). Auch Restaurant- und Baraufenthalte können durch zielgruppenadäquate Musik länger ausfallen als geplant. Gleichwohl nehmen auch kritische Stimmen zu, die angesichts der vermehrten Präsenz von Musik im öffentlichen Raum und angesichts einer vermehrten Abschottung durch das mobile Hören eigener Musik für einen differenzierteren Blick auf die genannten Musikeffekte plädieren (vgl. den Überblick bei Michel et al. 2017).

Es lassen sich also unterschiedlich gestaltete Nischen identifizieren, in denen der Wunsch nach Eigenzeit[39] eher realisiert werden kann. Das Bedürfnis nach diesen Auszeiten hat neue Angebote auf den Plan gerufen, die man als Oasen des Rückzugs oder als moderne Formen einer Teilzeit-Askese bezeichnen könnte. Ehemalige Kurhäuser setzen auf „medical wellness", gestresste Manager probieren das „Kloster auf Zeit" und die Sehnsucht nach Entschleunigung wird durch die Popularisierung eines nachhaltigen Lebensstils, der auf Ruhe, Entspannung und Selbstfindung setzt, als Treiber neuer

39 Siehe zu diesem Begriff die Ausführungen in Kapitel 1.

Formen kultureller Kreativität gepriesen: ein Lifestyle of Health and Sustainability, kurz: Lohas (vgl. hierzu Ray/Anderson 2000). Das Akronym hat seinen Platz in der Marketing-Literatur gefunden (vgl. Helmke u. a. 2016). Über die Grenzen des Konsums wird zunehmend auch eine Kritik an „fast moving consumer goods" laut (vgl. Müller 2022).

So lange Zeitknappheit aber ein Statussymbol darstellt und der Anspruch des Einzelnen, dieser Erwartung gerecht werden zu wollen, dominiert, werden diese Muster der Lebensführung miteinander konkurrieren. Da nur wenige das Privileg haben dürften, diese Auszeiten auf Dauer stellen zu können, wird der Wechsel von langsam auf schnell wohl auch in Zukunft zu beobachten sein. Bereits vor 20 Jahren diente der folgende Vergleich der Illustration: Vom Brief zur E-Mail oder Twitter ist der Übergang von der „Schneckenpost" (Höflich 2003, S. 7) zum „Kolibri-Talk". Wer entschleunigt und Gedanken in Ruhe niederschreibt, zieht die „besinnliche Rast" (ebenda, S. 18) der Hast vor und akzeptiert eine zeitliche Distanz zwischen Botschaft und Empfang. Aber auch Tucholskys Fazit lautete: „Dann aber braust wieder die Arbeit der Großstadt durch die Drähte: die Glocken schrillen, die Hörer wackeln in der Luft, der schwarze Gummi wird weich, Lippen bewegen sich, mit der freibleibenden Hand werden Papiere durcheinandergeworfen, einer stampft mit dem Fuß auf, obgleich das gar nicht mittelefoniert wird... Und vor eins rufen sie alle, alle noch einmal an." (1931 [zuerst 1930], S. 289)

Leseempfehlungen

Borscheid, Peter (2004): Das Tempo-Virus. Eine Kulturgeschichte der Beschleunigung. Frankfurt/Main.

Levine, Robert (1998): Eine Landkarte der Zeit. [Aus d. Amerik.]. München.

Simmel, Georg (1995): Die Großstädte und das Geistesleben. [Zuerst 1903]. In: Kramme, Rüdiger u. a. (Hrsg.): Georg Simmel. Aufsätze und Abhandlungen 1901–1908. Band 1. Frankfurt/Main, S. 116–131.

Kapitel 8
„Matches against time“ – Investitionen in Körper und Gesundheit

1.

Für den Umgang mit Zeit, das haben die Ausführungen in Kapitel 3 gezeigt, sind Tagebücher eine informative Quelle. Sie sind, auch als Mediengattung, ein Instrument der Zeitwahrnehmung (vgl. Dusini 2005, S. 9 f.). Blickt man noch einmal auf die Liste der Tugenden, die Benjamin Franklin in seiner Autobiographie als Dokumentationsraster verwandte, ist dort von Mäßigung, von Schweigen, von Ordnung, von Entschlossenheit und Sparsamkeit, von Wahrhaftigkeit und Gerechtigkeit, von Reinlichkeit, Gemütsruhe und Keuschheit, schließlich auch von Demut die Rede (vgl. Franklin 1954 [zuerst 1791], S. 153). Die körperliche Ertüchtigung, die Gymnastik, das Training oder die Kondition werden in diesem puritanischen Katalog nicht aufgeführt. Im sogenannten „Book of Sports“[40] hatten die englischen Könige Jacob I. und Karl I. sonntägliche Vergnügungen außerhalb der Kirchzeit ausdrücklich gestattet, was den erbitterten Protest der Puritaner zur Folge hatte. Max Weber widmete sich diesem Streit in seiner Religionssoziologie und schrieb: „Die Puritaner vertraten demgegenüber ihre entscheidendste Eigenart: das Prinzip asketischer Lebensführung. Denn im übrigen war die Abneigung des Puritanismus gegen den Sport, selbst bei den Quäkern, keine schlechthin grundsätzliche. Nur mußte er einem

40 Siehe hierzu auch die Ausführungen in Kapitel 2.

rationalen Zweck: der für die physische Leistungsfähigkeit erforderlichen Erholung, dienen. Als Mittel rein unbefangenen Sich-Auslebens ungebändigter Triebe dagegen war er ihm verdächtig, und soweit er zum reinen Genußmittel wurde oder gar den agonalen Ehrgeiz, rohe Instinkte oder die irrationale Lust zum Wetten weckte, war er selbstverständlich schlechthin verwerflich." (Weber 1963 [zuerst 1920], S. 184) Für jene dagegen, die sich der Muße als Ausdruck aristokratischer Lebensweise hingeben durften und mussten, standen Vergnügungen wie Reiten, Jagen oder Tanzen an der Tagesordnung. Norbert Elias hat diese höfische Lebensweise und ihre bis in das kleinste Detail ausgearbeitete Dramaturgie anschaulich beschrieben (vgl. Elias 1969). Das Besondere dem Allgemeinen, das Außergewöhnliche dem Profanen vorzuziehen, war dabei stets einer Exklusivität geschuldet, die einer nach unten gerichteten Abgrenzungslogik folgte. In dem Beitrag „Goethe und der Sport am Weimarer Hof" wird etwa beschrieben, wie sehr sich der Dichter für den Wintersport einsetzte und der Weimarischen Hofgesellschaft das Schlittschuhlaufen empfahl, obwohl dieses beim gemeinen Volk doch schon ein beliebter Wintersport war. E. Heyse Dummer schrieb: „Die sonst so sehr auf Hofetikette erpichte Herzogin Luise war die erste, die sich auf den Teich begab und dem Schlittschuhlaufen, worin sie von Goethe unterrichtet wurde, bald große Gewandtheit zeigte [...]. Wer im Eislaufen nicht die Geschicklichkeit der Fürstin besaß, dem war die Eisbahn trotzdem nicht verwehrt, denn Kavaliere auf Schlittschuhen waren immer zur Stelle und gern bereit, die Hofdamen im Stuhlschlitten umherzufahren." (1939, S. 93)

Beide Beispiele, der Streit um den Puritanismus und die Vergnügungen der Aristokratie, stehen in unterschiedlicher Weise für die Wahrung von Traditionen und die moralische Bewertung von Aktivitäten. Sie wurden in einem Umfeld ausgetragen, das noch für die alte soziale Ordnung steht, in der die Gesellschaft also noch eine ständisch organisierte und nicht nach Leistungskriterien stratifizierte war. Sie stehen für eine Spielart des Muße-Monopols und markieren eine Differenz zwischen Aristokratie und gemeinem Volk. Ebenso war die für die spätere Industriegesellschaft sich etablierende

Unterscheidung von Arbeit und Freizeit noch nicht internalisiert. Für den Historiker Thomas Nipperdey ist das 19. Jahrhundert jenes, in dem große Revolutionen der freien Zeit gefeiert werden konnten, die er insbesondere im Sport und in der Ferienreise identifizierte (vgl. Nipperdey 1990, S. 170). Die neue soziale Ordnung des 19. Jahrhunderts war also nicht nur durch den Gegensatz von Kapital und Arbeit geprägt, durch die Entstehung neuer Erwerbsklassen, sondern auch durch den Beginn einer Organisation der Freizeit im großen Stil. Von diesen beiden Revolutionen soll im Folgenden vor allen Dingen der Sport im Vordergrund stehen, der seit seinen Anfängen viele Metamorphosen erlebt hat und immer auch ein Spiegelbild von Zeitkulturen gewesen ist.

Nipperdeys Beobachtung wird durch die Sportsoziologie bestätigt. Bette stellt fest: „Die moderne Gesellschaft hat sich seit Mitte des 19. Jahrhunderts in Reaktion auf sich selbst und die von ihr erzeugten personalen Wirkungen allmählich auch zu einer Sportgesellschaft entwickelt. So suchen Millionen regelmäßig die Räume des Sports auf, um sich in ihrer Freizeit in Erregungs- und Spannungszustände zu versetzen, Helden zu verehren, nationale Identifikationen auszuleben und außeralltägliche Körper- und Bewegungssynchronisationen zu bewundern. Menschen begeben sich damit bewusst in Situationen hinein, die der Routine, Langeweile, Körperdistanziertheit und Affektarmut der Arbeitswelt ein Kontrastprogramm entgegenstellen und das Versprechen abgeben, dass eine positiv besetzte physische Nähe zu den Mitmenschen auch unter den Bedingungen urbaner Indifferenz noch möglich ist.“ (Bette 2010a, S. 587) Der Sport erscheint hier als Reaktion auf die Massengesellschaft und die Entfremdung in der Arbeitswelt. Aber diese kompensatorische Komponente des Sports ist eben auch das Ergebnis einer spezifischen Zeitkultur, die wenig Raum für Souveränität aufgrund fixer und auf Arbeit konzentrierter Zeitstrukturen kannte. In erster Linie machte das aufkommende Vereinswesen Angebote möglich, die sich wiederum an kollektiven Rhythmen der Zeitgestaltung orientierte, die weit entfernt von einer Individualisierung waren. Eben dies sind auch die Kriterien der Zeitkultur, die Heinemann als Determinanten des Sports identifiziert:

Unter Zeitstrukturen zählt er die Arbeitszeiten, die Verfügbarkeit von Behörden, Schulen, Freizeiteinrichtungen und Verkehrsmitteln und so weiter, zu den Zeitstrukturen der Anbieter zählt er informelle und organisierte Varianten, wobei letztere noch einmal in die vereinsmäßige und kommerzielle Organisation differenziert werden. Zeitsouveränität steht in diesem Modell für den Grad der Flexibilität in der Zeitgestaltung und die Zeitstruktur der Partner steht für Begrenzungen gemeinsamer Aktivitäten (vgl. Heinemann 2007, S. 319). Übertragen auf das 19. Jahrhundert bedeutet dies: weitgehend standardisierte und lange Arbeitszeiten, ein allmähliches Entstehen von Verkehrsinfrastrukturen, ein geringes Freizeitvolumen, das sich im Wesentlichen auf Feiertage und ein kurzes Wochenende erstreckt, daher eine Dominanz von Sportarten, die viele gemeinsam ausüben können. Der Ursprung des organisierten Sports liegt daher auch in der Arbeitsorganisation der sich entwickelnden Industriegesellschaft begründet. Neben den Massensportarten Fußball und Turnen existierten Sportarten mit eher aristokratischen Zügen, zu denen unter anderen das Rudern, das Reiten, das Schwimmen und der Tennissport gehörten.

Zur Organisation des Sports gehört neben der Betonung von gemeinschaftlich ausgeübten Aktivitäten der Anreiz des Wettbewerbs, der sich in einer Vielzahl von nach Leistungsklassen differenzierten Meisterschaften etablierte und das von Bette beschriebene Heldentum im lokalen, regionalen und nationalen Bereich etablierte. Dieser organisierte Sport ist es, der als Kontrastfolie für heutige Formen des unorganisierten und weniger regulierten Sports genommen wird. Bevor auf diesen Aspekt etwas näher eingegangen wird, sollte berücksichtigt werden, dass es vor der Etablierung des organisierten Sports im 19. Jahrhundert bereits unorganisierte Formen gab, die Bette wiederum als volkstümliche Spielkultur bezeichnet (vgl. Bette 2010b, S. 100). Er differenziert die volkstümliche Spielkultur und den modernen Sport unter Berücksichtigung räumlicher, sozialer, zeitlicher und sachlicher Kriterien:

- räumlich bedeutete dabei beispielsweise eine sehr flexible und nicht-standardisierte Nutzung des Raumes, verbunden mit improvisierten Spielfeldern, die keine klaren Abgrenzungen kannten, dagegen erfordert der Wettbewerb in dieser Hinsicht bereits ein hohes Maß an Standardisierung;
- sozial ist die volkstümliche Spielkultur auf eine diffuse Inklusion angelegt und kennt nicht, wie der moderne Sport, eine klare Rollendifferenzierung und -spezialisierung. Man läuft beispielsweise dem Ball hinterher, ohne zu berücksichtigen, dass man innerhalb einer bestimmten Spielstruktur eine festgelegte Spielposition einzunehmen hat. Auch die strikte Trennung zwischen jenen, die spielen und jenen, die zuschauen, wird erst mit dem modernen Sport zu einem Kennzeichen dieser Freizeitgestaltung;
- in zeitlicher Hinsicht stand die volkstümliche Spielkultur nicht unter dem Diktat der Uhr. Eine zeitliche Begrenzung der Spieldauer war unüblich, dagegen zeichnet sich der moderne Sport durch eine Festlegung der Wettkampfkriterien und durch immer feinere Messverfahren aus (siehe unten);
- sachlich war das volkstümliche Spiel weit weniger durch Regeln formalisiert, kannte daher auch ein höheres Maß an Rauheit und ungezügeltem Einsatz, während der moderne Sport eine Fair Play-Moral entwickelt, um damit ein standardisiertes Regelwerk auch normativ abzusichern. Dies sind nur einige Aspekte aus dem Vergleich, den Bette in diesem Zusammenhang sehr detailliert geführt hat (vgl. ausführlich Bette 2010b, S. 100).

2.

Mit der Organisation des Sports wandelt sich also auch seine kulturelle Bedeutung. Er versucht in geregelter Weise einen Beitrag zur gesellschaftlichen Integration zu leisten. Von Krockow hat die sozialgeschichtlichen Wurzeln des Sports insbesondere an der Entwicklung in England festgemacht und drei Prinzipien identifiziert, die charakteristisch sind: die Tendenz zur Höchstleistung, die Tendenz zur Konkurrenz und das Gleichheitsprinzip. Die Bedeutung des Wortes Wettkampf wird deutlicher, wenn man das Wort in seine Komponenten zerlegt: Wett-Kampf. Man erwartet eine bestimmte Leistung, die in einer festgesetzten Zeit vollbracht werden muss. Alternativ können auch Annahmen über Gewinn und Verlust getroffen werden. Von Krockow schreibt hierzu: „Es ist kennzeichnend für die moderne Sportentwicklung, daß in England bereits im Jahre 1731 Stoppuhren ticken.“ (1972, S. 14) Der Mensch wird also nicht nur im Bereich der Wirtschaft zu einem rechnenden Wesen, sondern überträgt das Leistungsprinzip auf das Kräftemessen und die Konkurrenz um verschiedene Formen von Geschicklichkeit. Der Begriff des Rekords, so von Krockow, sei erst seit etwa 1883 nachgewiesen und wird allmählich als Bezeichnung für sportliche Spitzenleistungen eingesetzt. Je weiter sich dieses Prinzip entfaltete, desto notwendiger wurde eine Reproduzierbarkeit und Vergleichbarkeit der Leistungsbedingungen. Es kann also nicht nur darum gehen, etwas exakt nachzumessen, sondern es muss auch eine Äquivalenz der Leistungskriterien hergestellt werden. Damit werden grobe Übereinkünfte zu spezifischen Vorschriften. Die sogenannten „Matches against time“, die man bereits in der zweiten Hälfte des 17. Jahrhunderts beobachtete, wurden systematisch kontrolliert. Die Adligen, die sich einen Spaß daraus machten, ihre Diener zum Ankunftsort ihrer Reise um die Wette laufen zu lassen, sitzen Jahrhunderte später in Ehrenlogen, um den Helden der Arena zu applaudieren. Als der französische Philosoph Voltaire England besuchte, konnte er aber bereits im Jahr 1727 Wettkampfbahnen beschreiben (vgl. von Krockow 1972, S. 16). Die Tendenz zur Konkurrenz steht für das ernste Element im spielerischen Wettbewerb. Nicht nur Schiedsrichter wachen über die Einhaltung der Regeln, auch das Publikum registriert sorgsam, dass dem Prinzip „Möge der Bessere gewinnen“ auch Rechnung getragen wird. Dieser Aspekt der Vergleichbarkeit steht zudem für das Gleichheitsprinzip, ein egalitäres Prinzip, das wohl am deutlichsten den integrativen Charakter des Sports unterstreicht [⧗]. Die Chance des Leistungsvergleichs wird ohne Ansehen der Person, ohne Beachtung von Klasse und Stand, garantiert: „Der Sport drängt darauf, muß darauf drängen, solche Unterschiede aus den Bezirken seines Wettkampfes auszuschließen. Wie ein Sporthistoriker es ausgedrückt hat: ‚Die Anfänge des modernen englischen Sportlebens waren seit der Restaurationszeit zu einer schnellen Blüte gelangt, die sich auch gesellschaftlich immer weiter auswirkten in derjenigen Richtung, die ein bekanntes Sprichwort bezeichnet: Auf dem grünen Rasen und unter dem grünen Rasen sind alle Menschen gleich'." (von Krockow 1972, S. 17 f.)

Die Entstehung von Fußball und Rugby

„Am bekanntesten waren in England die Fußballspiele am Fastnachtsdienstag, an dem sich jedes Jahr die Menge versammelte, um vor der strengen und ernsten Fastenzeit den letzten Tag in Freiheit zu begehen. Die Wettkämpfe von Ashbourne und Derby erwarben einen legendären Ruf. Das ‚Spiel' zwischen den Gemeinden St. Peter und All Saints in Derby wurde zu einer so dauerhaften Institution, daß sich daraus der Begriff ‚Derby' entwickelte [...]. Bis etwa 1845 spielt jede Schule im Grunde ihre eigene Version des Football: es war ein Spiel mit fast vollständig fließenden Regeln. Durch das jeweilige Spielgelände war vorgegeben, welche Art von Football an Ort und Stelle gespielt wurde. In Schulen wie Eton, Charterhouse und Westminster, denen nur schmale ‚Spielfelder' zur Verfügung standen, begünstigten die räumlichen Beschränkungen das sogenannte ‚dribbling game', bei dem der Gebrauch der Hände gänzlich verboten war [...]. In Winchester begünstigten die Bodenbedingungen das ‚richtige Kicken und das offensive Spiel', der Gebrauch der Hände aber war ebenfalls strikt untersagt. Vor allem in Rugby, dem weitere Schulen wie Cheltenham und Marlborough folgten, wurde das sogenannte ‚running game' entwickelt. [...]. Dieses ‚running game' spaltete sich 1863 von jenem Football ab, in dessen Mittelpunkt Kicken und Dribbeln stand, und entwickelte sich zum Rugby Football, dem Vorläufer des amerikanischen und australischen Regelfootball. Und aus dem Football mit Kicken und Dribbeln entstand das Fußballspiel."

Quelle: Markovits 1987, S. 494 f.

Auch für Helmuth Plessner lässt sich das Feld des Sports am ehesten mit einer klassenlosen Gesellschaft in Verbindung bringen (vgl. Plessner 1985 [zuerst 1956], S. 159), zugleich ist der Sport in der modernen Welt für ihn aber auch eine Ausgleichsreaktion, die alle gleichermaßen ergreift (vgl. ebenda, S. 151). In einer spezialisierten Welt können dort noch in unmittelbar verständlicher Weise Kräfte aneinander gemessen werden. Da der Mensch zugleich gesehen, bewundern und bewundert werden möchte (vgl. ebenda), begegnen sich hier Lob und Tadel, das Vorbildliche und das Verwerfliche aufs Engste. Die Erregungs- und Spannungszustände, von denen Bette spricht, spielen sich bei den Akteuren und bei den Zuschauern ab. Für Plessner übernimmt der Sport daher die Funktion des Ventils (vgl. ebenda, S. 161). Die sportliche Aktivität vermittelt also sowohl unmittelbar als auch mittelbar das Gefühl körperlicher Beteiligung Er gestattet – innerhalb der gebotenen Grenzen – zugleich das Ausleben von Aggressivität.

3.

Der Sport entsteht also als Ergebnis eines Emanzipationsprozesses, der Grundprinzipien der funktionalen Differenzierung beherzigt, sich selbst organisiert und ein System aufeinander bezogener Rollen etabliert (vgl. hierzu auch Schimank 1988). Die Idee des Vereins, insbesondere auch des Sportvereins, war es, Interessen zu bündeln und Zeit zu synchronisieren. Der Verein will, wie es der Wortursprung verdeutlicht, vereinen, also etwas zusammenbringen. Er setzt (idealtypisch) auf die Freiwilligkeit der Mitgliedschaft, die in der Hochphase des Vereinswesens, also vor allem im 19. Jahrhundert, aus Mangel an Alternativen nicht wirklich auf die Probe gestellt wurde. Je mehr Flexibilität in die zeitkulturellen Komponenten hineinkam, desto eher konnten die Akteure echte Entscheidungen treffen. Die arbeitsteilig organisierte Gesellschaft konnte im Bereich des Sports eine Art nachholende Entwicklung beobachten, weil die von großen Sportarten dominierte Vereinsstruktur sich mit neuen Ansprüchen und Anspruchsgruppen konfrontiert sah. Was die Sportvereine durch eine Differenzierung ihrer Strukturen nicht auffangen konnten, ist entweder in eine unorganisierte Form der Sportaktivität gewandert (also alle nicht vereinsmäßig aktiven

Freizeitsportler, die auf Angebote kommerzieller Anbieter verzichten) oder in professionelle Sportzentren mit kommerzieller Ausrichtung gewechselt. Das eine muss das andere nicht ausschließen, aber die neuen Taktgeber der Sportwahrnehmung sind nicht mehr nur der traditionelle Wettkampfsport, sondern, wie Rittner herausgearbeitet hat, Gesundheit, Fitness und Spaß (vgl. Rittner 1994). Kaschuba sprach von einer „Versportlichung der Alltagskultur" (Kaschuba 1989). Im Rahmen einer Kultursoziologie des Sports ist daher folgerichtig auch von einer „Sportgesellschaft" die Rede (vgl. die Beiträge in Brümmer u. a. 2021). Das traditionelle Sportverständnis konkurriert oder vermischt sich mit einem modernen Sportmodell, das nach Schildmacher durch fünf Trends gekennzeichnet werden kann (vgl. zum Folgenden Schildmacher 1998): Der normierte Sport wird wieder zu einem nicht-normierten Sport, in dem – ähnlich der volkstümlichen Spielkultur – das Regelwerk und die Umgebungsbedingungen verändert beziehungsweise gelockert werden, ebenso von mehr oder weniger strengen Kleidungsvorschriften Abschied genommen wird; der Sport erobert zugleich neue Räume, kehrt zurück auf die Straße und auf öffentliche Plätze außerhalb der Sportarenen, schafft Sportmöglichkeiten dort, wo sie vorher untypisch waren (z. B. Beachvolleyball im Landesinneren, Ski-Langlauf in Großstädten); die Aktivitätsformen werden also flexibler und die dazu erforderlichen Gruppen auch kleiner, eine Reduzierung der Gruppengröße erlaubt eine flexiblere Form der Organisation des Sports (vgl. Schäfer 2021); an die Stelle der körperlichen Ertüchtigung durch Orientierung an bewährten Trainingsprogrammen tritt das Bedürfnis nach risikoreicherem Sport, der außergewöhnliche Erlebnisse vermittelt; die Bindung an verbindliche Zeiten des Vereinssports wird durch unverbindliche Verabredungen ergänzt oder ersetzt.

Die Entstehung neuer Sportarten, die räumliche Ausdehnung, die zeitlich flexiblere Selbstgestaltung oder Inanspruchnahme von Sportmöglichkeiten, die Eroberung sportunspezifischer Zeiten und eine zunehmend beobachtbare Integration bislang sportabstinenter Gruppen führt im Ergebnis dazu, dass mehr und mehr Menschen das Gefühl haben, Sport als etwas Omnipräsentes zu erleben (vgl.

hierzu auch Bette 1999, S. 147 ff.). Wettkampf bedeutet keineswegs den Ausschluss von Spaß, aber dieses Motiv hat neben dem Fitness-Gedanken, dem präventiven Gedanken (Gesundheit) und dem Attraktivitätsaspekt das mit Sport assoziierte Bedürfnisspektrum deutlich erweitert. Die Erwartung der modernen Gesellschaft, dass jeder für sich selbst verantwortlich ist, führt auch zu einem Anstieg der Erwartung, dass man sich unter diesen Bedingungen „zunehmend in ‚sportlicher' Weise zu bewähren hat." (Rittner 1994, S. 23) Indikatoren, die für diese Entwicklung sprechen, sind mittlerweile zahlreich: die Gesellschaft gibt sich insgesamt immer sportlicher, auch in Sachen Kleidung, in der das Zeichensystem des Sports deutlich sichtbar ist. Die Idee der Entspannung wird nicht mehr mit Ausruhen assoziiert, sondern mit körperbetonten Aktivitäten, die vermehrt auch auf Sichtbarkeit im öffentlichen Raum Wert legen. Workout-Programme während der Woche, ein Sportwochenende oder der Sporturlaub dokumentieren die Wertschätzung körperlicher Fitness, die Zygmunt Bauman als Teil der modernen „life politics" bezeichnet (vgl. 2005, S. 65; sowie Gebauer 2001, S. 6). Selbstvermessung durch moderne Technologien gleicht einer Erweiterung des Tagebuchs auf Rückmeldungen des Körpers. Das Axiom „Alles ist Zahl" führt zu einer „Verwissenschaftlichung des Alltagslebens" (Zillien 2020, S. 7). In dem Begriff „Quantified-Self-Bewegung" bündelt sich das Ziel und die Relevanz dieser Aktivitäten (vgl. Laaff 2011, Fröhlich 2018).

Unter der Überschrift „Nur besser ist genug" ist die dadurch verstärkte regelmäßige Neudefinition von Perfektion diskutiert worden (vgl. Bethke 2018). Ein Wettbewerb mit eigenen und gesellschaftlichen Idealen sorgt für stets neue Auszeichnungen und Belastungen (vgl. auch schon Schmidbauer 1987), die über das sportliche Feld hinausreichen und das Streben nach Idealen in viele Lebensbereiche diffundieren lässt. Im Rahmen einer Meta-Analyse wurde beispielsweise gezeigt, dass zwischen 1989 und 2016 die Maßstäbe, die College-Studenten an sich selbst stellten, anstiegen und die gegenseitigen Wahrnehmungen dieser Ansprüche zusätzlich verstärkend wirkten (vgl. Curran/Hill 2019).

Die Auflösung der dominanten Strukturen des Sports manifestiert sich nach Heinemann in dem Eindruck einer diffusen Vielfalt, die das klassische Training im Sinne der Körperertüchtigung durch Aktivitäten ablöst, die aus der Perspektive der Beteiligten weniger von Fremdbestimmung beeinflusst zu sein scheinen. Insbesondere die verstärkte Nachfrage nach Trendsportarten bestätigt ein hohes Bedürfnis nach Originalität, die dem einen als Fortführung des Anspruchsniveaus aus der Arbeitswelt, dem anderen als Ausgleich gegenüber den dortigen Anforderungen dient (vgl. Heinemann 2007, S. 55). Es ist kein Zufall, dass fast zeitgleich zu diesen Entwicklungen Gerhard Schulze seine Diagnose der Erlebnisgesellschaft stellte und darin unter anderem die These vertrat, dass sich das Leben außerhalb der Institutionen, die Verpflichtungen einfordern, vollzieht. In geregelten Bahnen dominiert die Routine, die keine Herausforderung darstellt (vgl. Schulze 1992, Jäckel 1998). Der Körper wird zu einer Letztinstanz eigenen Tuns, weil eben hier noch das Erleben unmittelbar erfahrbar ist. Was die Gesellschaft und ihre Institutionen nicht mehr zu leisten vermögen, wird nunmehr im wahrsten Sinne des Wortes individualisiert und als etwas Eigenes empfunden. Aber dieses Programm ist alles andere als nur individuell (vgl. den Überblick bei Gugutzer 2017). Auch der Trendsportler und Extremsportler muss die Erfahrung machen, dass innovatives Verhalten Nachahmer hervorbringt und Nachahmer wiederum Impulse für neues innovatives Verhalten setzen. So wiederholt sich in den nicht-standardisierten Formen des Sports ein Muster des sozialen Wandels, das man auch aus dem Feld der Mode und der Diffusion von Neuerungen kennt. Die Pioniere sehen sich plötzlich von Gleichgesinnten umgeben und das Unkonventionelle wird Teil einer sich darauf spezialisierenden Freizeit- und Sportindustrie (vgl. hierzu auch Bette 1999, S. 171 ff.). Schulze selbst hat in späteren Beiträgen auch einmal von dem „Individualisierungszauber" (Schulze 1996, S. 41) gesprochen und den Vorgang wie folgt zusammengefasst: „Unter dem Etikett der Individualisierung erobern sich neue Formen der Vergesellschaftung die Sozialwelt." (ebenda, S. 38)

Aber in großem Maßstab wird beobachtbar, wie die Kontrolle über sich selbst eine „Spirale der Selbstbeobachtung“ (Honneth 1994, S. 32) in Gang setzt. Religionswissenschaftler erklären die damit verbundenen Investitionen mit dem Verlust des Glaubens an ein Jenseits (vgl. Lütz 2008). Es sind daher auch Kämpfe gegen die Spuren der Zeit. Das körperliche Wohlbefinden soll nach innen und außen spürbar sein. Abweichungen von diesen Schönheitsidealen werden in viel stärkerem Maße auch als solche empfunden und in der Öffentlichkeit thematisiert. Dabei ist die „Anähnelung des Realen an das medial zirkulierende Bild“ (Klein 2008, S. 212) auch Ausdruck einer tiefen Irritation, die der kollektive Wandel von Verhaltensstandards auslösen kann. Diese modernen Wettkämpfe an realistischeren Maßstäben auszurichten, ist das Ziel verschiedener Kampagnen gewesen. Das Unternehmen „The Body Shop“ entwickelte z. B. einen Slogan gegenüber übertriebenem Schlankheitswahn („There are 3 billion women who don't look like supermodels and only 8 who do“), die Dove-Kampagne „Real bodies have real curves“ wollte der Werbewelt eine Wirklichkeit entgegenhalten, die diese systematisch ausblendet, und ein Frauenmagazin wollte nicht länger als Präsentationsfläche für superschlanke Models dienen.[41] „Body Positivity“ und „Body Inclusivity“ stehen für eine Diversifizierung und Abkehr von den dominierenden Schönheitsidealen.[42] Die Ambivalenz dieses Felds zeigt sich in Alternativvorschlägen, die beispielsweise für „Body Neutrality“ plädieren (vgl. Winkler 2022; Kneeland 2023).

Dennoch ist da die Erwartung, dass Programme, die einer „bodily perfection“ (Lupton, zit. nach Portmann 2003, S. 231) dienlich sein sollen, auch entsprechende Erträge erbringen: „Dietetic regiments now tend to be overtly directed towards the pursuit of

41 In einem Editorial der Zeitschrift Brigitte hieß es im Jahr 2010 (Heft 2): „Ab sofort finden Sie in unseren Heften nur noch Mode- und Beauty-Fotoproduktionen ohne Models.“

42 Vgl. Elbrechter, Lorena (2021): Body Positivity – Werbung im Wandel. [https://blog.clsr.me].

an idealized body weight or shape rather than the attainment of spiritual purification, a project of the body rather than of the soul. The rewards are now the promise of good health, longevity and a slim, youthful and attractive body.“ (ebenda, S. 231) [⌛]

Training 101 – Der Faktor Sport

Mit einem Trainingsprogramm (Training 101) soll Langlebigkeit („Longevity“) gefördert werden. Auf der Website wird wie folgt geworben:

„Learn how to live longer, be healthier, and optimize your performance.“

Der New York Times Bestseller „Outlive“ sagt im Klappentext:

„Wouldn't you like to live longer? And better? In this operating manual for longevity, Dr. Peter Attia draws on the latest science to deliver innovative nutritional interventions, techniques for optimizing exercise and sleep, and tools for addressing emotional and mental health.“

Der Autor stellt fest:

„I would never want anybody to come away from this thinking, ‚I'm too old to do anything about it.‘ I think as long as you're breathing, you have a chance to do something about it.“

Quelle: https://peterattiamd.com; Attia 2023

Wenn diese Belohnungen ausbleiben, wird man gegebenenfalls zu seinem eigenen Feind. Es sind nicht nur die Hochglanzmagazine und celebrity-Sendungen, die Protagonisten in Film und Fernsehen, die diesen Prozess zusätzlich befeuern, auch die Adressaten dieser Medienangebote nutzen ihre Möglichkeiten, sich in diesen Prozess einzubringen, zum Teil unter erheblicher Aufopferung von Zeit. Grooming-Rituale gehören nach McCracken zu den minutiösen Formen der Vorbereitung auf öffentliche Auftritte, zu den zeitintensiven Aktivitäten der Pflege des eigenen Aussehens und Auftretens (vgl. 1986, S. 72). Wer vor dem Spiegel steht, sieht dabei sich selbst und ein Alter Ego, das für Erwartungen relevanter Bezugsgruppen steht: „The language with which advertisements describe certain make-up, hair-styling goods, and clothing tacitly acknowledge the meaningful properties available in goods that special grooming rituals release." (ebenda, S. 79) Auch die Erweiterung der Präsentationsfläche durch Make-Up-Videos auf Broadcast Yourself-Plattformen wie YouTube wäre ohne die Chance auf ein Publikum gar nicht vorstellbar. Es gibt zunächst ein tiefes Bedürfnis nach „shared emotions" (Winterhoff-Spurk 2004, S. 82), nach geteilten Empfindungen, an denen man durch Orientierung an bestimmten Schönheitsidealen partizipieren möchte. Denn, was schön oder nicht schön ist, was als attraktiv und was als nicht attraktiv gilt, wird nicht nur in diesen Videos entschieden. Die Augen der Betrachter sind bereits durch viele Ideale, die sie anderenorts wahrgenommen haben, beeinflusst. Da der eigene Körper und die Schönheit des Körpers hochgeschätzt werden, sind diese „feeling rules" (Hochschild 2003 [zuerst 1983], S. 56 ff.) nicht wirklich bewusst. Man glaubt, für sich zu sein, und diszipliniert sich selbst. Der Körper wird als Kapital eingesetzt, die Erträge stellen sich allmählich ein. Den Anfang machen die Clicks von Freunden, es folgen Weiterempfehlungen. Je größer die emotionale Distanz zwischen Sender und Empfänger, desto diffuser werden die Motive des Betrachtens solcher Videos. Die neue Kategorie „Influencer" steht nicht nur für eine Diversifizierung von „Loyalty"-Phänomenen, sondern auch für eine Aktivität, die Berufswünsche zu lenken vermag (vgl. Fritsche 2023). Das gegenseitige Wahrnehmen unter Gleichgesinnten bestärkt die Relevanz, die eigenen Vorlieben werden sogar überschätzt. Es gilt somit nicht nur: „Popularity causes Loyalty", sondern auch: „Loyalty causes Ignorance". Die Binnenräume der Kommunikation werden mit der Außenwelt gleichgesetzt (vgl. den Überblick in Deutscher Bundestag 2022). Es ist somit eine Mischung aus Kompetenz- und Nachahmungseffekten. Die Zahl der Clicks beziehungsweise Abrufe beeindruckt andere und begünstigt Schwarmeffekte. Ob man in diesem Markt zu einem Meinungsführer werden kann, wird auch an diesen numerischen Kriterien gemessen, die besonders für jene, die auch davon profitieren können, unmissverständliche Signale vermitteln. Ab einem bestimmten Punkt werden die Protagonisten für die Schönheitsindustrie interessant. Sie erhalten neue Produkte zum Testen und werden freiwillig oder unfreiwillig zu arbeitenden Kunden, zum Teil einer Prosumentenkultur, in der eben nicht mehr die professionelle Anleitung durch ein professionelles Model zählt, sondern das Selbermachen. Der aktive Konsument ist daher mit sich selbst zufrieden und wird gleichzeitig für die Zwecke der Schönheitsindustrie instrumentalisiert. Schönheitsideale werden vermeintlich demokratisiert und die Interessenten erhalten das Gefühl, auf Augenhöhe mitwirken zu können: ein Talentschuppen der Schönheit. Sie treten daher gelegentlich auch wie persönliche Verkaufsberater auf. Hier kann noch einmal an die Beobachtung erinnert werden, dass wir zu einem Volk von Testern geworden sind (vgl. Drösser 2008).[43]

Auf diese Weise fügen sich diese Medienkanäle in die Casting-Kultur der Gegenwart ein. Eine neue Form von Werbung hat ein weites Betätigungsfeld gefunden. Das Auf und Ab der Beliebtheit ist so berechenbar wie die öffentliche Meinung. Diese Art von Prominenz ist sehr vergänglich. Der Markt hat einen kurzen Atem, das Rekrutieren und Aufbauen von Talenten macht heute wahr mit Andy Warhols Bonmot: „In the future, everyone will be world-famous for 15 minutes."

5.

Konkurrenzeffekte beobachtet man auch in Bereichen, die Extremformen der Anstrengung, Ausdauer und Disziplin erfordern. Die Arbeit an sich selbst kann hier zu einem Phänomen beitragen, das Hubert Knoblauch in Anlehnung an Max Weber als ekstatische Askese bezeichnet hat (vgl. Knoblauch 2002, S. 222 ff.). Auch hier geht es um Nutzenmaximierung, aber nicht im Sinne eines minimalen Aufwands für maximalen Ertrag. Daher wurde im Rahmen der sogenannten Flow-Theorie die Frage gestellt: „In einer Welt, die nach gängiger Meinung von der Sucht nach Geld, Macht, Ansehen und Vergnügen beherrscht ist, überrascht es, Leute zu finden, welche alle diese Ziele aus unersichtlichen Gründen hinten anstellen: Leute, welche ihr Leben beim Klettern am Fels riskieren,

43 Siehe hierzu auch die Ausführungen in Kapitel 6.

ihr Leben der Kunst widmen oder ihre Energien dem Schachspiel zuwenden." (Csikszentmihalyi 1985, S. 19) Vorgeschlagen wird der Begriff „autotelische Tätigkeit", um damit den intrinsischen Wert dieser Aktivitäten hervorzuheben, der sich auch ohne Anerkennung durch Dritte einstellt (vgl. ebenda, S. 29 f.). Die Befriedigung selbst ist danach der entscheidende Ertrag und die Zustimmung durch Beobachter nachrangig. Einschränkend muss hinzugefügt werden, dass diese Form der Selbstverwirklichung sich insbesondere dann als eine dominante erweist, wenn es an äußeren Belohnungen, zum Beispiel einem hohen Einkommen, nicht mangelt (vgl. ebenda, S. 41 f.). So mag man in vielen körperintensiven Aktivitäten ein autotelisches Element identifizieren, aber die von Plessner vertretene Sichtweise („Der Mensch will eben gesehen werden, bewundern und bewundert werden." (1985 [zuerst 1956], S. 151)), wird auch hier zu berücksichtigen sein.

Der Rüstfaktor, also die Zeit, die dem Ausüben sportlicher Aktivitäten vorausgeht, ist ebenfalls ein signifikanter Indikator für die „Versportung" des Alltags. Dabei kommen wissenschaftliche, funktionale und ästhetische Aspekte zum Tragen. Sport dient dem eigenen Wohlbefinden und liefert der Umwelt Signale, die dort im Sinne „Im Trend: Ja/Nein" codiert werden. Die Erkenntnis „Wissen erzwingt Entscheidungen" (Beck 1996, S. 290) spiegelt sich in den Komponenten, die beim Kauf von Sportgeräten und Sportzubehör beachtet werden sollen oder können. Im wahrsten Sinne des Wortes geht daher die Freizeitgestaltung nicht leicht von der Hand. Man möchte nichts dem Zufall überlassen und als Ergebnis körperbetonter Aktivitäten gesünder werden und fit bleiben.

Das Laienpublikum der Sportler schaut mit einer Mischung aus Zuversicht und Skepsis auf die Effizienz von Trainingsprogrammen oder begleitenden Ernährungsrichtlinien und bringt die eigenen Erfahrungen in die Diskussionen ein. Der Sport erreicht auf diese Weise ein enormes Aufklärungspotenzial und fühlt sich als Institution herausgefordert, wenn bestimmte Formen seiner Ausübung hinsichtlich ihrer gesundheitsförderlichen Wirkung in Frage gestellt werden. Wenn der Spitzensport bereits eine hohe und intensive Betreuung, Beratung und Kontrolle verlangt, wie wichtig wird es dann für Personen, die sich von heute auf morgen ehrgeizige Ziele setzen und die Grenzen ihres persönlichen Leistungsvermögens kennenlernen möchten. Kritisch wurde in diesem Zusammenhang bemerkt: „Ein Marathonlauf ist nichts, was die Volksgesundheit fördert, im Gegenteil: Ein Drittel aller Teilnehmer taucht Studien zufolge anschließend beim orthopädischen Facharzt auf, um sich behandeln zu lassen." (Reinsch 2011, S. 52) Skeptizismus wird daher auch hier zu einer Tugend (vgl. Merton 1938, S. 334) und steigert die Bedeutung der Zeit, die vor dem Sport dem Sport gewidmet wird.

Zeitintensiv erweisen sich auch moderne Formen des Körperkults, die Kraft und Athletik in den Vordergrund stellen. Die Anfänge des modernen Body Building – sieht man einmal von aus historischer Perspektive wohl latent präsenten Athleten- und Körperidealen der griechischen Antike ab – liegen zunächst in unterhaltenden Zurschaustellungen übermenschlicher Kraft, bevorzugt auf Jahrmärkten oder in Varietés. Obwohl mit dem im Jahr 1905 publizierten Buch „Bodybuilding or Man in the Making" (Sandow 1905) die disziplinierte Körperentwicklung sich von der bloßen Kraftmeierei distanzierte und der aus Ostpreußen stammende Eugen Sandow damit eine gewisse Berühmtheit erlangte, bleibt Bodybuilding bis in die späten 60er Jahre des 20. Jahrhunderts bestenfalls eine gesellschaftliche Randerscheinung, der zugleich das Attribut „Sport" abgesprochen wurde. Dennoch entwickelten sich Trainingsprogramme und Regeln für Wettbewerbssituationen (vgl. Kläber 2010, S. 33). Erst im Verlaufe der 1980er Jahre verzeichnet es einen breitenwirksamen Aufstieg, der zu nicht unerheblichen Teilen auch auf die medienwirksame Platzierung in Film und Fernsehen zurückzuführen sein dürfte. Vor dem Hintergrund zunehmender gesellschaftlicher Akzeptanz und Verbreitung des Kraft- und Fitnesssports – der lange Zeit eine Männerdomäne darstellte –, erfasst die körper- und fitnessbetonte Selbststilisierung zunehmend auch das weibliche Geschlecht (vgl. Delaney/Madigan 2015, S. 242 ff.). Dabei wird die Fitnessbewegung zunehmend umrahmt oder ergänzt durch neue Lebensphilosophien und meditative Programme, während das Austragen von Meisterschaften deutlich an Bedeutung verloren hat. Klein stellt hierzu fest: „Die Arbeit am eigenen Körper ist für manche nicht nur Arbeit an der Oberfläche, sondern eher eine Reise ins Innere." (2010, S. 460) Fitness wird ausgeübt und bebildert, im Kontext von Events publikumswirksam zelebriert (z. B. durch intensives und langes Tanzen) und damit kontinuierlich in Erinnerung gebracht. Die Demonstration der Körperaufwertung ist von der Bühne in den Alltag gewandert.

Ausdauer, Kraft, Körperbeherrschung – stets spielt dabei auch die Orientierung an selbst gesetzten Maßstäben oder existierenden Rekorden eine Rolle. Das Brechen von Rekorden muss dabei innerhalb eines realistischen Bezugsrahmens erfolgen können, weil anderenfalls das Miteinander-konkurrieren-wollen uninteressant wird. Norbert Elias hat am Beispiel der sich verändernden Weltrekordzeiten im 5000-Meter-Lauf sehr anschaulich zeigen können, dass die schrittweise Verbesserung von Laufzeiten ein entscheidender Impuls für das Fortleben des Wettbewerbs darstellt. Von 1924 bis 1972 wurde die Weltrekordzeit kontinuierlich zumeist um einen Wert, der deutlich unter zehn Sekunden lag, verbessert.

Abbildung 8.1: Weltrekordzeiten im 5000-Meter-Lauf

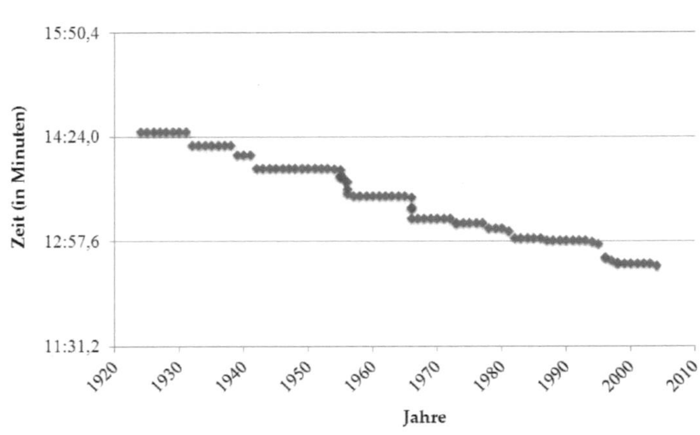

Quelle: Eigene Erstellung, Daten von iaaf.org

Für Elias setzte jede Läufergeneration der nachfolgenden einen neuen Maßstab. Solange dieser Prozess unmanipuliert erfolgt, steuern die beteiligten Akteure den Fortschritt sozusagen selbst. Wird dagegen ein unrealistischer Wert gesetzt, geht den Beteiligten der Ansporn verloren, sich noch daran zu messen. Elias stellt in diesem Zusammenhang fest: „Beim Sport gibt es überdies manchen Anlass zu der Vermutung, daß jemand, der zu weit über den existierenden Weltrekord hinausschießt, der sich also aus dem Kommunikationsbereich der Rivalen allzu weit entfernt, Gefahr läuft, den Sport zu töten.“ (1977, S. 146) Als im professionellen Schwimmsport neue Anzüge eingeführt wurden, konnte ein solcher Effekt beobachtet werden, gleichwohl ausgelöst durch eine technische Innovation. Eine Schwimmerin wurde mit dem Satz zitiert: „Ich habe mich gefühlt wie ein Schnellboot im Wasser. […] Die ganze Entwicklung ist schädlich für unseren Sport.“ (Steinle 2009a, S. 29) Eine andere Stimme lautete: „Ohne diesen Anzug hätte ich diesen Rekord nicht gebrochen. Diese Entwicklung macht den Schwimmsport kaputt.“ (Steinle 2009b, S. 18) Die Rekordinflation sorgte sodann für ein Verbot der Hightech-Anzüge. Die Entwicklungen im professionellen Radsport zeigen eine ähnliche Entwicklung, die zeitweise sogar zur Aberkennung der medienöffentlichen Aufmerksamkeit geführt hat. Wenn körperliche Belastungsgrenzen neue Rekorde in den Bereich des Unmöglichen rücken lassen, wird Doping zu einer Form der Beschleunigung, die natürliche und durch Technik bedingte Zeitgrenzen überwinden hilft [⌛]. Mit „Technology Doping“ werden nunmehr Zeit- und andere Vorteile beschrieben, die im Wettkampf zu ungleichen Ausgangsbedingungen führen können (vgl. Goh 2021). Die Leistungsdichte treibt die Perfektion an, die Perfektion übt Druck auf den klassischen Sport- und Wettkampfgedanken aus.[44]

44 Siehe hierzu: https://www.france24.com/en/tv-shows/science/20240116-technology-doping-innovation-providing-a-competitive-advantage-to-athletes.

Am Limit

„Armin Hary wollte den Rekord, unbedingt. Dafür hatte er trainiert, hart und intensiv. Angetrieben von dem Wunsch, so schnell zu laufen wie nie zuvor ein Mensch. 10,0 Sekunden über 100 Meter galten als Grenze des Machbaren [...] Am 21. Juni 1960 lief Hary in Zürich die 10,0 Sekunden und damit in die Geschichtsbücher. Er hatte die Grenze erreicht. Doch schon damals wusste er, dass sein Rekord nicht für die Ewigkeit sein würde. [...] Die Grenzen des Mögliche haben sich weiter verschoben. Am 31. Mai 2008 benötigte Usain Bolt für 100 Meter 9,72 Sekunden. Vertraut man Berechnungen französischer Forscher, ist damit das Ende der Weltrekorde erreicht. [...]. Der Blick auf die Entwicklung der Höchstleistungen scheint ih[nen] recht zu geben. Die Leistungssprünge werden immer kleiner. Rekorden werden längst nicht mehr pulverisiert. Es geht nicht mehr um Minuten oder Sekunden, sondern um Zehnter und Hundertstel, nicht um Meter, sondern um Zentimeter. [...] ‚Doping ist nichts anderes als eine Manipulation des Systems bis an die absolute Grenze. Die Frage, die wir uns stellen [...] lautet; Geht das auch natürlich?' Die Antworten stehen aus. Obwohl manche Grenze längst überschritten ist, sind die Sportwissenschaftler überzeugt, dass im Gesamtsystem Körper noch natürliche Ressourcen für Weltrekorde zu finden sind. ‚Eine absolute Grenze gibt es nicht' [...]."

Quelle: Bröker 2008

Die Anerkennung sportlicher Höchstleistungen hat unter dieser Entwicklung in den letzten Jahren erheblich gelitten. Je kürzer die zu überwindenden Distanzen, desto mehr müssen andere Potenziale ausgeschöpft werden, um überhaupt noch neue Rekorde ausweisen zu können: die immer feinere Messung der Zeit. Nicht das Zielband entscheidet über Sieger und Verlierer, sondern die Zehntel-, Hundertstel-, schließlich die Millisekunde. So werden die rasenden Menschen (vgl. Borscheid 2004, S. 176) zu den Opfern ihrer eigenen Ansprüche und die Zuschauer, die Gefallen an den Wettkämpfen finden, zu Mitverantwortlichen eines inflationären Vorgangs, der Rückschritt im Fortschritt bedeutet. In Bezug auf das 19. Jahrhundert schrieb Borscheid: „Die Massen wollen Rekorde sehen, und um das Interesse an den Rekorden nicht einschlafen zu lassen, erhöhen die Veranstalter die Zahl der Disziplinen, führen Regional-,

Landes- und Weltrekorde ein und verfeinern die Leistungsfeststellung. In Deutschland werden noch 1863 Sekunden-Stoppuhren eingesetzt. Bis 1880 benutzen die Kampfrichter Stoppuhren mit Viertelsekunden, um 1890 solche mit Fünftelsekunden, und seit 1900 sind Uhren mit Zehntelsekunden Standard." (2004, S. 183) Die Präzisierung der Zeitmessung ist seitdem immer weiter vorangeschritten und musste voranschreiten, um Leistungen, die augenscheinlich gleich waren, überhaupt noch unterscheiden zu können. Im Motorrennsport sind die Mensch-Maschine-Leistungen so ähnlich geworden, dass Rundenbestzeiten über Tausendstelsekunden entschieden werden. Auch das ist dann Teil der Zeitkultur. So manches Foto-Finish belegt, dass es nicht mehr um eine „Zentimetersache" geht.[45]

Die Arbeit am eigenen Körper wird in einer hochtechnisierten Welt zu einer Leistung, die noch unmittelbar erfahrbar wird und Zurechenbarkeit von Aufwand und Ertrag gewährleistet. Anstrengungen werden zu Intensiverlebnissen ausgebaut, die häufig wiederum ganze Industrien ernähren und in Gang halten. Dennoch sind auch diese Verhaltensbereiche nicht frei von Rätseln, die selbst die Trendforschung zu Ausflüchten veranlasst. Faith Popcorn sagte 2007 in einem Interview: „Sie wissen das doch selber: Die Menschen sind sehr kompliziert." (Fischermann 2007) Sie reagierte damit auf die Beobachtung, dass die Leute meilenweit joggen, um anschließend ein Viertel Pfund Eiscreme zu sich zu nehmen. Alle Belohnungen finden im Leben statt, nicht danach. Die „Gymnastik des Willens" (Knoblauch 2002, S. 236) ist elastisch geworden und passt sich wechselnden Herausforderungen und Situationen an. Aber auch der „asketische Aristokratismus" (Bourdieu 1982, S. 447), der Phänomene, die als einfach gelten, durch eine besondere Rahmung wieder mit Distinktion umgibt, tut sich mit Prinzipientreue gelegentlich schwer. Die Schlittschuhläufer in Weimar, von denen zu Beginn dieses Kapitels die Rede war, kombinierten die Bewegung mit dem guten Essen. Von Herzog Karl August wird berichtet, dass

45 Lindner, Sebastian (2023): Zentimetersache – Das waren die knappsten Entscheidungen des Jahres. [https://www.tour-magazin.de].

er auf dem Eise gerne tafelte. Für den 18. Januar 1877 meldete man: „Aufm Eis. Alles draus gessen die Gesellschaft." (zit. nach Dummer 1939, S. 93)

Leseempfehlungen

Bette, Karl-Heinrich (2010a): Sportsoziologie. In: Kneer, Georg; Schroer, Markus (Hrsg.): Handbuch Spezielle Soziologien. Wiesbaden, S. 587–604.

Heinemann, Klaus (2007): Einführung in die Soziologie des Sports. 5., überarbeitete und aktualisierte Auflage. Schorndorf.

Knoblauch, Hubert (2002): Asketischer Sport und ekstatische Askese. In: Sorgo, Gabriele (Hrsg.): Askese und Konsum. Wien, S. 222–245.

Kapitel 9
„What comes next?“ – Über Vergangenheit, Gegenwart und Zukunft

1.

Der frühere Bundeskanzler Helmut Schmidt soll während des Bundestagswahlkampfs 1980 einmal gesagt haben: „Wer Visionen hat, soll zum Arzt gehen.“ Über den Hintergrund dieser Aussage ist viel spekuliert worden. Sie wird hier nicht zitiert, um dazu einen weiteren Beitrag zu leisten. Jemand, der diese Aussage zum ersten Mal hört und den historischen Hintergrund nicht kennt, mag ja beispielsweise zu dem Ergebnis kommen: Hier plädiert ein nüchterner Realist für das Machbare und dafür in allem, was man tut, die Gegenwart im Auge zu behalten. Ein Politiker, dessen Erfolg auch auf die Vermittlung von Zuversicht, also etwas in der Zukunft Liegendem, gründete, war John F. Kennedy. Ihm wird wiederum der Satz zugeschrieben: „Change ist the law of life. And those who look only to the past or the present are certain to miss the future.“ Der Balanceakt zwischen Vergangenheit, Gegenwart und Zukunft wird hier gewahrt und dem American Way of Life Tribut gezollt. Schließlich, und wiederum mit einer anderen Schwerpunktsetzung, soll hier Wilhelm von Humboldt zu Wort kommen: „Nur wer die Vergangenheit kennt, hat eine Zukunft!“ Das Zitat könnte auch aus dem Mund eines Historikers stammen, der von Berufs wegen Antworten auf den Sinn der Geschichte geben möchte. Christopher Clark hat an vier Beispielen gezeigt, wie sich Herrscher oder Herrschaftssysteme in ihrer jeweiligen Zeit verortet haben. Für die Gegenwart weist er auf eine Zunahme von Zweifeln an einer Gestaltbarkeit der Zukunft hin, die vermehrt Erschöpfungszustände auslösen (vgl. Clark 2018, insb. S. 218 ff.).

Die viel diskutierte These vom Ende der Geschichte ist nicht auf biografische Erfahrungen übertragbar und hat daher auch nichts mit der Gestaltung und Wahrnehmung von Lebenszyklen beziehungsweise Lebensverläufen zu tun. Sie war das Ergebnis der Anwendung der Hegelschen Geschichtsphilosophie auf das Verschwinden lang andauernder Spaltungen politischer Systeme, verbunden mit der Erwartung einer weltweiten Ausbreitung der Ideen des Liberalismus (vgl. Fukuyama 1992). Der Horizont dieser Aussagen ist auf institutioneller Ebene also anders einzustufen als auf individueller Ebene. Zeitperspektiven sind hier als Variable zu betrachten und dies ist gleichzusetzen mit der Vorstellung intra- und intersubjektiv variierender Wahrnehmungen. Zimbardo unterscheidet für die westliche Welt sechs „time perspectives", die er „Past-negative", „Past-positive", „Present-fatalistic", „Present-hedonistic", „Future" und „Transcendental-future" nennt (Zimbardo/Boyd 2008, S. 52). Zur Differenzierung dieser Dimensionen ist ein umfassendes Messinstrument entwickelt worden,[46] das hier nur beispielhaft wiedergegeben werden kann. Es spiegelt den Umgang mit Erfahrungen und erfüllten beziehungsweise enttäuschten Erwartungen vor dem Hintergrund eines kulturellen Rahmens wider, der auf Traditionen verweist [⌛].

The Zimbardo Time Perspective Inventory (ZTPI): Auszüge

„The Past-negative Time Perspective

[..] I often think of what I should have done differently in my life. […]

[..] It's hard for me to forget unpleasant images of my youth. […]

The Present-hedonistic Time Perspective

[..] I believe that getting together with one's friends to party is one of life's important pleasures. […]

46 Siehe hierzu auch die Ausführungen in Kapitel 4.

[..] When listening to my favorite music, I often lose all track of time. [...]

The Future Time Perspective

[..] I believe that a person's day should be planned ahead each morning. [...]

[..] I meet my obligations to friends and authorities on time. [...]

The Past-positive Time Perspective

[..] Familiar childhood sights, sounds, and smells often bring back a flood of wonderful memories. [...]

[..] I like family rituals and traditions that are regularly repeated. [...]

The Present-fatalistic Time Perspective

[..] Fate determines much in my life. [...]

[..] It doesn't make sense to worry about the future, since there is nothing that I can do about it anyway. [...]

The Transcendental-future Time Perspective

[..] My body is just a temporary home for the real me.

[..] Death is just a new beginning. [...]"

Quelle: entnommen aus Zimbardo/Boyd 2008, S. 52ff.

Das kulturelle Gedächtnis einer Gesellschaft ist ein Reservoir für biografische Erfahrungen, aber eben auch mehr als das, weil es über die Lebenszeit des einzelnen Menschen hinausreicht. Daher ist „Gedächtnis nicht ausschließlich etwas Privates und Individuelles [...], sondern auch etwas Kollektives." (Hahn 2010, S. 99) Das Gedächtnis der Gesellschaft hat immer eine soziale Komponente, die vor dem Individuum existierte, aber durch Erinnerung aktualisiert werden kann (vgl. hierzu ausführlich Reinhardt 2006, S. 144 ff.). Mit „[...] Herr, da doch die Ewigkeit dein ist [...]" eröffnete Augustinus (354–430) das Elfte Buch seiner „Confessiones" (Bekenntnisse) und gab damit zunächst der Erbärmlichkeit des Menschen gegenüber Gott Ausdruck (Augustinus 2004 [verfasst um 398/399], S. 529). Im Hinblick auf das Thema dieses Schlusskapitels machte er des Weiteren interessante Beobachtungen: „Was aber jetzt klar und deutlich ist, das ist dies: Weder das Zukünftige ist noch das Vergangene, und man kann auch von Rechts wegen nicht sagen, es gebe drei Zeiten, Vergangenheit, Gegenwart und Zukunft. Vielleicht sollte man richtiger sagen: es gibt drei Zeiten, Gegenwart des Vergangenen, Gegenwart des Gegenwärtigen und Gegenwart des Zukünftigen. Denn diese drei sind in der Seele, und anderswo sehe ich sie nicht. Gegenwart des Vergangenen ist die Erinnerung, Gegenwart des Gegenwärtigen die Anschauung, Gegenwart des Zukünftigen die Erwartung." (ebenda, S. 565) In diesem Zeitfluss springen Augenblicke hervor, die nichts von Routine haben und sich gegen Vergänglichkeit als resistent erweisen können: Wegmarken (vgl. Hettlage 2019).

2.

Diese Gegenwartsgebundenheit der Erfahrung wird auch thematisiert, wenn Erinnern als ein selektiver Umgang mit der Vergangenheit beschrieben wird. Denn nie kann alles erinnert werden, manches wird vergessen, wieder anderes wird durch Hinweise von Dritten aktiviert. Aber: „Erinnert werden kann immer nur in der jeweiligen Gegenwart." (Hahn 2010, S. 98) Das Schreiben von Tagebüchern, die Pflege von Fotobänden, Filmmaterial und andere persönliche Erinnerungsstücke können dabei das Gedächtnis entlasten und das Erinnern erleichtern. Aber wie und was erinnert wird, wird stets neu aktualisiert. Es wiederholt sich nie wirklich in gleicher Weise. Wer dagegen nicht mehr in der Lage ist, sein Gedächtnis als Speicher zu verwenden, wird gezielt darauf trainiert, bestimmte Tätigkeiten auszuführen, die für die Alltagsbewältigung wichtig sind. Man wird aufgefordert, ein Aufgabenbuch zu führen und ertappt sich dabei, dass man vergessen hat, selbst dies zu tun. Philip Roth beschreibt in seinem Roman „Exit Ghost" mehrere Situationen, in denen die Kontrolle über diese Kontrolle verloren geht [⌛].

Über das Vergessen

„Am Vormittag war ich in einem Drugstore gewesen und hatte ein paar Toilettenartikel gekauft, die ich vergessen hatte, nach New York mitzunehmen. An der Kasse hatte ich die Verkäuferin gefragt: ‚Könnten Sie das bitte in eine Schachtel packen?' Sie hatte mich ausdruckslos angesehen und geantwortet: ‚Wir haben keine Schachteln.' ‚Ich meine, in eine Tüte, bitte.' Ein winziger Fehler, der mich dennoch beunruhigte. Solche Versprecher unterliefen mir inzwischen beinahe täglich, und trotz der Einträge, die ich gewissenhaft in mein Aufgabenbuch schrieb, trotz aller Bemühungen, mich auf das, was ich tat oder tun wollte, zu konzentrieren, vergaß ich häufig etwas. Wenn ich telefonierte, bemerkte ich, dass wohlmeinende Menschen manchmal versuchten, den angefangenen Satz oder Gedanken für mich zu Ende zu führen, bevor mir überhaupt bewusst wurde, dass ich gezögert oder auf der Suche nach dem richtigen Wort innegehalten hatte. Andere gingen großzügig über meine Fehler hinweg, wenn ich (wie erst neulich gegenüber meiner Haushaltshilfe Belinda) neue Wortschöpfungen wie »schwerempfunden« anstatt »tiefempfunden« von mir gab, wenn ich in Athena einen Bekannten mit dem falschen Namen ansprach oder wenn der Name der Person, mit der ich mich unterhielt, mir mit einemmal entfallen war und ich angestrengt nachdenken musste, bis ich ihn wieder parat hatte. All diese bemühte Konzentration schien weniger gegen eine Entwicklung zu bewirken, die sich nicht so sehr wie ein langsames Nachlassen des Gedächtnisses als vielmehr wie ein jäher Rutsch in die Besinnungslosigkeit anfühlte, als wohnte in meinem Kopf etwas Diabolisches, das eigene Ziele verfolgte – der Kobold der Amnesie, der Dämon des Vergessens, gegen dessen Zerstörungskraft ich nicht ankam –, als würde diese Wesenheit solche Ausfälle einzig und allein einsetzen, um das Vergnügen zu genießen, mir bei meinem Verfall zuzusehen, als wäre es ihr hämisches Endziel, jemanden, dessen Scharfsinn als Schriftsteller auf Erinnerung und verbaler Präzision beruhte, in einen belanglosen Menschen zu verwandeln."

Quelle: Roth 2009, S. 170f.

Ebenso beschreibt Martin Suter in seinem Roman „Small World" am Beispiel des an Alzheimer leidenden Protagonisten Konrad Lang, wie das Vergessen die Gegenwart bestimmt und längst Vergangenes detailreich wird. In dem Film Memento wiederum versucht der Hauptdarsteller den Mord an seiner Frau zu rächen und leidet selbst unter den Folgen eines Überfalls, die sein Kurzzeitgedächtnis außer Kraft gesetzt haben. Er hilft sich unter anderem mit Tätowierungen, nutzt also seinen Körper als Gedächtnisstütze. Doch auch diese Form des Einschreibens verliert ihre Funktion, weil er sich nicht mehr an die Bedeutung dessen, was dort festgehalten ist, erinnern kann. Die Reaktivierung der Vergangenheit ist also nicht nur ein hochselektiver, sondern gelegentlich auch ein sehr fragiler Vorgang.

In dieser Situation wäre auch die entlastende Funktion moderner elektronischer Speichermöglichkeiten nicht hilfreich gewesen. Die Chance, Funktionen des Gedächtnisses auf diese Art und Weise auszulagern, ist beispielsweise das Versprechen von Smartphones. Amanda J. Barnier beschreibt die entlastende Funktion solcher Technologien und erwähnt die Erfahrung eines Kollegen, der seinem iPhone die Fähigkeit zusprach, zentrale Funktionen des Gehirns zu übernehmen, zum Beispiel: „[…] replacing part of his memory […].“ (Barnier 2010, S. 293) Ein gut organisiertes Smartphone und ein damit vertrauter Nutzer sind also ein ideales Paar, um das Leben leichter zu machen. Wenn es aber verloren geht oder verlegt wird, dann geht es einem ähnlich wie einem Menschen, der einen Partner vermisst, der ihm beim Erinnern der Vergangenheit immer geholfen hat (vgl. hierzu noch einmal Barnier 2010, S. 295). Je mehr an Externalisierung dieser Art stattfindet, desto abhängiger wird man. Hahn hat eine ähnlich subtile Situation einmal wie folgt beschrieben: „Man stelle sich einen Computer vor, der alles nur Wißbare irgendwo als Datei verzeichnet hätte, aber keine verläßliche „retrieval function“ besäße. Es wäre dieser Computer die subtilste Form des Vergessens, die sich denken ließe.“ (Hahn 2000, S. 32)

3.

Diese Formen der Erinnerung können sich natürlich häufig auf Dinge beziehen, die immer wieder getan werden müssen, die uns also in der Gegenwart nicht noch einmal mit Vergangenem vertraut machen sollen. Der Philosoph Hermann Lübbe hatte mit dem Begriff

„Gegenwartsschrumpfung“[47] ein modernes Paradox beschrieben: Weil ständig neue Dinge erfunden werden, wird die Vergangenheit nicht mehr als eine vertraute Lebenswelt empfunden. Der Bezug zur Gegenwart wird dadurch noch stärker, aber auch die Unsicherheit darüber, was zukünftig wohl kommen mag. In dem verstärkten Bedürfnis, eine Musealisierung der Vergangenheit zu praktizieren, sieht Lübbe ein signifikantes Zeichen der Kompensation dieses Vertrautheitsschwunds (vgl. Lübbe 1995, S. 53).

Dieser Vertrautheitsschwund wird durch ein Phänomen verstärkt, das Aleida Assmann in ihrem Buch „Erinnerungsräume“ anschaulich beschrieben hat. Sie stellt darin fest, dass mit dem „Rückgang des Auswendiglernens […] die sprunghaft angestiegene Kapazität der elektronisch hoch gerüsteten externen Wissensspeicher [korrespondiert].“ (2003, S. 11; [⌛]) Die rasante Entwicklung im Bereich der künstlichen Intelligenz verstärkt daher auch die Diskussion über die Folgen dieser Auslagerungsprozesse auf unsere kognitiven Fähigkeiten (vgl. Grinschgl/Neubauer 2022).

Der Google-Effekt

„'How did we use to remember things like this before the Internet?' […] people are using the Internet as a personal memory bank: the so-called Google effect. What surprised [..] most was not people's reliance on nonmemorized information but their ability to find it. 'We're remarkably efficient.' […] In short [..] they were better at remembering where information was stored than the information itself. […] 'Why remember something if I know I can look it up again? In some sense, with Google and other search engines, we can offload some of our memory demands onto machines.'“

Quelle: Bohannon 2011, S. 277.

Eine Kulturtechnik wird durch selteneres Praktizieren zu etwas Außergewöhnlichem. In Ray Bradburys Roman „Fahrenheit 451“ werden Bücher als Bedrohung der Gesellschaft empfunden und von der Feuerwehr aufgespürt und verbrannt. Manche üben sich daher

47 Siehe hierzu auch die Ausführungen in Kapitel 5.

im Auswendiglernen, damit die Inhalte nicht in Vergessenheit geraten. Francois Truffaut lässt diese „Buchmenschen" in dem gleichnamigen Film in Wäldern leben und Texte vor sich her sagen – der Nachwelt zum Nutzen.

Ein anderes Praktizieren zeigt auch die Entwicklung der Bibliotheksnutzung. Als es noch keine Möglichkeit der elektronischen Recherche gab, waren es Ausleihfristen, die den engen Zusammenhang von Zeit und Ort vermittelten. Die Bibliothek hatte mit ihrem Zettelkatalog zudem etwas Statisches. Während des Arbeitens in einem Lesesaal waren überwiegend die Dokumente auf dem Arbeitstisch bestimmend. Neben diesen Informationsfluss gesellte sich in der Regel kein weiterer, Unterbrechungen durch ein dynamisches Recherchemedium fanden nicht statt, die „intelligenten Terminals", die bereits Ende der 1970er Jahre mit Bezug auf Entwicklungen der Informatik in einem Gutachten zur Bildungsentwicklung beschrieben wurden (vgl. Lyotard 1982, S. 30 und 124), konnten noch nicht genutzt werden, Fernleihe bedeutete Geduld.

Dennoch gibt es weiterhin Buchmenschen. Zugleich sieht der Gedächtnisvirtuose von heute, dass seine Kompetenzen für das Füllen von Rekordbüchern gut sind oder Teil von Unterhaltungsprogrammen werden können. Ebenso treten Menschen nun gegen Maschinen an, zum Beispiel im Schach. Wenn der Mensch gewinnt, wird es als ein Sieg über die Technik verbucht, der man ja nicht anerkennend auf die Schulter schlagen kann und dazu gratuliert. Siegt die Maschine, dann erfährt der menschliche Verlierer in der Regel tröstenden Zuspruch. Die hochgerüsteten Speicher, von denen Assmann spricht, werden zu unverzichtbaren Assistenten im Alltag und schaffen neue Gelegenheitsstrukturen, die auch Vorstellungen von Aktualität verändern. Wissenschaftliche Journale werden flexibel auf mobilen Endgeräten verfügbar gemacht oder automatisch angezeigt, wenn entsprechende Voreinstellungen vorliegen. Man wartet also nicht mehr auf Informationen, sondern wird von ihnen begleitet, gelegentlich vielleicht auch „verfolgt". Die Idee eines „Informationszölibats", die der schwedische Erfolgsautor

Henning Mankell in einem seiner Romane diskutierte, ist unter diesen Bedingungen wahrscheinlich nicht mehr als eine schöne Anekdote (Mankell 2003, S. 416).

Wenn die Gegenwart der Gegenwart nach Augustinus sich in der Anschauung manifestiert, mag diese selbst variierende Zeithorizonte haben. Das überzeitliche Ufer, von dem aus ein Alter Ego die Alltagsorganisation beobachtet, existiert nicht. Ist der Tag durch anspruchsvolle Aufgaben gefüllt, wird Zeit zwar als knapp und vergänglich erlebt, aber nicht notwendigerweise als ein Faktum, das man vertreiben möchte. Langeweile dagegen tritt ein, wenn nichts in der Zeit ist (vgl. hierzu auch Gadamer 1993, S. 285 f.). Wer nichts mit seiner Zeit anzufangen weiß, dem fehlt es an intrinsischer Motivation, an der Fähigkeit, selbst Impulse zu setzen. Tibor Scitovsky hat die Frage, ob ein Organismus, der sich in einem Zustand vollster Zufriedenheit befindet, sich auf Dauer ruhig verhalten mag, mit einem eindeutigen Nein beantwortet. Zufriedenheit ist in diesem Sinne kein Dauerzustand, sondern ein vorübergehendes Wohlbefinden, das immer wieder neu hergestellt werden muss. Nach Scitovsky produziert der Körper in Situationen, die uns unterfordern, Impulse („daß Nervenzellen spontan ‚zünden' können" (1989, S. 23)). Der Mensch zieht sich quasi am eigenen Schopf aus der Misere und bringt sich in eine andere Verfassung. Andere sind in der Lage, die Zeit, die nicht durch Termine und Verpflichtungen gefüllt ist, für das Schmieden neuer Pläne, für Gedankenspiele, die sich mit Vergangenem oder Zukünftigem beschäftigen, zu nutzen.

Neben unseren eigenen Interessen, Vorlieben und Problemen sorgen eine Vielzahl von Beobachtern dafür, unsere Aufmerksamkeit auf immer wieder neue Dinge zu lenken. Aus der Perspektive einer Nachrichtenredaktion darf kein Tag wie der andere sein [⌛].

Der Historiker Hagen Schulze über die Zeit der Französischen Revolution – gedacht im Fernsehzeitalter

„[...] was hätte jener Zivilist gesagt, der sich am Abend des 20. September 1792 nach der unglücklich verlaufenen Kanonade von Valmy mit einigen preußischen Offizieren um das Fernsehgerät geschart haben würde, um die Brennpunkte der Ereignisse in Großaufnahme zu besichtigen? ‚Von hier und heute geht eine neue Epoche der Weltgeschichte aus...' Nein, das hört man schon seit Jahren allabendlich in der Tagesschau, und dabei ist man sowieso jederzeit.

Nun hat Goethe diesen Ausspruch vermutlich wirklich nicht getan: er besaß eben kein Fernsehgerät. Und deshalb war ihm in jener kalten, regnerischen Nacht im Kreideschlamm der Champagne die historische Bedeutung jener Schlacht keineswegs bewusst. Erst der Abstand von dreißig Jahren – die ‚Kampagne in Frankreich' entstand 1822 – gab ihm die Sicherheit des historischen Urteils. Denn was historisch wichtig und wirksam für die Zukunft ist, das lehrt erst die Zeit, in der sich die Zusammenhänge und Hintergründe entfalten und enthüllen.

Die Geschichte ist der Zusammenhang der vielen Geschichten, die sich erst vollständig ereignet haben müssen, bevor sie begriffen und erzählt werden können."

Und für 1990 lautete die Einschätzung:

„Die Welt zeigt sich nicht mehr in einer Abfolge von Geschichten, sondern als Strom von Bildern, die nicht wichtig oder unwichtig, sondern ausnahmslos aktuell und deshalb allesamt gleich ‚historisch' sind."

Quelle: Schulze 1990.

Eine Tageszeitung, die nichts Neues zu berichten hat, ist zwar theoretisch vorstellbar, aber praktisch nicht gewünscht. Die Grundidee sorgt dafür, dass der Alltag wichtig genommen wird und die Gewähr der Kontinuität gelegentlich bedeutsamer als der konkrete Inhalt ist.[48] Was gelesen, gehört und gesehen wird, hat selten den Status von etwas Endgültigem. Das Vorläufige, das Spekulative, das Gerücht, die Annahme, die Hypothese, das Szenario – es ist nicht

48 Siehe hierzu auch die Ausführungen in Kapitel 7.

nur die Erinnerung, welche die Gegenwart bestimmt, sondern auch die Frage, was die Zukunft wohl bringen mag. Dabei reichen die Aussagesysteme von Trends über Prognosen bis hin zu Utopien (vgl. zu einem frühen Beispiel Pečar/Tricoire 2015, S. 11 f.).

4.

Trends sind im statistischen Sinne in die Zukunft gerichtete Veränderungen mit auf- oder absteigender Richtung. Die Sprache der Statistik kennt saisonale oder langanhaltende Trends. Wenn die Trendforschung dagegen in die Zukunft schaut, äußert sie sich zu personen- oder objektbezogenen Veränderungen, die sich zu einem Massenphänomen entwickeln könnten. Die Trendforschung lebt gewissermaßen von dem Bedürfnis nach Neuem, weil der Status quo selten auf Dauer als Herausforderung wahrgenommen wird. Trends fungieren in diesem Sinne als Medien der Überraschung in modernen Gesellschaften. Wer bei diesem Griff in die „Lostrommel der Zukunft" (Goethe, zitiert nach Ruppelt 2010, S. XII) einen Treffer landet, kann ein guter Analyst und Beobachter sein. Er weiß aber, dass der reflexive Charakter von Gesellschaften sich für oder gegen bestimmte Entwicklungsrichtungen auswirken kann. Prognosen tragen daher im Sinne Hirschmans den Keim ihrer eigenen Zerstörung in sich (vgl. 1984, S. 19). Langfristige Vorhersagen können in einem von Motivationen abhängigen System das Opfer von „Wildcards" werden, Ereignissen, die sich unmöglich vorhersehen lassen, von denen also nicht einmal bekannt ist, dass sie nicht bekannt sind. Der früherer US-amerikanische Verteidigungsminister Donald Rumsfeld hat sich in einer Rede einmal wie folgt geäußert: „Es gibt das gewußte Wissen und das gewußte Nicht-Wissen. Und dann gibt es Dinge, von denen wir nicht einmal wissen, daß wir sie nicht wissen." (zit. nach Geiselberger 2011, S. 7) Nach dem Philosophen Karl Raimund Popper können langfristige Vorhersagen prinzipiell nur bezüglich Systemen getroffen werden, die isoliert, stationär und zyklisch sind – beispielsweise das Sonnensystem (vgl. 1965 [zuerst 1944]). Daher kann man allenfalls versuchen, auf kluge Weise die

Gegenwart fortzuschreiben und sich auf die Analyse gegenwärtiger Trends zu konzentrieren. Für Lübbe bedeutet dies: „[...] die Analyse von Vorgängen, die eine Richtung haben, aber kein angebbares Ziel, die sich somit auch nicht nach Analogie von Handlungen verständlich machen lassen [...].“ (1996, S. 133) Umso erstaunlicher ist das in historischer Perspektive gut dokumentierte Bedürfnis nach Idealentwürfen von Gesellschaften. Diese Gesellschaftsentwürfe hoffen auf ein Ende des Wandels und damit vielleicht auch auf ein Ende des Wechsels zwischen Vergangenheit, Gegenwart und Zukunft. Für Dahrendorf lag in dieser Vorstellung des Guten, das von allen akzeptiert wird, etwas Autoritäres (vgl. hierzu ausführlich Dahrendorf 2001). Die Utopie ist daher zu Recht ohne Ort und wohl auch ohne Vorstellung von subjektiver Zeit. Sie vergeht einfach. So fragt denn auch Augustinus: „Und doch – können wir ein Wort nennen, das uns vertrauter und bekannter wäre als die Zeit? Wir wissen genau, was wir meinen, wenn wir davon sprechen, verstehen's auch, wenn wir einen andern davon reden hören.“ (Augustinus, 2004 [verfasst um 398/399] S. 552 f.) Dennoch sind es gerade die unhinterfragten Dinge, die aufschlussreich im Hinblick auf die Ordnung der Gesellschaft sind.

Leseempfehlungen

Assmann, Aleida (2003): Erinnerungsräume. Formen und Wandlungen des kulturellen Gedächtnisses. München.

Augustinus, Aurelius (2004): Confessiones. Bekenntnisse. Lateinisch-Deutsch. [Verfasst um 398/399]. Düsseldorf/Zürich.

Lübbe, Hermann (2003): Im Zug der Zeit. Verkürzter Aufenthalt in der Gegenwart. 3. Auflage. Berlin, Heidelberg, New York.

Nachbemerkung

Mit dem Begriff „Zeitzeichen" begann die Vorbemerkung zu dieser Neuauflage. In seinem Roman „Das Archiv der Gefühle" wählt auch der Schriftsteller Peter Stamm dieses Wort und erinnert sich an das Signal der Mittagsnachrichten im Radio, das durch das geöffnete Küchenfenster drang. Wenige Seiten später ist es erneut diese Küche, die in ihm Wiederholungen wachruft. Dabei entsteht das folgende Bild: „Die langen, gleichmäßigen Jahre, all die Frühstücke, Mittag- und Abendessen, während denen nie viel geredet wurde, nichts von Bedeutung. Die Wiederholung, das Wissen, dass wir morgen wieder so zusammensitzen würden, übermorgen, nächste Woche und im nächsten Jahr. Damals schien so viel Zeit zu sein, als gäbe es gar keine Zeit." (Stamm 2021, S. 28)

Diese Beschreibung verrät viel über die Gesichter der Zeit, gerade dann, wenn man ihr nicht aufpasst.

Literatur

Abbott, Andrew (2020): Zeit zählt. Grundzüge einer prozessualen Soziologie. Hamburg.

Adam, Konrad (1989): Wer Zeit hat, macht sich verdächtig. In: Frankfurter Allgemeine Zeitung, 1. April, S. B1.

Adorno, Theodor W. (1969): Freizeit. In: ders.: Stichworte. Kritische Modelle 2. Frankfurt/Main, S. 57–67.

Adorno, Theodor W. (1986): Kann das Publikum wollen? [Zuerst 1963]. In: Katz, Anne Rose (Hrsg.): Vierzehn Mutmaßungen über das Fernsehen, München, S. 55–60.

Ahlbom, Carl-Philip et al. (2023): Understanding How Music Influences Shopping on Weekdays and Weekends. In: Journal of Marketing Research, Vol. 60., No. 5, pp. 987–1007.

Alicke, Mark et al. (1995): Personal Contact, Individuation, and the Better-Than-Average Effect. In: Journal of Personality and Social Psychology, Vol. 68, No. 5, pp. 804–825.

Allensbacher Werbeträgeranalyse (AWA) (2009): Ernährung als Spiegel des gesellschaftlichen Struktur- und Mentalitätswandels. Hrsg. vom Institut für Demoskopie Allensbach.

Allensbacher Werbeträgeranalyse (AWA) (2023): Auszug Codebuch Essen und Trinken, hrsg. vom Institut für Demoskopie Allensbach. [https://www.ifd-allensbach.de/fileadminon/AWA/AWA2022/Codebuchausschnitte/AWA2022_Essen_und_Trinken.pdf]

Assmann, Aleida (2003): Erinnerungsräume: Formen und Wandlungen des kulturellen Gedächtnisses. München.

Attia, Peter (with Bill Gifford) (2023): Outlive. The Science & Art of Longevity. New York.

Augustinus, Aurelius (2004): Confessiones. Bekenntnisse. Lateinisch-Deutsch. [Verfasst um 398/399]. Düsseldorf/Zürich.

Backes, Gertrud M.; Clemens, Wolfgang (2013): Lebensphase Alter. Eine Einführung in die sozialwissenschaftliche Alternsforschung. 4., überarbeitete und erweiterte Auflage. Weinheim, München.

Baecker, Dirk (2007): Form und Formen der Kommunikation. Frankfurt/Main.

Baltes, Paul (2004): Der Generationenkrieg kann ohne mich stattfinden. In: Frankfurter Allgemeine Zeitung Nr. 110, 12. Mai, S. 39.

Barnier, Amanda J. (2010): Memories, Memory Studies and my iPhone: Editorial. In: Memory Studies 3(4), pp. 293–297.

Bauman, Zygmunt (1995). Zeit des Recycling: Das Vermeiden des Festgelegt-Seins. Fitneß als Ziel. [Aus d. Engl.]. In: Psychologie und Gesellschaft, Ausgabe 74–75, Vol. 19, S. 7–23.

Bauman, Zygmunt (2005): Moderne und Ambivalenz. Das Ende der Eindeutigkeit. Hamburg.

Beck, Klaus (1994): Medien und die soziale Konstruktion von Zeit. Über die Vermittlung von gesellschaftlicher Zeitordnung und sozialem Zeitbewußtsein. Opladen.

Beck, Ulrich (1996): „Wissen oder Nicht-Wissen? Zwei Perspektiven „reflexiver Modernisierung". In: Beck, Ulrich u. a. (Hrsg.), Reflexive Modernisierung. Eine Kontroverse, Frankfurt/Main, S. 289–315.

Beckett, Samuel (1971): Warten auf Godot. Frankfurt/Main.

Bell, Daniel (1976): Die nachindustrielle Gesellschaft. [Aus d. Amerik.]. 2. Auflage. Frankfurt/New York.

Bellebaum, Alfred (1990): Langeweile, Überdruss und Lebenssinn. Eine geistesgeschichtliche und kultursoziologische Untersuchung. Opladen.

Benni, Stefano (2001): Der Pünktliche (Zweite Erzählung des Reisenden). In. ders.: Es gibt keine schlechten Menschen, sagte der Bär, wenn sie gut zubereitet sind. [Aus d. Ital.]. 2. Auflage. Freiburg, S. 86–90.

Berelson, Bernard (1949): What "Missing the Newspaper" means. In: Lazarsfeld, Paul Felix; Stanton, Frank (eds.): Communication Research 1948–1949. New York, pp. 111–129.

Bergson, Henri (1993): Denken und schöpferisches Werden. [Aus d. Franz., zuerst 1934]. In: Zimmerli, Walter Ch.; Sandbothe, Mike (Hrsg.): Klassiker der modernen Zeitphilosophie. Darmstadt, S. 223–238.

Bethke, Hannah (2018): Nur besser ist genug. In: Frankfurter Allgemeine Zeitung, 18. Januar, S. 9.

Bette, Karl-Heinrich (1999): Systemtheorie und Sport. Frankfurt/Main.

Bette, Karl-Heinrich (2010a): Sportsoziologie. In: Kneer, Georg; Schroer, Markus (Hrsg.): Handbuch Spezielle Soziologien. Wiesbaden, S. 587–604.

Bette, Karl-Heinrich (2010b): Sportsoziologie. Bielefeld.

Bevans, George Esdras (1913): How Working Men Spend Their Spare Time. New York.

Biervert, Bernd (1995): Zeit in der Ökonomik. Perspektiven für die Theoriebildung. Frankfurt/Main, New York.

Bily, Thomas (2019): Zielgruppe 50plus. Marketing im demografischen und digitalen Wandel. Wiesbaden.

Blass, Wolf (1980): Zeitbudget-Forschung. Eine kritische Einführung in Grundlagen und Methoden. Frankfurt/Main, New York.

Blass, Wolfgang (1990): Theoretische und methodische Grundlagen der Zeitbudgetforschung. In: Schweitzer, Rosemarie von (Hrsg.): Zeitbudgeterhebungen: Ziele, Methoden und neue Konzepte. (Forum der Bundesstatistik, Band 13). Stuttgart, S. 54–76.

Bundesministerium für Arbeit und Soziales (2010): Statistisches Taschenbuch 2010. Arbeits- und Sozialstatistik. Bonn.

Bohannon, John (2011): Searching for the Google Effect on People's Memory. In: Science, Vol. 333, 15. July, p. 277.

Borscheid, Peter (2004): Das Tempo-Virus. Eine Kulturgeschichte der Beschleunigung. Frankfurt/Main, New York.

Bourdieu, Pierre (1982): Die feinen Unterschiede. Kritik der gesellschaftlichen Urteilskraft. [Aus d. Franz.]. Frankfurt/Main.

Bourdieu, Pierre (1987): Sozialer Sinn. Kritik der theoretischen Vernunft [Aus d. Franz.]. Frankfurt/Main.

Bourdieu, Pierre (1993): Soziologische Fragen. [Aus d. Franz.]. Frankfurt/Main.

Bovenschen, Silvia (2006): Älter werden. Notizen. 4. Auflage. Frankfurt/Main.

Bowser, Benjamin P. (2007): Ethnography of Racial Identities in Paris: Public Indicators of Social Hierarchy. A Research Note. In: Social Science Information 2007 (46), pp. 591–605.

Bradbury, Ray (2009): Fahrenheit 451. [Aus d Engl., zuerst 1953]. Stuttgart.

Braun, Hans (2004): Glückserfahrungen: Kulturelles Erbe und wissenschaftliches Interesse. In: Bellebaum, Alfred; Braun, Hans (Hrsg.): Quellen des Glücks – Glück als Lebenskunst. Würzburg, S. 9–22.

Braun, Hans (2010): Traditionale Zeitkultur und das neue Verhältnis zur Zeit. In: Die Neue Ordnung, 64. Jg., Heft 3, S. 193–202.

Bröker, Jürgen (2008): Bis hierher – und weiter! In: Zeit Online 31. Juli.

Broschart, Jürgen (2001): Ein Wunder, dass wir uns verstehen. In: GEO Wissen, Nr. 27, S. 22–30.

Brümmer, Kristina u. a. (2021) (Hrsg.): Ansätze einer Kultursoziologie des Sports. Baden-Baden. (Kultursoziologie und Kulturgeschichte der Gegenwart, Band 1).

Buber-Ennser, Isabella; Fent, Thomas (2021): Der demographische Wandel. In: Fuchs, Michael (Hrsg.): Handbuch Alter und Altern. Anthropologie – Kultur – Ethik. Berlin, S. 219–223.

Bundesministerium für Ernährung und Landwirtschaft (Hrsg.) (2023): Deutschland, wie es isst. Der BMEL-Ernährungsreport 2023. Berlin.

Burgdorf, Christian (2022): Die Schiene in der Verkehrswende. Wo Deutschland von anderen lernen kann. In: Aus Politik und Zeitgeschichte. Beilage zur Wochenzeitung Das Parlament, Heft 8–9, S. 34–40.

Burgfeld-Meise, Bianca; Meister, Dorothee M. (2020): Generationsspezifische Medienzugänge. In: Fuchs, Thorsten u. a. (Hrsg.): Jugend, Familie und Generationen im Wandel. Erziehungswissenschaftliche Facetten. Wiesbaden, S. 329–343.

Campbell, Colin (2005): The Romantic Ethic and the Spirit of Modern Consumerism. [Zuerst 1987]. Third Edition. Oxford, New York.

Casson, Herbert N. (1910): The History of the Telephone. Chicago.

Clark, Christopher (2018): Zeit und Macht. Herrschaft und Geschichtsbild vom Großen Kurfürsten bis zu den Nationalsozialisten. [Aus d. Engl.]. München.

Comte, Auguste (1849): Calendrier positiviste ou Système general de commémoration publique. Paris.

Craig, Lyn; Mullan, Killian (2010): Parenthood, Gender and Work-Family Time in the United States, Australia, Italy, France and Denmark. In: Journal of Marriage and Family 72, pp. 1344–1361.

Csikszentmihalyi, Mihaly (1985): Das Flow-Erlebnis. Jenseits von Angst und Langeweile: im Tun aufgehen. [Aus d. Engl]. Stuttgart.

Curran, Thomas; Hill, Andrew P. (2019): Perfectionism is Increasing over Time: A Meta-Analysis of Birth Cohort Differences from 1989 to 2016. In: Psychological Bulletin 145, No. 4, pp. 410–429.

Dahrendorf, Ralf (1983): Wenn der Arbeitsgesellschaft die Arbeit ausgeht. In: Matthes, Joachim (Hrsg.): Krise der Arbeitsgesellschaft. Verhandlungen des 21. Soziologentages im Bamberg 1982. Frankfurt/Main, New York, S. 25–37.
Dahrendorf, Ralf (2001): Über die Machbarkeit der guten Gesellschaft. In: Allmendinger, Jutta (Hrsg.): Die gute Gesellschaft. Verhandlungen des 30. Kongresses der Deutschen Gesellschaft für Soziologie in Köln 2000. Opladen, S. 1330–1337.
Dahrendorf, Ralf (2003): Auf der Suche nach einer neuen Ordnung. München.
Dampz, Nils (2023): Konzerne fordern weniger Homeoffice. In: tagesschau.de 15. August.
Daniels, Bruce C. (1996): Puritans at Play: Leisure and Recreation in Colonial New England. New York.
Danner, Daniel et al. (2016): Development and Psychometric Evaluation of a short Version of the Time Perspective Inventory. In: European Journal of Psychological Assessment, Vol. 35, No. 2, pp. 172–181.
Davison, W. Phillips (1996): The third-person effect revisited. In: International Journal of Public Opinion Research, 8. Jg., pp. 113–119.
Delaney, Tim; Madigan, Tim (2015): The Sociology of Sports. An Introduction. Second Edition. Jefferson, North Carolina.
DeLillo, Don (2016): Null K. [Aus d. Amerik.]. Köln.
DeLillo, Don (2020): The Silence. New York.
Denninger, Tina u. a. (2014): Leben im Ruhestand. Zur Neuverhandlung des Alters in der Aktivgesellschaft. Bielefeld.
Deutscher Bundestag (2022): „Echokammern" und „Filterblasen" in digitalen Medien. Berlin.
Diekmann, Andreas (2010): Spieltheorie: Einführung, Beispiele, Experimente. 2. überarbeitete Auflage. Reinbek bei Hamburg.
Dostojewskij, Fjodor Michailowitsch (2007): Aufzeichnungen aus dem Kellerloch. [Aus d. Russ., zuerst 1864]. Hamburg.
Dovifat, Emil (1931): Zeitungswissenschaft I. Allgemeine Zeitungslehre. Berlin, Leipzig.
Driessen, Christoph (2001): Schlange stehen: Warum stellen Sie sich so an? In: Der Tagesspiegel Online 27. Mai.
Drösser, Christoph (2008): Ein Volk von Testern. In: Die Zeit, Nr. 14, 27. März, S. 37–38.
Dumazedier, Joffre (1968): Leisure. In: International Encyclopedia of the Social Sciences. Vol. 9, pp. 248–254.
Dummer, E. Heyse (1939): Goethe und der Sport am Weimarer Hof. In: The German Quarterly 12, No. 2, S. 93–98.
Durkheim, Emile (1981): Die elementaren Formen des religiösen Lebens [Aus d. Franz., zuerst 1912]. Frankfurt/Main.
Durkheim, Emile (1996): Über soziale Arbeitsteilung. Studie über die Organisation höherer Gesellschaften. [Aus d. Franz.; zuerst 1893]. Frankfurt/Main.
Dusini, Arno (2005): Tagebuch. Möglichkeiten einer Gattung. München.

Ebner-Zarl, Astrid (2021): Die Entgrenzung von Kindheit in der Mediengesellschaft: Kinder zwischen Talentförderung, Leistungsdruck und wirtschaftlichen Interessen. Wiesbaden.

Egger, Andreas u. a. (2021): Generationenprofile der Mediennutzung im digitalen Umbruch. In: Media Perspektiven, Nr. 5, S. 270–291.

Elias, Norbert (1969): Die höfische Gesellschaft. Untersuchungen zur Soziologie des Königtums und der höfischen Aristokratie. Neuwied.

Elias, Norbert (1977): Zur Grundlegung einer Theorie sozialer Prozesse. In: Zeitschrift für Soziologie, Jg. 6, Heft 2, April, S. 127–149.

Elias, Norbert (1984): Über die Zeit. Frankfurt/Main.

Ende, Michael (2009): Momo oder die seltsame Geschichte von den Zeit-Dieben und von dem Kind, das den Menschen die gestohlene Zeit zurückbrachte. [Zuerst 1973]. München.

Enzensberger, Hans Magnus (1996): Reminiszenzen an den Überfluß. Der alte und der neue Luxus. In: Der Spiegel (51) 16. Dezember, S. 108–115.

Epple, Carola (2005): Ältere als Zielgruppe des Zeitschriftenmarketings: Zeitschriftenkonzepte für ältere Zielgruppen. Berlin.

Ettenhuber, Andreas (2010): Beschleunigung und Zäsuren im Fernsehprogramm: Wann schalten Zuschauer um? Baden-Baden.

Euler, Sebastian u. a. (2003): Das Dorian-Gray-Syndrom als „ethnische Störung" der Spätmoderne. In: Psychosozial, Nr. 94, 26. Jg., S. 73–89.

Evans-Pritchard, Edward E. (1940): The Nuer. A Description of the Modes of Livelihood and Political Institutions of a Nilotic People. Oxford.

Fagundes, David (2018): The Social Norms of Waiting in Line. In: Law & Social Inquiry 42, No. 4, pp. 1179–1207.

Featherstone, Mike (1991): The body in consumer culture. In: Featherstone, Mike et al. (Eds.): The Body: Social Process and Cultural Theory. London, pp. 170–196.

Featherstone, Mike; Hepworth, Mike (1995): Images of Positive Aging: A Case Study of Retirement Choice Magazine. In: Featherstone, Mike; Wernick, Andrew (eds.): Images of Aging. Cultural Representations of Later Life. London, New York, pp. 29–47.

Featherstone, Mike; Hepworth, Mike (2009): Die Maske des Alterns und der postmoderne Lebenslauf. [Aus d. Engl., zuerst 1991]. In: van Dyk, Silke; Lessenich, Stephan (Hrsg.): Die jungen Alten. Analysen einer neuen Sozialfigur. Frankfurt/Main, New York, S. 85–105.

Femers, Susanne (2007): Die ergrauende Werbung. Altersbilder und werbesprachliche Inszenierungen von Alter und Altern. Wiesbaden.

Filipp, Sigrun-Heide; Mayer, Anne-Kathrin (1999): Bilder des Alters. Altersstereotype und die Beziehungen zwischen den Generationen. Stuttgart.

Fischer, Marc (2001): Produktlebenszyklus und Wettbewerbsdynamik. Grundlagen für die ökonomische Bewertung von Markteintrittsstrategien. Wiesbaden.

Fischer, Thomas; Riedl, René (2017): Stress durch E-Mail: Forschungsbefunde und Praxisimplikationen. In: Wirtschaftsinformatik & Management, Heft 6, S. 22–31.

Fischermann, Thomas (2007): „Zu schick! Zu heiß! Zu richtig!" In: Zeit Online 27. Dezember.

Flasspöhler, Svenja (2011): Die Kunst der Passivität. In Psychologie heute, Heft 5, Mai, S. 66–71.

Flichy, Patrice (1994): Tele. Geschichte der modernen Kommunikation. [Aus d. Franz.]. Frankfurt/Main, New York.

Florida, Richard (2004): The Rise of the Creative Class – and how it's transforming Work, Leisure, Community and Everyday Life. New York.

Foucault, Michel (1976): Überwachen und Strafen. Die Geburt des Gefängnisses. [Aus d. Franz.]. Frankfurt/Main.

Franklin, Benjamin (1954): Autobiographie. [Aus d. Amerik., zuerst 1791]. Berlin.

Freitag, Michael (1997): Warum kann die Werbung auch die Älteren erreichen, Herr Leonhard? In: Frankfurter Allgemeine Magazin, 01. August, Nr. 909, S. 44–45.

Freud, Sigmund (1943): Formulierungen über die zwei Prinzipien des psychischen Geschehens. [Zuerst 1911]. In: Freud, Anna (Hrsg.): Gesammelte Werke. London, S. 230–238.

Frick, Karin (2006): Es ist kaum mehr (h)auszuhalten. In: GDI Impuls, Herbst, S. 103–105.

Friebe, Holm; Lobo, Sascha (2006): Wir nennen es Arbeit. München.

Fritsche, Lisa-Marie (2023): Traumberuf der Generation Z. In: Frankfurter Allgemeine Sonntagszeitung, N. 43, 29. Oktober, S. 55.

Fröhlich, Gerrit (2018): Medienbasierte Selbsttechnologien 1800, 1900, 2000. Vom narrativen Tagebuch zur digitalen Selbstvermessung. Bielefeld.

Fukuyama, Francis (1992): Das Ende der Geschichte. Wo stehen wir? München.

Gadamer, Hans-Georg (1993): Über leere und erfüllte Zeit. In: Zimmerli, Walter Ch.; Sandbothe, Mike (Hrsg.): Klassiker der modernen Zeitphilosophie. Darmstadt, S. 281–297.

Galbraith, John K. (1959): Gesellschaft im Überfluss. [Aus d. Engl.]. München.

Garhammer, Manfred (1999): Wie Europäer ihre Zeit nutzen. Zeitstrukturen und Zeitkulturen im Zeichen der Globalisierung. Berlin.

Gaßner, Hans-Peter (2006): Werberelevante Zielgruppen im Wandel. In: Media Perspektiven 1/2006, S. 16–22.

Gebauer, Gunther (2001). Der Held und sein Handy. Sport als Habitus und Erzählung, in: Merkur 621, S. 1–14.

Geiselberger, Heinrich (Hrsg.) (2011): WikiLeaks und die Folgen. Die Hintergründe. Die Konsequenzen. Berlin.

Geißler, Karlheinz A. (2003): Alles zu jeder Zeit. In: Die Zeit, Nr. 15, 03. April, S. 47–48.

Gershuny, Jonathan (1990): International Comparisons of Time Budget Surveys. Methods and Opportunities. In: Schweitzer, Rosemarie von (Hrsg.): Zeitbudgeterhebungen – Ziele, Methoden und neue Konzepte. (Forum der Bundesstatistik, Band 13). Stuttgart, S. 23–53.

Gershuny, Jonathan; Sullivan, Oriel (1998): The Sociological Uses of Time-use Diary Analysis. In: European Sociological Review, Vol. 14 No. 1, pp. 69–85.

Gershuny, Jonathan (2008): Veblen in Reverse: Evidence from the Multinational Time-Use Archive. In: Social Indicators Research 93 (1), pp. 37–45.

Geyer, Christian (1994): Die Juvenilität im Nacken. In: Frankfurter Allgemeine Zeitung, 02. März, Nr. 51, S. N5.

Gigerenzer, Gerd (2007): Bauchentscheidungen. Die Intelligenz des Unbewussten und die Macht der Intuition. [Aus d. Engl.]. München.

Gille, Martina; Marbach, Jan H. (2004): Arbeitsteilung von Paaren und ihre Belastung mit Zeitstress. In: Statistisches Bundesamt (Hrsg.): Alltag in Deutschland – Analysen zur Zeitverwendung. (Forum der Bundesstatistik, Band 43). Wiesbaden, S. 86–113.

Girtler, Roland (1990): Die feinen Leute: Von der vornehmen Art, durchs Leben zu gehen. 2. Auflage. Frankfurt/Main.

Glorieux, Ignace et al. (2010): In Search of the Harried Leisure Class in Contemporary Society: Time-Use Surveys and Patterns of Leisure Time Consumption. In: Journal of Consumer Policy 33, pp. 163–181.

Goffman, Erving (1967): Stigma. Über Techniken der Bewältigung beschädigter Identität. [Aus d. Amerik., zuerst 1963]. Frankfurt/Main.

Goffman, Erving (1982): Das Individuum im öffentlichen Austausch. Mikrostudien zur öffentlichen Ordnung. [Aus d. Amerik.; zuerst 1971]. Frankfurt/Main.

Goh, Chui Ling (2021): The Challenge of regulationg Doping and Non-Doping ‚performance-enhancing Strategies' in Elite sports. In: The International Sports Law Journal 21, March, pp. 47–61.

Gottwald, Franz-Theo (2011): Esst anders! Vom Ende der Skandale. Über inspirierte Bauern, innovative Handwerker und informierte Genießer. Marburg.

Gräff, Friederike (2014): Warten: Erkundungen eines ungeliebten Zustands. Berlin.

Grazia, Sebastian de (1972): Der Begriff Muße. In: Scheuch, Erwin K.; Meyersohn, Rolf (Hrsg.): Soziologie der Freizeit. Köln, S. 56–73.

Greenberg, Jerald (1989): The Organizational Waiting Game: Delay as a Status-Asserting or Status-Neutralizing Tactic. In: Basic and Applied Social Psychology, 10(1), pp. 13–26.

Gribetz, Sarit Kattan; Kaye, Lynn (2023): Thinking Temporally Today. In: Gribetz, Sarit Kattan; Kaye, Lynn (eds.): Time. A Multidisciplinary Introduction. Berlin, Boston. (Time and Periodization in History, Vol. 1), pp. 5–19.

Grinschgl, Sandra; Neubauer, Aljoscha C. (2022): Supporting Cognition with modern Technology: Distributed Cognition Today and in an AI-Enhanced Future. In: Frontiers in Artificial Intelligence. https://doi.org/10.3389/frai.2022.908261

Gronemeyer, Marianne (1993): Das Leben als letzte Gelegenheit. Sicherheitsbedürfnisse und Zeitknappheit. Darmstadt.

Gross, Peter (1994): Die Multioptionsgesellschaft. Frankfurt am Main.

Gugutzer, Robert (2017): Sport. In: Gugutzer, Robert u. a. (Hrsg.): Handbuch Körpersoziologie. Band 2: Forschungsfelder und Methodische Zugänge. Wiesbaden, S. 303–317.

Gumbrecht, Hans-Ulrich (2000): Was sich nicht wegkommunizieren läßt. In: Maresch, Rudolf; Weber, Niels (Hrsg.): Kommunikation, Medien, Macht. Frankfurt/Main, S. 329–341.

Gurvitch, Georges (1963): The Spectrum of social Time. Dordrecht.

Habermas, Jürgen (1968): Soziologische Notizen zum Verhältnis von Arbeit und Freizeit. [Zuerst 1958]. In: Giesecke, Hermann (Hrsg.): Freizeit und Konsumerziehung: Daten, Meinungen, Analysen. Göttingen, S. 105–122.

Habermas, Jürgen (1998): Die postnationale Konstellation. Frankfurt/Main.

Haffner, Sebastian (1985): Im Schatten der Geschichte. Historisch-politische Variationen aus zwanzig Jahren. Stuttgart.

Hahn, Alois (1987): Soziologische Aspekte der Knappheit. In: Heinemann, Klaus (Hrsg.): Soziologie wirtschaftlichen Handelns. Opladen, S. 119–132.

Hahn, Alois (2000): Biographie und Lebenslauf. [Zuerst 1988]. In: ders.: Konstruktionen des Selbst, der Welt und der Geschichte. Aufsätze zur Kultursoziologie. Frankfurt am Main, S. 97–115.

Hahn, Alois (2004): Das Glück des Gourmets. In: Bellebaum, Alfred; Braun, Hans (Hrsg.): Quellen des Glücks – Glück als Lebenskunst. Würzburg, S. 163–181.

Hahn, Alois (2010): Körper und Gedächtnis. Wiesbaden.

Hank, Rainer (2011): Die geschenkten Jahre. In: Frankfurter Allgemeine Sonntagszeitung, Nr. 16, 24. April, S. 41–42.

Hank, Karsten u. a. (Hrsg.) (2023): Alternsforschung. Handbuch für Wissenschaft und Studium. 2., aktualisierte und erweiterte Auflage. Baden-Baden.

Hargittai, Eszter; Hinnant, Amanda (2008): Digital Inequality. Differences in Young Adults' Use of the Internet. In: Communication Research, Vol. 35, No. 5, pp. 602–621.

Heckhausen, Jutta; Brim, Orville Gilbert (1997): Perceived Problems for Self and Others: Self-protection by social Downgrading throughout Adulthood. In: Psychology and Aging, Vol. 12 (4), pp. 610–619.

Hehlmann, Thomas u. a. (2018): Soziologie der Gesundheit. Konstanz.

Heinemann, Klaus (2007): Einführung in die Soziologie des Sports. 5., überarbeitete und aktualisierte Auflage. Schorndorf.

Heinzelmann, Ursula (2010): Der hemmungslose Konsum muss aufhören. In: Frankfurter Allgemeine Sonntagszeitung, Nr. 44, 7. November, S. 60.

Hellmann, Kai-Uwe (2023): Theater des Konsums. Vorstudien für eine Soziologie der Verbraucherbühnen. Wiesbaden.

Helmke, Stefan u. a. (2016): LOHAS-Marketing. Strategie – Instrumente – Praxisbeispiele. Wiesbaden.

Hennen, Manfred (1990): Soziale Motivation und paradoxe Handlungsfolgen. Opladen.

Hettlage, Robert (2019): Augenblicke. Wegmarken im Fluss der Zeit. In: Bellebaum, Alfred; Hettlage, Robert (Hrsg.): Der Augenblick. Kulturwissenschaftliche Erkundungen. Wiesbaden, S. 3–7.

Hirsch, Fred: (1980): Die sozialen Grenzen des Wachstums. Eine ökonomische Analyse der Wachstumskrise. [Aus d. Engl.]. Reinbek bei Hamburg.

Hirschman, Albert Otto (1984): Engagement und Enttäuschung. Über das Schwanken der Bürger zwischen Privatwohl und Gemeinwohl [Aus d. Engl.]. Frankfurt/Main.

Hochschild, Arlie R. (2003): The Managed Heart. Commercialization of Human Feeling. [Zuerst 1983]. Berkeley usw.

Hochschild, Arlie R. (2006): Keine Zeit. Wenn die Firma zum Zuhause wird und zu Hause nur Arbeit wartet. [Aus d. Amerik.]. 2. Auflage. Wiesbaden.

Hoffmann, Sabine (2002): Warte, warte nur ein Weilchen. In: Spiegel Online 2. September.

Hoffmann, Matthias (2011): Sterben? „Am liebsten plötzlich und unerwartet“. Die Angst vor dem „sozialen Sterben“. Wiesbaden.

Hoffmeister, Johannes (Hrsg.) (1952): Briefe von und an Hegel. Band I: 1785–1812. Hamburg.

Höflich, Joachim R. (2003): Einleitung: Mediatisierung des Alltags und der Wandel von Vermittlungskulturen. In: Höflich, Joachim R.; Gebhardt, Julian (Hrsg.): Vermittlungskulturen im Wandel. Frankfurt/Main, New York, S. 7–21.

Holtgrewe, Ursula (2006): Flexible Menschen in flexiblen Organisationen. Bedingungen und Möglichkeiten kreativen und innovativen Handelns. Berlin.

Homans, George Caspar (1972): Elementarformen sozialen Verhaltens. [Aus d. Engl]. 2. Auflage. Opladen.

Honneth, Axel (1994): Desintegration. Bruchstücke einer soziologischen Zeitdiagnose. Frankfurt/Main.

Hoppe, Theresa u. a. (2016): Inszenierung von Alter(n) und älteren Menschen in TV-Werbespots. In: Zeitschrift für Gerontologie und Geriatrie 49, S. 317–326.

Hornig, Frank (2007): Jetzt geht's erst richtig los. In: Der Spiegel, Nr. 2, 8. Januar, S. 68–71.

Horx, Matthias (2007): Trendspot #55: Downaging. Warum wir nicht älter, sondern eher jünger werden. Hrsg. von Redaktion Zukunftsinstitut. [http://www.zukunftsinstitut.de].

Institut für Demoskopie Allensbach (2002): Allensbacher Jahrbuch der Demoskopie 1998/02, Bd. 11. Berlin/New York.

Institut für Demoskopie Allensbach (2009): Allensbacher Jahrbuch der Demoskopie 2003/09, Bd. 12. Berlin/New York.

Institut zur Fortbildung von Betriebsräten (2023): Downaging – und wie alt fühlen Sie sich? [https://www.betriebsrat.de].

Jacob, Rüdiger u. a. (2019): Umfrage. Einführung in die Methoden der Umfrageforschung. 4., überarbeitete und ergänzte Auflage. München.

Jahoda, Marie; Lazarsfeld, Paul Felix; Zeisel, Hans (1975): Die Arbeitslosen von Marienthal. [Zuerst 1933]. Frankfurt/Main.

James, William (1970): The Principles of Psychology. [Zuerst 1890]. New York.

Jäckel, Michael (1998): Warum Erlebnisgesellschaft? Erlebnisvermittlung als Werbeziel. In: ders. (Hrsg.): Die umworbene Gesellschaft. Analysen zur Entwicklung der Werbekommunikation. Opladen, S. 245–271.

Jäckel, Michael (2009): Ältere Menschen in der Werbung. In: Schorb, Bernd u. a. (Hrsg.): Medien und höheres Lebensalter. Wiesbaden, S. 130–145.

Jäckel, Michael (2010): Was unterscheidet Mediengenerationen? In: Media Perspektiven, Nr. 5, S. 247–257.

Jäckel, Michael (2011): Medienwirkungen. Ein Studienbuch zur Einführung. 5., vollständig überarbeitete u. erweiterte Auflage. Wiesbaden.

Jäckel, Michael; Rövekamp, Christoph (2001): Alternierende Telearbeit. Akzeptanz und Perspektiven einer neuen Form der Arbeitsorganisation. Wiesbaden.

Jäckel, Michael; Wollscheid, Sabine (2004): Medienzeitbudgets im Vergleich. Eine Gegenüberstellung der Langzeitstudie Massenkommunikation und der Zeitbudgeterhebung des Statistischen Bundesamtes. In: Medien & Kommunikationswissenschaft 52, Nr. 3, S. 355–376.

Jäckel, Michael; Würfel, Alexander (2004): Individuelle oder organisationsspezifische Mediennutzung? Ein empirischer Beitrag zum Umgang mit neuen Informations- und Kommunikationstechnologien in Unternehmen und Verwaltungen. In: Beck, Klaus; u. a.: Gute Seiten – schlechte Seiten. München, S. 298–316.

Johannes, Niklas et al. (2018): Hard to resist? The Effect of Smartphone Visibility and Notifications on Response Inhibition. In: Journal of Media Psychology 31(4), pp. 214–225.

Johnson, Steven (2006): Neue Intelligenz. Warum wir durch Computerspiele und TV klüger werden. [Aus d. Amerik.]. Köln.

Jordan, Amy et al. (2007): Measuring the Time Teens Spend with Media: Challenges and Opportunities. In: Media Psychology, Vol. 9, Issue 1, pp. 19–41.

Jouvenel, Bertrand de (1971): Jenseits der Leistungsgesellschaft. Elemente sozialer Vorausschau und Planung. Freiburg im Breisgau.

Jungbauer-Gans, Monika u. a. (2005): Machen Kleider Leute? Ergebnisse eines Feldexperiments zum Verkäuferverhalten. In: Zeitschrift für Soziologie, Jg. 34, Heft 4, S. 311–322.

Kaschuba, Wolfgang (1989): Sportivität: Die Karriere eines neuen Leitwerts. Anmerkungen zur Versportlichung der Alltagskultur. In: Sportwissenschaft 19, Heft 2, S. 154–171.

Kaiser, Joachim (1971): Vorwort. In: Beckett, Samuel: Warten auf Godot. Frankfurt/Main, S. 7–23.

Katz, Stephen (1995): Imagining the life-Span. From premodern Miracles to postmodern Fantasies. In: Featherstone, Mike; Wernick, Andrew (eds.): Images of Aging. Cultural Representations of Later Life. London, New York, pp. 61–75.

Kaufmann, Jean-Claude (2006): Kochende Leidenschaft. Soziologie vom Kochen und Essen. Konstanz.

Keim, Gerhard (1999): Magic Moments. Ethnographische Gänge in die Konsumwelt. Frankfurt, New York.

Kläber, Mischa (2010): Doping im Fitness-Studio. Die Sucht nach dem perfekten Körper. Bielefeld.

Klein, Gabriele (2008): BilderWelten – KörperFormen: Körperpraktiken in Mediengesellschaften. In: Thomas, Tanja (Hrsg.): Medienkultur und soziales Handeln. Wiesbaden, S. 209–218.

Klein, Gabriele (2010): Soziologie des Körpers. In: Kneer, Georg; Schroer, Markus (Hrsg.): Handbuch Spezielle Soziologien. Wiesbaden, S. 457–474.

Klinger, Sabine; Weber, Enzo (2017): Immer mehr Menschen haben einen Nebenjob. In: IAB-Kurzbericht, Nr. 22, S. 1–11.

Kneeland, Jessi (2023): Body Neutral: A Revolutionary Guide to Overcoming Body Image Issues. New York.

Knoblauch, Hubert (2002): Asketischer Sport und ekstatische Askese. In: Sorgo, Gabriele (Hrsg.): Askese und Konsum. Wien, S. 222–245.

Koenigsberg, Allen (1990): The Patent History of the Phonograph, 1877–1912. Compiled, edited and annotated Edition. New York.

Kohli, Martin (1985): Die Institutionalisierung des Lebenslaufs. In: Kölner Zeitschrift für Soziologie und Sozialpsychologie 37, Heft 1, S. 1–29.

Kohli, Martin (2005): Der Alters-Survey als Instrument wissenschaftlicher Beobachtung. in: Kohli, Martin; Künemund, Harald (Hrsg.): Die zweite Lebenshälfte. Gesellschaftliche Lage und Partizipation im Spiegel des Alters-Survey. Wiesbaden, S. 11–33.

Körber, Christian; Schaffar, Andrea (2003): Identitätskonstruktionen in der Mediengesellschaft. Theoretische Annäherungen und empirische Befunde. In: Medien-Impulse, Nr. 41, S. 80–86.

Koslowski, Peter (1994): Die Ordnung der Wirtschaft. Studien zur praktischen Philosophie und politischen Ökonomie. Tübingen.

Krebs, Stefan u. a. (2018) (Hrsg.): Kulturen des Reparierens. Dinge – Wissen – Praktiken. Bielefeld.

Kroeber-Riel, Werner; Gröppel-Klein, Andrea (2019): Konsumentenverhalten. 11., vollständig überarbeitete, aktualisierte und ergänzte Auflage. München.

Krüger, Hans J. (1971): Arbeit. In: Ritter, Joachim u. a. (Hrsg.): Historisches Wörterbuch der Philosophie. Band 1. Basel, S. 482–487.

Kuhlmann, Eberhard (1990): Verbraucherpolitik – Grundzüge ihrer Theorie und Praxis. München.

Kuroczik, Johanna (2023): In der Falle. In: Frankfurter Allgemeine Sonntagszeitung, Nr. 50, 17. Dezember, S. 56.

Kühne, Anna Sophie (2023): Die Teilzeit-Gesellschaft. In: Frankfurter Allgemeine Sonntagszeitung, Nr. 10, 12. März, S. 17.

Laaff, Meike (2011): Ich bin der perfekte Zahlenmensch. In: Spiegel Online 27. Juli.

Lang, Frieder u. a. (2021): Altern als Zukunft – eine Studie der VolkswagenStiftung. Berlin.

Langenfeld, Ina Ragnhild (2008): Die Welt bloggt. Tagebuch und Weblogs im Vergleich. Marburg.

Lazarsfeld, Paul F.; Merton, Robert K. (1973): Massenkommunikation, Publikumsgeschmack und organisiertes Sozialverhalten. [Zuerst 1948]. In: Aufermann, Jörg.; u. a. (Hrsg.): Gesellschaftliche Kommunikation und Information. Frankfurt/Main, S. 447–470.

Lepenies, Wolf (2010): Auguste Comte. Die Macht der Zeichen. München.

Levine, Robert (1998): Eine Landkarte der Zeit. Wie Kulturen mit Zeit umgehen [Aus d. Amerik.]. München.

Levine, Robert (2005): Die große Verführung: Psychologie der Manipulation [Aus d. Amerik.]. München.

Linder, Staffan (1970): Das Linder-Axiom oder Warum wir keine Zeit mehr haben. New York, London.

Lindskog, Helena (2001): Time-rich and Time-poor. A new Way for Market Segmentation. In: Krivulin, Nikolai K. (ed.): New Models of Business: Managerial Aspects and Enabling Technology. St. Petersburg, pp. 77–84.

Lippmann, Walter (1990): Die öffentliche Meinung. [Aus d. Engl.; zuerst 1922]. Bochum.

Lobo, Sascha (2009): Die bedrohte Elite. Frank Schirrmacher und der Kulturpessimismus. Eine Gegenrede. In: Der Spiegel 50, S. 142–144.

Loll, Anna (2007): Wer zuerst geht, der verliert. In: Frankfurter Allgemeine Zeitung 22. September, Nr. 221, C1.

Löwith, Karl (1986): Von Hegel zu Nietzsche. Der revolutionäre Bruch im Denken des neunzehnten Jahrhunderts. 9. Auflage. Hamburg.
Luhmann, Niklas (1971): Die Knappheit der Zeit und die Vordringlichkeit des Befristeten. In: ders.: Politische Planung. Aufsätze zur Soziologie von Politik und Verwaltung. Opladen, S. 143–164.
Luhmann, Niklas (1984): Soziale Systeme. Grundriß einer allgemeinen Theorie. Frankfurt/Main.
Luhmann, Niklas (1990): Gesellschaftliche Komplexität und öffentliche Meinung. In: Soziologische Aufklärung 5. Konstruktivistische Perspektiven. Opladen, S. 170–182.
Lübbe, Hermann (1995): Schrumpft die Zeit? Zivilisationsdynamik und Zeitumgangsmoral: Verkürzter Aufenthalt in der Gegenwart. In: Weis, Kurt (Hrsg.): Was ist Zeit? Zeit und Verantwortung in Wissenschaft, Technik und Religion. München, S. 53–80.
Lübbe, Hermann (1996): Netzverdichtung. Zur Philosophie industriegesellschaftlicher Entwicklungen. In: Zeitschrift für philosophische Forschung 50, Nr. 1/2. S. 133–150.
Lübbe, Hermann (2003): Im Zug der Zeit. Verkürzter Aufenthalt in der Gegenwart. 3. Auflage. Berlin.
Lüdtke, Hartmut (2001): Freizeitsoziologie. Arbeiten über temporale Muster, Sport, Musik, Bildung und soziale Probleme. Münster
Lütz, Manfred (2008): Erhebet die Herzen, beuget die Knie. In: Die Zeit, Nr. 17, 17. August, S. 45.
Lyotard, Jean-Francois (1982): Das postmoderne Wissen. Ein Bericht. [Aus d. Franz.]. Wien.
Lythreatis, Sophie et al. (2022): The Digital Divide: A Review and Future Research Agenda. In: Technological Forecasting and Social Change 175 (6), Article number: 121359.
Mai, Lothar; Rühle, Angela (2020): Zukunftsorientiertes Konzept für eine repräsentative Intermediastudie. Studiendesign und Methode der ARD/ZDF-Massenkommunikation Langzeitstudie 2020. In: Media Perspektiven, Nr. 7–8, S. 433–446.
Mankell, Henning (2003): Vor dem Frost. [Aus d. Schwed.]. Wien.
Mann, Thomas (2003): Der Zauberberg. [Zuerst 1924]. Frankfurt/Main.
Mannheim, Karl (2010): Das Problem der Generationen. [Zuerst 1928]. In: Neckel, Sighard (Hrsg.): Sternstunden der Soziologie. Wegweisende Theoriemodelle des soziologischen Denkens. Frankfurt, New York, S. 137–160.
Markovits, Andrei S. (1987): Why Is There No Soccer in the United States? Variationen zu Werner Sombarts großer Frage. In: Leviathan 41, S. 486–525.
Martini, Florian (2004): „Wer unerreichbar ist, ist attraktiv". In: Pictures of the Future. Die Zeitschrift für Forschung und Innovation. Herbst 2004. S. 32.
Marx, Karl (1890): Das Kapital. Kritik der politischen Ökonomie. Erster Band. [Zuerst 1867]. Nach der vierten, von Friedrich Engels durchgesehenen und herausgegebenen Auflage. Hamburg.
NVS II (2008): Nationale Verzehrsstudie II – Ergebnisbericht. Hrsg. von Max-Rubner-Institut; Bundesforschungsinstitut für Ernährung und Lebensmittel. Karlsruhe.

Mayer, Anne-Kathrin (2009): Vermittelte Altersbilder und individuelle Altersstereotype. In: Schorb, Bernd u. a. (Hrsg.): Medien und höheres Lebensalter. Theorie – Forschung – Praxis. Wiesbaden, S. 114–129.

McCarthy, Cormac (2009): Kein Land für alte Männer. Reinbek bei Hamburg.

McCracken, Grant (1986): Culture and Consumption: A Theoretical Account of the Structure and Movement of the Cultural Meaning of Consumer Goods. In: Journal of Consumer Research Vol. 13, pp. 71–84.

McKenzie, Richard B.; Tullock, Gordon (1984): Homo oeconomicus. Ökonomische Dimensionen des Alltags. Frankfurt/Main, New York.

McLuhan, Marshall (1968): Die Gutenberg-Galaxis. Das Ende des Buchzeitalters [Aus d. Amerik., zuerst 1962]. München.

McMillan, Sally J.; Morrison, Margaret (2006): Coming of Age with the Internet: A qualitative Exploration of how the Internet has become an integral Part of young People's Lives. In: New Media and Society, Vol. 8 (1), pp. 73–95.

Marin, Gerardo (2001): Attributions for Tardiness Among Chilean and United States Students. In: The Journal of Social Psychology, Vol. 127, No. 1, pp. 69–75.

Meier, Uta u. a. (2004): Alles wie gehabt? Geschlechtsspezifische Arbeitsteilung und Mahlzeitenmuster im Zeitvergleich. In: Statistisches Bundesamt (Hrsg.): Alltag in Deutschland. Analysen zur Zeitverwendung. (Forum der Bundesstatistik, Band 43). Wiesbaden, S. 114–130.

Meier-Koll, Alfred (1995): Chronobiologie. Zeitstrukturen des Lebens. München.

Mennell, Stephen (1988): Die Kultivierung des Appetits. Die Geschichte des Essens vom Mittelalter bis heute. [Aus d. Engl.]. Frankfurt/Main.

Mercier, Pascal (2004): Nachtzug nach Lissabon. München.

Merkle, Tanja; Wippermann, Carsten (2008): Eltern unter Druck. Selbstverständnisse, Befindlichkeiten und Bedürfnisse von Eltern in verschiedenen Lebenswelten. Stuttgart.

Merton, Robert K. (1938): Science and the social Order. In: Philosophy of Science, Vol. 5 (3), pp. 321–337.

Meyer, Thomas (1993): Eine neue Kultur für eine Gesellschaft, die älter wird. In: Klose, Hans-Ulrich (Hrsg.): Altern der Gesellschaft. Antworten auf den demographischen Wandel. Köln, S. 228–242.

Meyrowitz, Joshua (1998): Das generalisierte Anderswo. [Aus d. Engl.]. In: Beck, Ulrich (Hrsg.): Perspektiven der Weltgesellschaft. Frankfurt/Main, S. 176–191.

Michel, Anne et al. (2017): Thank you for the Music – or not? The Effects of in-store music in Service settings. In: Journal of Retailing and Consumer Services, Vol. 36, pp. 21–32.

Milgram, Stanley et al. (1986): Response to Intrusion into Waiting Lines. In: Journal of Personality and Social Psychology 51(4), pp. 683–689.

Moussaïd, Mehdi et al. (2011): How simple Rules determine Pedestrian Behavior and Crowd Disasters. In: Proceedings of the National Academy of Science of the United States of America. April 2011, Vol. 108(17), pp. 6884–6888.

Mumford, Lewis (1934): Technics and Civilization. New York.

Müller, Sebastian (2022): Die Grenzen des Konsums: eine Verantwortungstheorie der Konsumentenrolle. Frankfurt/New York.

Müller-Schneider, Thomas (1998): Freizeit und Erholung. In: Schäfers, Bernhard; Zapf, Wolfgang (Hrsg.): Handwörterbuch zur Gesellschaft Deutschlands. Bonn, S. 221–231.

Münch, Richard (1995): Dynamik der Kommunikationsgesellschaft. Frankfurt/Main.

Musil, Robert (1932): Der Mann ohne Eigenschaften. Band 1. [Zuerst 1930], Berlin.

Nadolny, Sten (1987): Die Entdeckung der Langsamkeit. München.

Nahrstedt, Wolfgang (1972): Die Entstehung der Freizeit. Dargestellt am Beispiel Hamburgs; ein Beitrag zur Strukturgeschichte und zur strukturgeschichtlichen Grundlegung der Freizeitpädagogik. Göttingen.

Nell-Breuning, Oswald von; Erlinghagen, Karl (1965): Freizeit. In: von Beckerath, Erwin u. a. (Hrsg.): Handwörterbuch der Sozialwissenschaften. Stuttgart, Tübingen, Göttingen, S. 139–144.

Nestlé Deutschland AG (2009): Nestlé Studie 2009: Ernährung in Deutschland 2008 – Kurzfassung. [http://www.nestle-studie.de].

Nestlé Deutschland AG (2011): Nestlé Studie 2011. So i(s)st Deutschland 2011: Wandel des Alltags – Wandel der Ernährung. [http://nestle-studie.de].

Neuman, W. Russell (1991): The Future of the Mass Audience. Cambridge.

Neverla, Irene (1992): Fernseh-Zeit. Zuschauer zwischen Zeitkalkül und Zeitvertreib. Eine Untersuchung zur Fernsehnutzung. München.

Next Work Innovation (2022): Kosten von Arbeitsunterbrechungen für deutsche Unternehmen. Berlin.

Nipperdey, Thomas (1990): Deutsche Geschichte. 1866–1918. Arbeitswelt und Bürgergeist. Band I. München.

N.N. (2007): ‚Men Buy. Women Shop': The Sexes Have Different Priorities When Walking Down the Aisles. [http://knowledge.wharton.upenn.edu].

Nowotny, Helga (1989): Eigenzeit. Entstehung und Strukturierung eines Zeitgefühls. Frankfurt/Main.

Öberg, Peter (2009): Der abwesende Körper – ein sozialgerontologisches Paradoxon. [Aus d. Engl., zuerst 1996]. In: van Dyk, Silke; Lessenich, Stephan (Hrsg.): Die jungen Alten. Analysen einer neuen Sozialfigur. Frankfurt/Main, New York, S. 138–159.

Ogburn, William F. (1922): Social Change with respect to cultural and original Nature. New York.

Opaschowski, Horst W. (1976): Pädagogik der Freizeit. Grundlegung für Wissenschaft und Praxis. Bad Heilbrunn.

Opaschowski, Horst, W. (1997):, Einführung in die Freizeitwissenschaft. 3. Auflage. Wiesbaden.

Opaschowski, Horst W. (2006): Deutschland 2020. Wie wir morgen leben – Prognosen der Wissenschaft. 2., erweiterte Auflage. Wiesbaden.

Opaschowski, Horst W. (2008): Einführung in die Freizeitwissenschaft. 5. Auflage. Wiesbaden.

Packard, Vance (1958): Die geheimen Verführer. Der Griff nach dem Unbewußten in Jedermann. [Aus d. Engl.]. Düsseldorf, Wien.

Palfrey, John; Gasser, Urs (2008): Generation Internet: Die Digital Natives: Wie sie leben – Was sie denken – Wie sie arbeiten. [Aus d. Amerik.]. München.

Paris, Rainer (2001): Warten auf Amtsfluren. In: Kölner Zeitschrift für Soziologie und Sozialpsychologie 53, Heft 4, S. 705–733.

Pascal, Blaise (1953): Gedanken. [Aus d. Franz., zuerst 1670], Wiesbaden.

Paulus, Jochen (2005): Eilend in den Herztod. In: Geo Wissen – Zeit, Nr. 36, S. 167–168.

Pečar, Andreas; Tricoire, Damien (2015): Falsche Freunde. War die Aufklärung wirklich die Geburtsstunde der Moderne? Frankfurt, New York.

Perloff, Richard M. (1993): Third-Person Effect Research 1983–1992: A Review and Synthesis. In: International Journal of Public Opinion Research, Vol. 5, pp. 167–184.

Picot, Arnold, Reichwald, Ralf (1984): Bürokommunikation. Leitsätze für den Anwender. München.

Plessner, Helmut (1985): Die Funktion des Sports in der industriellen Gesellschaft. [Zuerst 1956]. In: ders.: Schriften zur Soziologie und Sozialphilosophie. Gesammelte Schriften, Bd. 10. Frankfurt/Main, S. 147–166.

Popper, Karl Raimund (1965): Das Elend des Historizismus. [Aus d. Engl., zuerst 1944]. Tübingen.

Portmann, Adrian (2003): Kochen und Essen als implizite Religion. Lebenswelt, Sinnstiftung und alimentäre Praxis. Münster.

Postman, Neil (1992): Wir informieren uns zu Tode. In: Die Zeit, Nr. 41, 2. Oktober, S. 61–62.

Prahl, Hans-Werner (2015): Geschichte und Entwicklung der Freizeit. In: Freericks, Renate; Brinkmann, Dieter (Hrsg.): Handbuch Freizeitsoziologie. Wiesbaden, S. 3–27.

Price, Paul Christopher (2021): Sociology of Waiting. How Americans wait. Lanham.

Proust, Marcel (2000): Auf der Suche nach der verlorenen Zeit. [Aus d. Franz., zuerst 1913–1927]. 3 Bände, Jubiläumsausgabe. Frankfurt.

Pütz, Karl (1970): Zeitbudgetforschung in der Sowjetunion. Zur empirischen Sozialforschung in der UdSSR. Meisenheim am Glan.

Rathgeb, Thomas (2009): Die Mediennutzung der „Digital Natives" als Blick in die Zukunft des digitalen Zeitalters? In: Kommission für Zulassung und Aufsicht (ZAK) der Landesmedienanstalten: Digitalisierungsbericht 2009. Stuttgart, S. 25–43.

Ray, Paul H.; Anderson, Sherry R. (2000): The Cultural Creatives: how 50 Million People are changing the World. New York.

Reicherzer, Judith (1999): Lieber smart arbeiten als lange. In: Die Zeit, Nr. 43, 21. Oktober, S. 77.

Reinhardt, Jan Dietrich (2006): Identität, Kommunikation und Massenmedien. Würzburg.

Reinsch, Michael (2011): „Ist Sport wirklich gesund?". In: Frankfurter Allgemeine Zeitung. 25. Januar, Nr. 20, S. 52.

Revers, Wilhelm Josef (1949): Die Psychologie der Langeweile. Meisenheim am Glan.

Riesman, David u. a. (1958): Die einsame Masse. Eine Untersuchung der Wandlungen des amerikanischen Charakters. [Aus d. Engl.]. Hamburg.

Rifkin, Jeremy (1988): Uhrwerk Universum. Die Zeit als Grundkonflikt des Menschen. [Aus d. Amerik., zuerst 1987]. München.

Rinderspacher, Jürgen P. (1985): Gesellschaft ohne Zeit. individuelle Zeitverwendung und soziale Organisation der Arbeit. Frankfurt/Main, New York.

Ristau, Malte; Mackroth, Petra (1993): Produktivität eines neuen Alters: Lebensziele, Märkte und Produkte. In: Klose, Hans-Ulrich (Hrsg.): Altern hat Zukunft. Bevölkerungsentwicklung und dynamische Wirtschaft. Opladen, S. 222–250.

Ritter, Henning (2009): Gegenwartsnarr. Das Paradox des Diaristen: James Boswell als Tagebuchautor. In: Frankfurter Allgemeine Sonntagszeitung, Nr. 48, 29. November, S. 24.

Rittner, Volker (1994): Fitneß, Ästhetik und individuelle Selbstdarstellung. Die „Success-Story" des modernen Sports und seine Metamorphosen. In: Aus Politik und Zeitgeschichte, Beilage zur Wochenzeitung „Das Parlament" B 24, S. 23–30.

Ritzer, George (2006): Die McDonaldisierung der Gesellschaft. [Aus d. Amerik.]. 4., völlig neue Auflage. Konstanz.

Robinson, John P.; Godbey, Geoffrey (1999): Time for Life. The Surprising Ways American Use Their Time. 2nd Edition. University Park, PA.

Robinson, John P.; Martin, Steven (2009): Changes in American Daily Life: 1965–2005. In: Social Indicators Research, Vol. 93, pp. 47–56.

Roming, Anna (1998). Zeit kann man nicht haben – aber wir können sie genießen. In: Psychologie heute 25 (6), S. 20–31.

Rosa, Hartmut (2005): Beschleunigung. Die Veränderung der Zeitstrukturen in der Moderne. Frankfurt/Main.

Rosa, Hartmut; Lorenz, Stephan (2009): Schneller kaufen! Zum Verhältnis von Konsum und Beschleunigung. In: Berliner Debatte Initial 20, Heft 1, S. 10–18.

Rosenbladt, Bernhard von (1968): Tagesabläufe und Tätigkeitensysteme. Zur Analyse der Daten des internationalen Zeitbudget-Projekts. In: Soziale Welt 20, Nr. 1, S. 49–79.

Rosenmayr, Leopold (1983): Die späte Freiheit. Das Alter – ein Stück bewußt gelebten Lebens. Berlin.

Rosenmayr, Leopold (2007): Schöpferisch altern. Eine Philosophie des Lebens. 2. Auflage. Wien, Berlin.

Roth, Eugen (1980): Das Eugen Roth Buch. München.

Roth, Philip (2009): Exit Ghost. [Aus d. Amerik.]. Reinbek b. Hamburg.

Rothermund, Klaus; Brandstädter, Jochen (2003): Coping With Deficits and Losses in Later Life: From Compensatory Action to Accommodation. In: Psychology and Aging, Vol. 18, No. 4, pp. 896–905.

Rousseau, Jean-Jacques (1981): Die Bekenntnisse. [Aus d. Franz., zuerst 1782]. München

Ruppelt, Georg (2010): Zukunft von Gestern. In: Brehmer, Arthur (Hrsg.): Die Welt in 100 Jahren. 3. Nachdruck der Ausgabe. Berlin 1910. Hildesheim.

Sackmann, Reinhold (2021): Soziologie des Lebenslaufs. In: Fuchs, Michael (Hrsg.): Handbuch Alter und Altern. Anthropologie – Kultur – Ethik. Berlin, S. 224–231.

Saint-Exupéry, Antoine de (1956): Der kleine Prinz. [Aus d. Franz.]. Düsseldorf.

Saller, Walter (2006): Aufbruch ins Reich der Kälte. In: Geo Epoche – Das Zeitalter der Entdecker, Nr. 24, S. 142–161.

Sander, Uwe (2005): Konsumenten zwischen „Empowerment" und „Confusion". In: Marketing Journal 12, S. 28–32.

Sandow, Eugen (1905): Bodybuilding or Man in the Making. London.
Sarreiter, Benedikt (2009): Nachrichten aus dem Netz. In: Süddeutsche Zeitung, Nr. 113, S. 12.
Schäfer, Eckehart Velten (2021): Körper und Raum: Moderner Teamsport und postmodernes Straßenspiel – ein Verortungsversuch. In: Brümmer, Kristina u. a. (Hrsg.): Ansätze einer Kultursoziologie des Sports. Baden-Baden. (Kultursoziologie und Kulturgeschichte der Gegenwart, Band 1), S. 289–310.
Schelsky, Helmut (1965): Das Recht auf die Freizeit der anderen. [Zuerst 1956]. In: ders.: Auf der Suche nach Wirklichkeit – Gesammelte Aufsätze. Düsseldorf, S. 415–423.
Scheuch, Erwin K. (1977): Freizeit, Konsum. 2., völlig neubearbeitete Auflage. Stuttgart.
Schildmacher, Anne (1998): Trends und Moden im Jugendsport. In: Schwier, Jürgen (Hrsg.): Jugend – Sport – Kultur. Zeichen und Codes jugendlicher Sportszenen. (Schriften der Deutschen Vereinigung für Sportwissenschaft, 92). Hamburg, S. 63–76.
Schilling, Elisabeth; O'Neill, Maggie (2020) (Hrsg.): Frontiers in Time Research – Einführung in die interdisziplinäre Zeitforschung. Wiesbaden.
Schimank, Uwe (1988): Die Entwicklung des Sports zum gesellschaftlichen Teilsystem. In: Mayntz, Renate; u. a. (Hrsg.): Differenzierung und Verselbständigung. Zur Entwicklung gesellschaftlicher Teilsysteme. Frankfurt/Main, S. 181–232.
Schirrmacher, Frank (2009): Payback: Warum wir im Informationszeitalter gezwungen sind zu tun, was wir nicht tun wollen, und wie wir die Kontrolle über unser Denken zurückgewinnen. 3. Auflage. München.
Schmidbauer, Wolfgang (1987): Alles oder nichts. Über die Destruktivität von Idealen. Reinbek bei Hamburg.
Schorb, Bernd u. a. (Hrsg.) (2009): Medien und höheres Lebensalter. Theorie – Forschung – Praxis. Wiesbaden.
Schößler, Franziska (2005): Die Konsumentin im Kaufhaus: Weiblichkeit und Tausch in Emile Zolas Roman La Bonheur des Dames, in: Mein, Georg; Schößler, Franziska (Hrsg.): Tauschprozesse. Kulturwissenschaftliche Verhandlungen des Ökonomischen, Bielefeld, S. 245–273.
Schröder, Martin (2018): Der Generationenmythos. In: Kölner Zeitschrift für Soziologie und Sozialpsychologie 70, S. 469–494.
Schroeter, Klaus R. (2009): Korporales Kapital und korporale Performanzen in der Lebensphase Alter. In: Willems, Herbert (Hrsg.): Theatralisierung der Gesellschaft, Bd. 1: Soziologische Theorie und Zeitdiagnose. Wiesbaden, S. 163–182.
Schulze, Gerhard (1992): Die Erlebnisgesellschaft. Kultursoziologie der Gegenwart. 2. Auflage. Frankfurt/Main [u.w.]
Schulze, Gerhard (1996): Erlebnisse am laufenden Band. In: Absatzwirtschaft, Nr. 6, S. 38–41.
Schulze, Hagen (1990): Revolution in der Glotze. Wie das Fernsehen die Geschichte erstickt. In: Die Zeit, Nr. 12, S. 55.
Schumpeter, Joseph A. (1950): Kapitalismus, Sozialismus und Demokratie. [Aus d. Amerik., zuerst 1942]. 2., erweiterte Auflage. Bern.
Schütz, Alfred; Luckmann, Thomas (1975): Strukturen der Lebenswelt. Neuwied.

Schütz, Alfred (1972): Der gut informierte Bürger. Ein Versuch über die soziale Verteilung des Wissens. [Aus d. Amerik., zuerst 1946]. In: ders.: Gesammelte Aufsätze. Bd. 2 – Studien zur soziologischen Theorie. Den Haag, S. 85–101.

Schütz, Alfred (1972): Der Fremde. Ein sozialpsychologischer Versuch [Aus d. Amerik., zuerst 1944]. In: ders.: Gesammelte Aufsätze Bd. 2 – Studien zur soziologischen Theorie. Den Haag, S. 53–69.

Schwartz, Barry (1975): Queuing and Waiting. Studies in the social Organization of Access and Delay. Chicago.

Schwartz, Barry (2004): Anleitung zur Unzufriedenheit. Warum weniger glücklicher macht. [Aus d. Amerik.] Berlin.

Schweda, Mark; Schicktanz, Silke (2021): >Anti-Aging<. In: Fuchs, Michael (Hrsg.): Handbuch Alter und Altern. Anthropologie – Kultur – Ethik. Berlin, S. 253–264.

Scitovsky, Tibor (1989): Psychologie des Wohlstands. Die Bedürfnisse des Menschen und der Bedarf des Verbrauchers. [Aus d. Engl., zuerst 1976]. Frankfurt/Main.

Seidl, Claudius (2005): „Warum wir nicht mehr älter werden". In: Aus Politik und Zeitgeschichte, Beilage zur Wochenzeitung „Das Parlament", B 49–50, S. 3–9.

Selge, Edgar (2021): Hast du uns endlich gefunden. Hamburg.

Seiwert, Lothar (2007): Die Bären-Strategie: In der Ruhe liegt die Kraft. 2. Auflage. München.

Simmel, Georg (1957): Soziologie der Mahlzeit. [Zuerst 1910]. In: Landmann, Michael (Hrsg.): Brücke und Tür. Essays des Philosophen zur Geschichte, Religion, Kunst und Gesellschaft. Stuttgart, S. 243–250.

Simmel, Georg (1958): Philosophie des Geldes. [Zuerst 1900]. 6. Auflage. Berlin.

Simmel, Georg (1983): Die Arbeitsteilung als Ursache für das Auseinandertreten der subjektiven und der objektiven Kultur. [Zuerst 1900]. In: Dahme, Heinz-Jürgen; Rammstedt, Otthein (Hrsg.): Georg Simmel. Schriften zur Soziologie. Frankfurt/Main, S. 95–128.

Simmel, Georg (1983): Das Geld in der modernen Kultur. [Zuerst 1896]. In: Dahme, Heinz-Jürgen; Rammstedt, Otthein (Hrsg.): Georg Simmel. Schriften zur Soziologie. Frankfurt/Main, S. 78–94.

Simmel, Georg (1995): Die Großstädte und das Geistesleben. [Zuerst 1903]. In: Kramme, Rüdiger u. a. (Hrsg.): Georg Simmel – Aufsätze und Abhandlungen 1901–1908. Band 1. Berlin, S. 116–131.

Simon, Herbert A. (1993): Homo rationalis. Die Vernunft im menschlichen Leben. [Aus d. Amerik.]. Frankfurt/Main, New York.

Siniscalchi, Valeria (2023): Slow Food: The Economy and Politics of a Global Movement. London.

Solvinc (2020): Reader on Sensitive Zones. [www.solvinc.eu].

Sombart, Werner (1960): Allgemeine Nationalökonomie. Nach Vorlesungen und Seminarübungen. Berlin.

SONA – Netzwerk Soziologie der Nachhaltigkeit (Hrsg.) (2021): Soziologie der Nachhaltigkeit. Bielefeld.

Sorokin, Pitirim A.; Merton, Robert K. (1937): Social Time: A methodological and functional Analysis. In: The American Journal of Sociology Vol. XLII, Nr. 5, pp. 615–629.

Staas, Christian (2005): Wie das Tempo in die Welt kam. In: Geo Wissen – Zeit, Nr. 36, S. 78–93.

Statistisches Bundesamt (2017): Wie die Zeit vergeht. Analysen zur Zeitverwendung in Deutschland. Wiesbaden.

Stäheli, Urs (2021): Soziologie der Entnetzung. Berlin.

Stamm, Peter (2021): Das Archiv der Gefühle. Frankfurt am Main.

Steinle, Bernd (2009a): Wie ein Schnellboot im Wasserbecken. In: Frankfurter Allgemeine Zeitung, 26. Juni, Nr. 145, S. 29.

Steinle, Bernd (2009b): Traumhaft schnell. In: Frankfurter Allgemeine Zeitung, 27. Juni. S. 18.

Stosberg Manfred, Blüher Stefan (2006): Soziale Netzwerke. In: Oswald Wolf D. u. a. (Hrsg.): Gerontologie – medizinische, psychologische und sozialwissenschaftliche Grundbegriffe. Stuttgart, S. 339–344.

Strümpel, Burkhard (1988): Arbeitsmotivation im sozialen Wandel. In: Die Betriebswirtschaft 45, S. 42–50.

Suden, Wiebke (2020): Digitale Teilhabe im Alter: Aktivierung oder Diskriminierung? In: Stadelbacher, Stephanie; Schneider, Werner (Hrsg.): Lebenswirklichkeiten des Alter(n)s. Wiesbaden, S. 267–289.

Sullivan, Oriel; Gershuny, Jonathan (2004): Inconspicuous Consumption: Work-Rich, Time-Poor in the Liberal Market Economy. In: Journal of Consumer Culture, Vol. 4, No. 2, pp. 79–100.

Suter, Martin (1997): Small World. Zürich.

Suter, Martin (2002): Business Class. Neue Geschichten aus der Welt des Managements. Zürich.

Szalai, Alexander (1966): Trends in Comparative Time-Budget Research. In: American Behavioral Scientist Vol. 9 (9), pp. 3–8.

Szalai, Alexander (1972): Introduction: Concepts and Practices of Time-Budget Research. In: ders.: The Use of Time. The Hague, pp. 1–12.

Szalai, Alexander (1984): The Concept of Time-Budget Research. In: Harvey, Teoksessa Andrew S. et al.: Time-Budget Research. An ISSC Workbook in Comparative Analysis. Frankfurt/Main, pp. 17–34.

Tabacchi, Garden et al. (2016): A Meta-Analysis of the Validity of FFQ targeted to Adolescents. In: Public Health Nutrition 19, No. 7, pp. 1168–1183.

Taylor, Frederick W. (1911): The Principles of Scientific Management. London.

Tesch-Römer, Clemens (2023): Theorien der sozial- und verhaltenswissenschaftlichen Alternsforschung. In: Hank, Karsten u. a. (Hrsg.): Alternsforschung. Handbuch für Wissenschaft und Studium. 2., aktualisierte und erweiterte Auflage. Baden-Baden, S. 59–84.

Tews, Hans-Peter (1995): Altersbilder. Über Wandel und Beeinflussung von Vorstellungen vom Alter und Einstellungen zum Alter. 2. Auflage. Köln.

Thiel, Thomas (2009): Ist unser Gehirn in Gefahr; Mrs. Wolf? In: Frankfurter Allgemeine Zeitung, Nr. 241, 17. Oktober, S. Z 6.

Thompson Edward P. (1973): Zeit, Arbeitsdisziplin und Industriekapitalismus. In: Braun, Rudolf et al. (Hrsg.): Gesellschaft in der industriellen Revolution. Köln, S. 81–112.

Thorbecke, Jan (Hrsg.) (2010): Die Blumenuhr. 3. Auflage. Ostfildern.

Toffler, Alvin (1980): The Third Wave. New York.
Tokarski, Walter; Schmitz-Scherzer, Reinhard (1985): Freizeit. Stuttgart.
Triandis, Harry C. (1994): Culture and social Behavior. New York.
Triantafillidou, Amalia et al. (2017): The Effects of Retail Store Characteristics on in-store Leisure Shopping Experience. In: International Journal of Retail & Distribution Management, Vol. 45, No. 10, pp. 1034–1060.
Tricoire, Damien (2023): Die Aufklärung. Köln, Wien.
Tschirge, Uta; Grüber-Hrćan, Anett (1999): Ästhetik des Alters. Der alte Körper zwischen Jugendlichkeitsideal und Alterswirklichkeit. Stuttgart.
Tucholsky, Kurt (1931): „Ich rufe vor eins noch mal an –!“ [Zuerst 1930]. In: ders.: Lerne lachen ohne zu weinen. Berlin, S. 285–289.
Tugend, Alina (2009): Bridging the Workplace Generation Gap: It Starts With a Text. In: New York Times, 07. November, p. B5.
Turner, Bryan (1995): Aging and Identity. Some Reflections on the Somatization of the Self. In: Featherstone, Mike; Wernick, Andrew (eds.): Images of Aging. Cultural Representations of Later Life. London, New York, pp. 245–260.
Unger, Christoph; Mischer, Olaf (2006): Eine neue Zeitrechnung. In: Geo Epoche – Französische Revolution. Nr. 22, S. 173.
Usunier, Jean-Claude; Valette-Florence, Pierre (2007): The Time Style Scale: A Review of Developments and Replications over 15 Years. In: Time & Society, Vol. 16, No. 2/3, pp. 333–366.
Van Liere, Marti J. et al. (1997): Relative Validity and Reproducibility of a French Dietary History Questionnaire. In: International Journal of Epidemiology, Vol. 26, No. 1, pp. 128–136.
Veblen, Thorstein (1981): Theorie der feinen Leute: eine ökonomische Untersuchung der Institutionen. [Aus d. Amerik., zuerst 1899]. München.
Vester, Heinz-Günter (1988): Zeitalter der Freizeit. Eine soziologische Bestandsaufnahme. Darmstadt.
Vollmers, Florian (2011): Von Bummlern und Lernfabriken. In: Frankfurter Allgemeine Zeitung, 4./5. Juni, Nr. 129, S. C4.
von Krockow, Christian (1972): Sport und Industriegesellschaft. München.
von Rutenberg, Jürgen (2006): Der Fluch der Unterbrechung. In: Die Zeit, Nr. 46, 09. November, S. 73–74.
Voß, G. Günter (2020): Der arbeitende Nutzer. Über den Rohstoff des Überwachungskapitalismus. Frankfurt am Main.
Voß, G. Günter; Rieder, Kerstin (2005): Der arbeitende Kunde. Wenn Konsumenten zu unbezahlten Mitarbeitern werden. Frankfurt/Main.
Voth; Joachim (2010): Das Glück der bunten Warenwelt. In: Frankfurter Allgemeine Sonntagszeitung, Nr. 25, 27. Juni, S. 44.
Walz, Rainer (2004): Theorien sozialer Evolution und Geschichte. In: Becker, Frank (Hrsg.): Geschichte und Systemtheorie: exemplarische Fallstudien. Frankfurt am Main, S. 29–75.
Watzlawick, Paul u.a. (1969): Menschliche Kommunikation: Formen, Störungen, Paradoxien. Bern.
Weber, Max (1919): Politik als Beruf. In: ders.: Geistige Arbeit als Beruf. Vier Vorträge vor dem Freistudentischen Bund. München, Leipzig. S. 113–252.

Weber, Max (1986): Gesammelte Aufsätze zur Religionssoziologie. [Zuerst 1920]. Band 1, 8. Tübingen.
Weber, Max (1963): Die protestantische Ethik und der Geist des Kapitalismus. [In der Fassung von 1920]. In: ders.: Gesammelte Aufsätze zur Religionssoziologie, Band 1. Tübingen, S. 1–206.
Weiler, Julia (2013): Vorn, wo die Zukunft liegt. In: Frankfurter Allgemeine Sonntagszeitung, Nr. 11, 17. März, S. 64.
Weinstein, Neil D. (1980): Unrealistic Optimism about future Life Events. In: Journal of Personality and Social Psychology, 39(5), pp. 806–820.
Wettstein, Markus et al. (2023): Younger than ever? Subjective Age is becoming younger and remains more stable in Middle-Age and Older Adults today. In: Psychological Science, Vol. 34, No. 6, pp. 647–656.
White, Martin (2010): Information anywhere, any when: The role of the Smartphone. In: Business Information Review 27 (4), pp. 242–247.
Wilde, Oscar (2010): Das Bildnis des Dorian Gray. [Aus d. Engl., zuerst 1891]. 25. Auflage. München.
Wilensky, Harold L. (1961): The Uneven Distribution of Leisure: The Impact of Economic Growth on Free Time. In: Social Problems, Band 9, pp. 32–56.
Wilensky, Harold (1972): Die Umverteilung von Freizeit und Arbeit. In: Scheuch, Erwin K.; Meyersohn, Rolf (Hrsg.): Soziologie der Freizeit. Köln, S. 153–182.
Wilke, Jürgen (2009): Pressegeschichte. In: Noelle-Neumann, Elisabeth u. a. (Hrsg.): Fischer Lexikon Publizistik Massenkommunikation. Aktualisierte, vollständig überarbeitete und ergänzte Auflage. Frankfurt/Main, S. 501–535.
Willems, Herbert; Kautt, York (1999): Korporalität und Medialität: Identitätsinszenierungen in der Werbung. In: Willems, Herbert; Hahn, Alois (Hrsg.): Identität und Moderne. Frankfurt/Main, S. 298–362.
Winkler, Sabine (2022): Body Neutrality – neuer Trend gegen Schönheitswahn im Netz. [https://www.welt.de]
Winterhoff-Spurk, Peter (2004): Medienpsychologie. Eine Einführung. 2., überarbeitete und erweiterte Auflage. Stuttgart.
WorldatWork (2009): Telework Trendlines 2009. Scottsdale.
Ziehe, Thomas (1991): Wie die Körper „moderner" geworden sind. In: Neue Sammlung. Vierteljahres-Zeitschrift für Erziehung und Gesellschaft, Nr. 31, S. 39–47.
Zillien, Nicole (2009): Digitale Ungleichheit. Neue Technologien und alte Ungleichheiten in der Informations- und Wissensgesellschaft. 2. Auflage. Wiesbaden.
Zillien, Nicole (2020): Digitaler Alltag als Experiment. Empirie und Epistemologie der reflexiven Selbstverwissenschaftlichung. Bielefeld.
Zimbardo, Philip; Boyd, John (2008): The Time Paradox. The New Psychology of Time That Will Change Your Life. New York.
Zimmer, Dieter E. (1982): Unsere erste Natur. Frankfurt/Main.